Kunst: erklärt

100 Meisterwerke
und was sie bedeuten

Laurence King Verlag GmbH
Jablonskistraße 27, 10405 Berlin
www.laurencekingverlag.de

Die englische Originalausgabe ist erschienen bei Laurence King Publishing,
einem Imprint von The Orion Publishing Group Ltd
Carmelite House, 50 Victoria Embankment
London EC4Y 0DZ

Ein Unternehmen von Hachette UK

Gestaltung: John Round Design

Für die deutsche Ausgabe
Übersetzung: Sarah Pasquay, Hildesheim
Lektorat: hauffe publishing, Dortmund
Satz: Igor Divis, Dortmund
Projektleitung: hauffe publishing, Dortmund

ISBN: 978-3-96244-237-8
2. Auflage 2023
Gedruckt in Malaysia von Vivar Printing Sdn. Bhd.

Laurence King Publishing setzt sich für eine ethische und nachhaltige
Produktion ein.

FSC www.fsc.org
MIX
Papier aus verantwortungsvollen Quellen
FSC® C084469

www.laurenceking.com
www.orionbooks.co.uk

Kunst: erklärt

100 Meisterwerke und was sie bedeuten

Susie Hodge

Aus dem Englischen von Sarah Pasquay

Inhalt

Einleitung

Die Kunst ist zu einem wesentlichen Bestandteil des menschlichen Lebens geworden. Kreativität ist eine Eigenschaft, die uns als Menschen definiert und uns von allen anderen Lebewesen unterscheidet. In jeder Gesellschaft war die Kunst Teil eines komplexen Gerüsts aus Glauben, Traditionen und Bräuchen, aber auch ein Mittel für den individuellen Ausdruck.

Die erste Kunst, von der wir wissen, wurde vor mehr als 30 000 Jahren produziert. Seither sind zahllose Werke entstanden, die die Bandbreite der menschlichen Kreativität demonstrieren. Und trotz dieser riesigen Menge von künstlerischen Schöpfungen ist doch jedes einzelne Werk anders als alle anderen; keine zwei sind identisch. Selbst Kunst, die als Kopie eines anderen Werks erschaffen wird, unterscheidet sich immer vom Original. Mal gibt es Abweichungen bei den verwendeten Farben oder Materialien, mal bei der Anwendung der Materialien und Techniken, auch wenn es sich um denselben Künstler handelt und dieser die Kopie genauso herstellt wie das Original. Auch nehmen zwei Menschen ein Kunstwerk selten auf dieselbe Art wahr; fast immer unterscheiden sich unsere Blickwinkel, wenn auch geringfügig, durch unsere unterschiedlichen Hintergründe und persönlichen Erfahrungen. Was eine Person schön findet, erscheint einer anderen womöglich hässlich. Auf den einen mag ein Kunstwerk geistreich und humorvoll wirken, während ein anderer es uninteressant und langweilig findet. Und während manche Menschen bestimmte Werke als schockierend empfinden, bewerten andere sie als spannend. Kunst hat die Macht, bestimmte Gefühle auszulösen, und manche Werke verändern sogar unsere Perspektive oder Meinung, weil sie unser Denken oder unsere Überzeugungen direkt ansprechen.

Anschauungen zu verändern oder zu bekräftigen, war das Ziel zahlreicher früher Kunstwerke. Viele von ihnen wurden speziell dafür geschaffen, das Verhalten und den Glauben einer Gesellschaft zu formen und zu festigen. Die Künstler arbeiteten mit festgelegten Formaten, wurden jahrelang ausgebildet, lernten bestimmte Techniken, Methoden und Materialien kennen und bildeten etablierte Themen und Motive auf konventionelle Weise ab. Doch selbst unter diesen starren Bedingungen gab es reichlich Individualität und Originalität. Im Laufe der Zeit veränderte sich die Struktur vieler Gesellschaften, und die Kunst wurde persönlicher und abwechslungsreicher. Künstler und Künstlerinnen begannen ihre eigenen Ideen und Stile in den Vordergrund zu stellen, Individualität wurde deutlicher sichtbar und mehr wertgeschätzt.

In der Frühzeit wurden Kunstwerken häufig magische Kräfte und spirituelle Eigenschaften zugeschrieben. Später verfolgte Kunst häufig erzieherische Ziele und wollte belehren. Dann gab es Kunst, die das häusliche Umfeld zieren oder eine erbauliche Wirkung ausüben sollte. Noch spätere Kunst nahm die Gesellschaft in den Fokus und kommentierte sie. Sie blieb ein wichtiger Bestandteil ihrer Gemeinschaft, wurde aber noch ausdrucksstärker. Während die visuelle Sprache der Kunst für die Zeitgenossen der Künstler*innen in der Regel problemlos „lesbar" war, ist neuere Kunst schwerer zu verstehen, selbst für die Gesellschaften, in denen sie entsteht.

Von prähistorischen Höhlenmalereien und -schnitzereien über Renaissance-Fresken und -statuen bis zu Installationen und Performances des 21. Jahrhunderts hat die Kunst einzigartige Ideen, frische Einsichten und neue Perspektiven gegeben, die Betrachter*innen häufig ermutigten, bestimmte offensichtliche oder verdeckte Aspekte seiner oder ihrer eigenen Gesellschaft zu überdenken. Viele Künstler und Künstlerinnen bewerten und reflektieren ihre eigenen politischen, wirtschaftlichen und gesellschaftlichen Systeme. Mal heben sie die Schwächen oder Vorurteile hervor, die sie in ihren Gemeinschaften wahrnehmen, mal bringen sie ihre eigenen oder universelle Sichtweisen zum Ausdruck und stoßen so eine Neubewertung oder Debatte über feststehende Denkmuster hinsichtlich bestimmter Themen an.

Manche Künstler*innen klammern weltanschauliche Dinge ganz aus und dokumentieren stattdessen Geschichte, dramatisieren Ereignisse, arbeiten Mythen oder religiöse Erzählungen aus, versuchen naturgetreue Porträts oder Landschaften einzufangen, bilden ihre eigenen Ideale, Träume oder Erinnerungen ab, erzählen von Traditionen und Geschichten, demonstrieren technisches Können, experimentieren mit einem bestimmten Medium oder feiern die physische Welt und die Welt des Geistes.

Abgesehen von all diesen Absichten, Kulturen und Traditionen wird jedes Kunstwerk aus einem bestimmten Grund erschaffen, und jede künstlerische Interpretation ist individuell. Selbst traditionelle Geschichten werden in unterschiedlichen Epochen und Nationen auf unzählige Arten abgebildet. Techniken werden häufig adaptiert und personalisiert und neue Methoden und Ideen entwickelt. Warum ein Künstler oder eine Künstlerin ein bestimmtes Kunstwerk auf bestimmte Weise erschafft, hat stets mit einer faszinierenden Mischung aus biografischem Hintergrund, Erfahrung, Lebenslage, Geschichte, Einflüssen und Umfeld zu tun.

Aus all diesen einzigartigen Elementen entsteht eine enorme Bandbreite an künstlerischen Reaktionen und Ergebnissen. Genau aus diesem Grund stellt dieses Buch 100 sehr verschiedene Kunstwerke vor. Einige sind uns vertraut, andere weniger bekannt, aber alle werden daraufhin untersucht, wo, warum, wann und wie sie erschaffen wurden. Alle sind eindrucksvolle Arbeiten, angefangen bei einigen der ältesten je entdeckten, bis hin zu in jüngster Zeit erschaffenen Werken. Das Buch analysiert die Bedeutungen und Absichten hinter den Kunstwerken, beleuchtet den biografischen Hintergrund der Künstler*innen, ihre Erfahrungen und Überzeugungen, die Gründe für die Verwendung bestimmter Materialien, gesellschaftliche Aspekte, die für die Künstler*innen eine Rolle spielten und was sie zu erreichen hofften. Wenn Sie je ein Kunstwerk betrachtet und dabei gedacht haben: „Was ist die Idee dahinter?", wird dieses Buch Ihnen Antworten geben. Es untersucht individuelle Interpretationen bestimmter Themen, aber auch Bitten oder Forderungen schwieriger Auftraggeber, Inspirationen und Einflüsse, die auf die Künstler*innen einwirkten, sowie persönliche Probleme und allgemeinere politische, soziale und wirtschaftliche Aspekte, die eine Rolle gespielt haben könnten.

Ob Kunstwerke vor Jahrhunderten und in Gesellschaften erschaffen wurden, über die wir wenig wissen, oder in jüngerer Zeit entstanden – die meisten sind bestrebt, uns zu beeindrucken und eine Reaktion auszulösen. 1882 schrieb Vincent van Gogh: „Ich möchte Menschen mit meiner Kunst berühren. Ich möchte, dass sie sagen, ‚er hat tiefe Gefühle, er hat zärtliche Gefühle'." Auguste Rodin erklärte 1889: „Die Hauptsache ist, dass man berührt wird, liebt, hofft, zittert, lebt." Und Eugène Delacroix schrieb 1824: „Es sind nicht die neuen Ideen, denen sich das Genie hingibt, oder besser, die die Arbeit inspirieren, sondern die Obsession mit der Idee, dass das, was schon gesagt wurde, immer noch nicht ausreicht." Georgia O'Keeffe schließlich erklärte 1939 kurz und knapp: „Ich habe dafür gesorgt, dass du dir Zeit nimmst, auf das zu blicken, was ich gesehen habe."

Kunst kann langweilig sein, ärgerlich, erhebend oder wehmütig, aufregend, amüsant und sehr vieles mehr. Vor allem ist sie häufig faszinierend, fesselnd und sogar tröstlich. Ohne sie wäre die Welt ein sehr viel eintönigerer Ort. Die Gründe für das, was wir in einem fertigen Kunstwerk sehen, sind oft vielfältig und spannend. Dieses Buch wird Ihnen helfen, Kunst noch besser zu verstehen und mehr zu genießen.

1

Venus von Willendorf verheißt Fruchtbarkeit

In der Frühzeit der Menschheitsgeschichte wurden Kunstwerken häufig magische Fähigkeiten zugeschrieben. Zudem spielten sie im Zusammenhang mit Aberglauben und dem Glauben an höhere Mächte eine wichtige Rolle. Dementsprechend gingen diese frühen Kulturen auch davon aus, dass Menschen und insbesondere Künstler großen Einfluss auf die Welt ausüben konnten. Da jedoch die meisten dieser Arbeiten aus prähistorischer Zeit stammen – also vor Erfindung der geschriebenen Sprache erschaffen wurden –, gibt es nichts, was ihre Bedeutung oder die Methoden oder Absichten der Künstler belegen könnte. Analysen sind daher bestenfalls Vermutungen; sie stützen sich auf das, was wir sehen, wo es gefunden wurde, welche Materialien die Künstler benutzt und welche Spuren sie hinterlassen haben.

1908 wurde im österreichischen Willendorf eine kleine Figur aus Kalkstein gefunden; zwei weitere entdeckte man im selben Gebiet. Die aus dem Jungpaläolithikum, der Zeit des Gravettien, stammende Statuette ist mit Rötel bemalt. Sie hat weder Hände noch Füße, einen Kopf ohne Gesicht, dafür aber eine Art geflochtene Frisur oder Kopfbedeckung, schwere Brüste, einen großen Bauch, ausladende Hüften und eine klar erkennbare Vulva. Da einige wesentliche Elemente des menschlichen Körpers fehlen und andere, für die weibliche Fortpflanzung wichtige Elemente übertrieben dargestellt sind, diente die Figurine vermutlich als Fruchtbarkeitsamulett oder -symbol. Einige Wissenschaftler*innen dagegen meinen, dass es sich auch um das Abbild einer Göttin oder eine Mutterfigur gehandelt haben könnte. Manch einer wollte in ihr sogar ein Kinderspielzeug sehen.

Welche Werkzeuge zur Herstellung der Figur benutzt wurden, ist unklar, aber die Tatsache, dass sie aus einem Kalkstein gefertigt ist, der in Willendorf nicht vorkommt, legt den Schluss nahe, dass sie an einem anderen Ort hergestellt wurde. Über ganz Europa und Asien verteilt wurden mehr als 100 ähnliche Figurinen entdeckt, die um etwa dieselbe Zeit entstanden sind. Vermutlich wurden sie also zum Mitnehmen produziert und gehörten einzelnen Personen, die sie mit sich herumtrugen. Diese Vorstellung wird dadurch gestützt, dass die Künstler, die die Figuren schufen, als Nomaden lebten. Obgleich nicht alle bekannten Statuetten so füllig sind wie diese, wurden sie doch alle nach der römischen Göttin der Liebe Venus-Figurinen genannt – auch wenn sie natürlich weit vor der Zeit der Römer entstanden.

Diese Figur erhielt den Namen *Venus von Willendorf*. Zu der Zeit, als sie erschaffen wurde, waren die Frauen wohl kaum so gut genährt, wie die runden Formen dieser Figur vermuten lassen. Wahrscheinlich war sie also nicht nur eine Verkörperung oder ein Talisman der weiblichen Sexualität und Fruchtbarkeit, sondern pries auch die Körperfülle und damit einen Überfluss an Nahrung, die in jener Zeit eher knapp war. Das erklärt jedoch weder, warum mehrere andere Figurinen dieser Art sehr viel schlanker sind, noch, warum sie alle Frauen darzustellen scheinen.

Unbekannte Künstler

Venus von Willendorf, Kalkstein mit Rötelfarbe, um 24 000–22 000 v. Chr.

„In der Frühzeit der Menschheitsgeschichte wurden Kunstwerken häufig **magische Fähigkeiten** zugeschrieben. Zudem spielten sie im Zusammenhang mit **Aberglauben** und dem Glauben an **höhere Mächte** eine wichtige Rolle.“

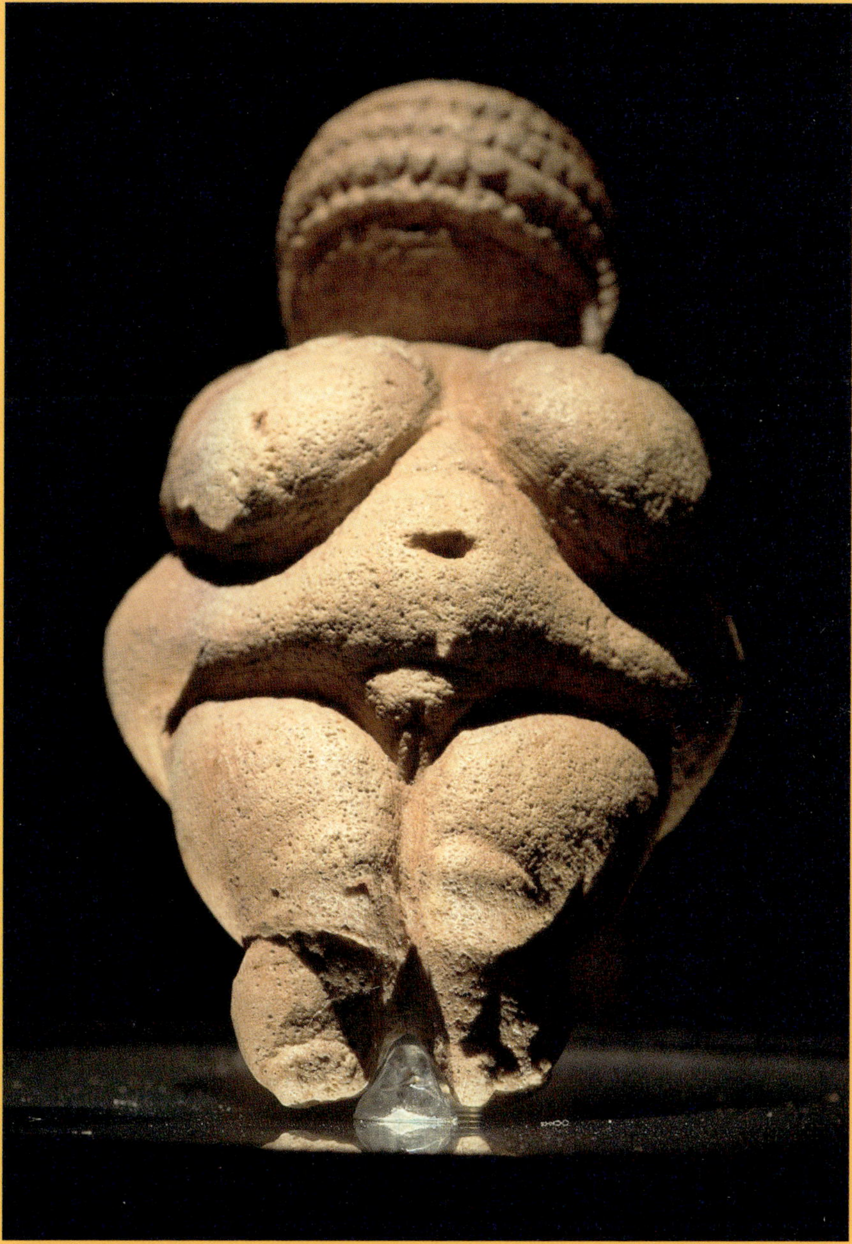

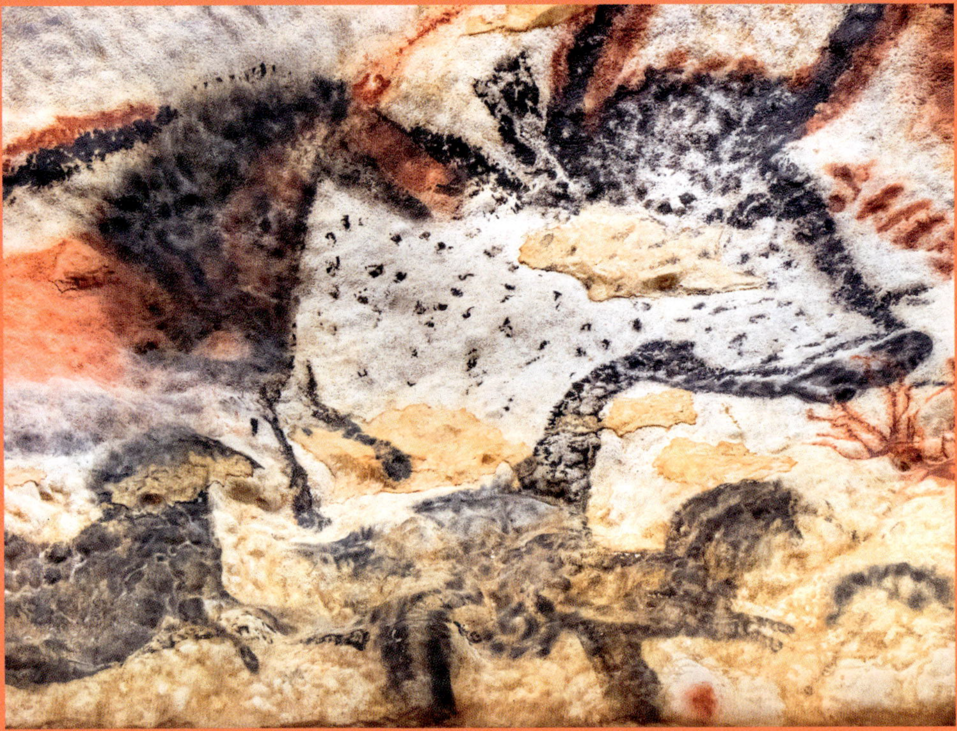

„Wie bei allen prähistorischen Kunstwerken bleibt die **Absicht** hinter diesen Malereien ein **Geheimnis**, aber natürlich gibt es **viele Theorien**.“

2

Stiersaal ritualisiert die Jagd

Zu den ältesten Kunstwerken der Welt gehören jene, die an den Wänden und Decken frankokantabrischer Höhlen in Südfrankreich und Nordspanien entdeckt wurden. Viele von ihnen entstanden vor etwa 25 000 bis 12 000 Jahren, im Paläolithikum. Die Höhlen sind mit eindrucksvollen Malereien, Zeichnungen, Gravuren, Reliefs und Skulpturen geschmückt. Vielerorts finden sich abstrakte Zeichen und Handabdrücke, aber die meisten Werke bilden große wilde Tiere ab.

1940 fand man in Lascaux, in der südwestfranzösischen Region Dordogne, weitere Höhlenmalereien. Die knapp 600 Malereien, die in den miteinander verbundenen Höhlen zwischen etwa 17 000 und 15 000 v. Chr. erschaffen wurden, zeigen Pferde, Hirsche, Auerochsen, Steinböcke, Bisons, Stiere und Raubkatzen. Wenn man bedenkt, dass den Künstlern nur primitive Werkzeuge und Materialien zur Verfügung standen und sie quasi im Dunkeln arbeiteten, sind viele dieser Darstellungen erstaunlich naturalistisch. An den Kalksteinwänden der größten Kammer – dem sogenannten Stiersaal – sind unter anderem galoppierende Wildpferde in der Seitenansicht zu sehen, die von Pfeilen verfolgt werden.

Bevor sie die Wände bemalten, schabten die Höhlenkünstler sie ab und säuberten sie. Dann versuchten sie, die Textur und den Farbton der Tiere wiederzugeben, um ihnen den Anschein von Dreidimensionalität zu geben und Bewegung und Interaktion zu suggerieren. Einige bezogen das natürliche Profil der Höhlenwände mit ein, um den dreidimensionalen Eindruck noch zu verstärken. An manchen Stellen überlappen sich die Tiere, sodass es aussieht, als bewegten sie sich gemeinsam fort. Einige Motive wurden nur mit Umrisslinien dargestellt, in manchen Bildern wurden Farben vermischt: Dafür pusteten die Künstler pulverisierte Pigmente durch ausgehöhlte Knochen oder Schilfrohre auf das Bild. Zu den Pigmenten zählten roter und gelber Ocker, Mangan oder Holzkohle für Schwarz und Porzellanerde für Weiß. Die trockenen Grundpigmente wurden mit Tierfett oder Wasser angerührt, manche wurden auch in trockener Form benutzt. Aufgetragen wurden sie mit den Fingern, Zweigen oder Pinseln aus Tierhaaren oder Moos. Die Künstler arbeiteten im schwachen Licht von Sandsteinleuchten, die mit tierischen Fetten brannten. Ihre Farben bewahrten sie derweil auf flachen Felsvorsprüngen oder in Muschelschalen auf. Bei diesem Bild wurden zunächst die Konturlinien des Tieres mit Kohle oder Manganoxid auf die Höhlenwand gezeichnet. Anschließend wurde mit rotem Ocker das Fell des Pferdes abgebildet, dann wurden schwarze und weiße Details ergänzt und Bereiche miteinander verwischt, um den Eindruck von Weichheit und ein Gefühl von Dreidimensionalität zu erwecken.

Wenngleich der Höhlenkomplex in seiner ganzen Länge bemalt wurde, lebten die Menschen doch nur im vorderen Bereich. Wie bei allen prähistorischen Kunstwerken bleibt die Absicht hinter diesen Malereien ein Geheimnis, aber natürlich gibt es viele Theorien. Manche glauben, dass solche Werke prähistorische Sternkarten abbildeten oder Jagderfolge feierten. Es ist aber auch sehr gut möglich, dass sie Bestandteil mystischer oder schamanischer Rituale waren, die künftige Jagderfolge herbeiführen sollten.

Unbekannte Künstler

Stiersaal, Kohle und Ocker auf weißem, nichtporösem Calcit, um 17 000–15 000 v. Chr.

3

Jagd im Papyrusdickicht **sichert Unsterblichkeit**

In Begleitung seiner Frau und seiner Tochter macht Nebamun, ein wohlhabender Schreiber und Getreideverwalter, in den Sümpfen des Nil Jagd auf Vögel. Eine Hieroglypheninschrift besagt, dass er „vergnügt ist und Schönes sieht".

Das Bild ist Teil eines Wandgemäldes, das am Westufer des Nil im ägyptischen Theben (dem heutigen Luxor) gefunden wurde. Es stammt aus einer Grabkapelle, die um 1350 v. Chr. erbaut wurde. Nur die Reichen konnten sich im alten Ägypten Grabkapellen leisten. Vor seinem Tod gab Nebamun also seine eigene Grabkapelle in Auftrag, in der sein mumifizierter Körper und einige seiner Besitztümer aufbewahrt werden sollten. Wandbilder sollten ihn als jungen, gesunden Mann bei Unternehmungen zeigen, die ihm zu Lebzeiten Freude bereitet hatten. All dies – so dachten er und seine Zeitgenossen – würde er in der Nachwelt benötigen. Die Grabkapelle bestand aus zwei Räumen, Durchgängen und einem in den Fels gehauenen Schachtgrab. Die Wände im Innern wurden verputzt und von Künstlern mit idealisierten Szenen aus dem Leben Nebamuns bemalt. Der Zugang zu den Räumen blieb offen, damit Nebamuns Familie und Freunde dort beten und Gaben im Gedenken an den Toten ablegen konnten. Das Schachtgrab hingegen, in dem Nebamuns Körper und seine Besitztümer verwahrt wurden, wurde verschlossen. Die Bilder waren nicht nur für Familie und Freunde bestimmt. Auch die Götter sollten sehen, welches Leben der Verstorbene in der Nachwelt zu führen hoffte.

Zu den hier abgebildeten Pflanzen und Tieren zählen Lotusblumen, Papyrus, Afrikanische Monarchen und Nebamuns rote Katze, die ihm bei der Vogeljagd hilft. Katzen waren im alten Ägypten beliebte Haustiere, wurden aber auch als Gottheiten verehrt, wie zum Beispiel die Katzengöttin Bastet, die Fruchtbarkeit symbolisierte, aber auch Mafdet (Göttin der Gerechtigkeit) und Sachmet (Göttin des Kampfes). Katzen tauchen vielfach im ägyptischen Totenbuch auf, wo sie üblicherweise den Sonnengott Ra darstellen: Dieser Schöpfer des Universums schenkte Leben, Wärme und Wachstum und wurde von allen Göttern am meisten verehrt. Das goldene Auge von Nebamuns Katze in diesem Gemälde verweist auf Unsterblichkeit. In seiner linken Hand hält Nebamun eine Schlange, die er als Waffe benutzt.

Ein weiteres Symbol in dem Gemälde sind die fruchtbaren Sümpfe, die mit den Göttern Isis und Osiris und vor allem mit Leben und Wiederauferstehung assoziiert wurden. Die Jagd auf Tiere, ein Zeitvertreib, dem Nebamun gern nachging, offenbart seinen Triumph über die Natur. Und seine dynamische, raumgreifende, von blühendem Leben umgebene Erscheinung bringt seine jugendliche Kraft zum Ausdruck. Die Künstler dieses Gemäldes wichen von mehreren strengen Konventionen ab und erzielten durch die detailreiche Darstellung von Fell und Federn sowie die komplizierten Muster der Pflanzen eine stoffliche Anmutung. Alles in allem offenbart das Bild den Göttern Nebamuns Energie und Lebenslust. Weitere Wandmalereien in der Grabkapelle stellen ihn bei verschiedenen anderen Aktivitäten dar, etwa bei einem Bankett und beim Überwachen einer Zählung von Gänsen und Rindern, was zu seiner Aufgabe als staatlicher Schreiber gehörte. Einige zeigen auch die Speisen und Getränke, die er in der Nachwelt benötigen würde.

Unbekannte Künstler

Jagd im Papyrusdickicht, Tempera auf Putz, um 1350 v. Chr.

„Die Künstler dieses Gemäldes wichen von mehreren **strengen Konventionen** ab und erzielten durch die detailreiche Darstellung von Fell und Federn sowie die **komplizierten Muster** der Pflanzen eine **stoffliche Anmutung**."

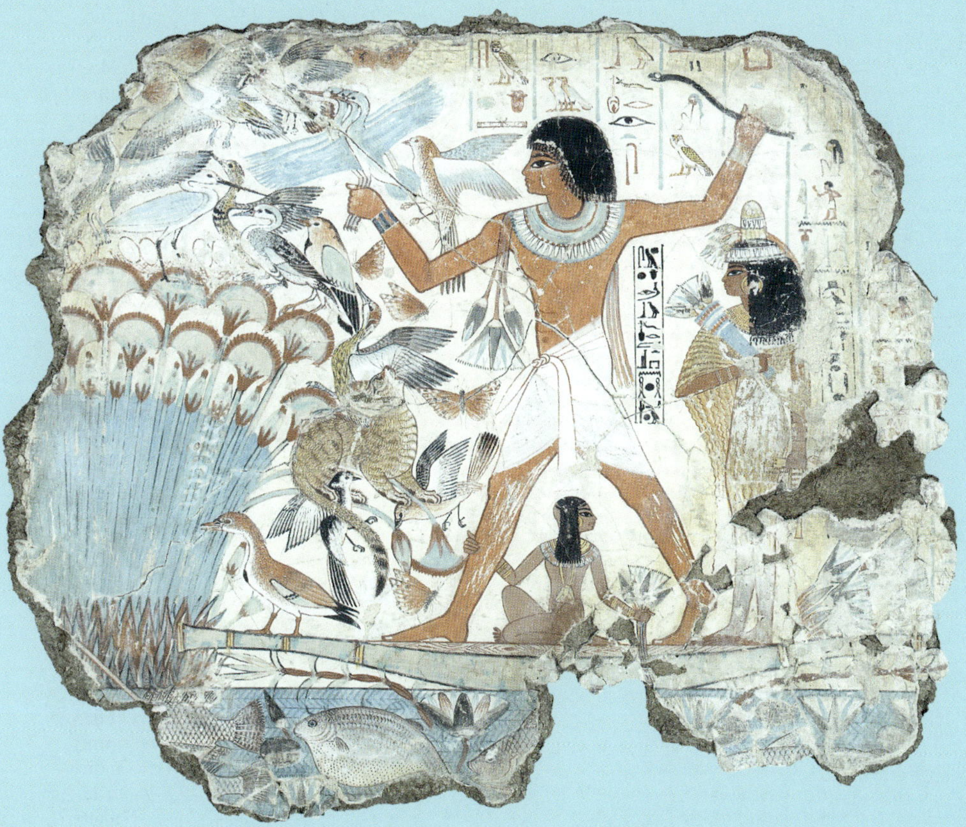

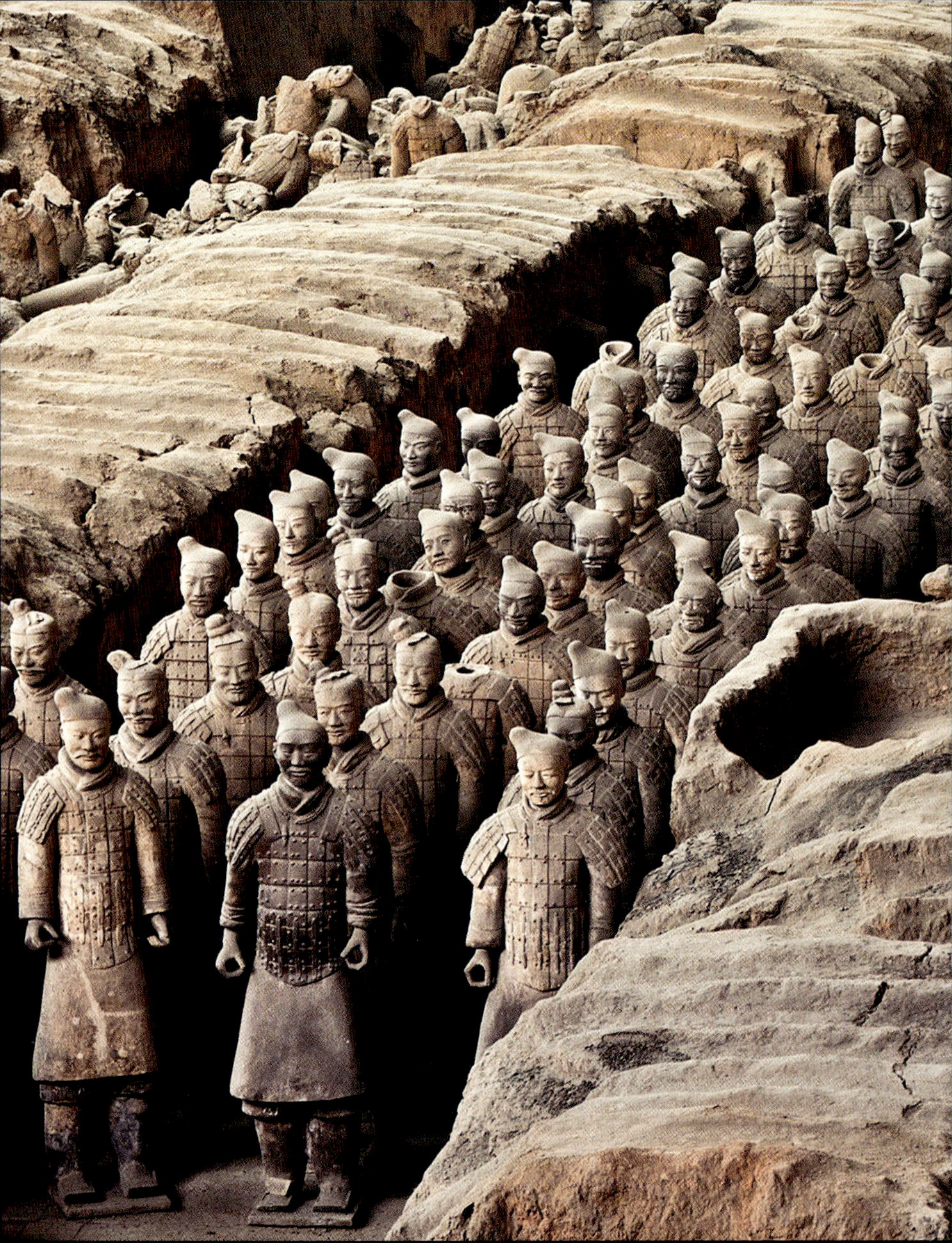

„Sinn und Zweck dieses **gewaltigen kreativen Unterfangens** war es, den Kaiser zu **beschützen** und ihm das Regieren in der **Nachwelt** zu erleichtern.“

4

Terrakottaarmee **beschützt einen toten Kaiser**

1974 fanden Arbeiter beim Ausheben eines Brunnens vor den Toren der chinesischen Stadt Xi'an in der Provinz Shaanxi, nahe dem Mausoleum des ersten chinesischen Kaisers, Qin Shihuangdi, einen lebensgroßen Tonkrieger in kampfbereiter Pose. Die Arbeiter meldeten den Fund sofort den chinesischen Behörden, die sogleich Regierungsarchäologen vor Ort schickten. Diese entdeckten Tausende ähnliche Krieger, die als Fußsoldaten, Bogenschützen, Generäle und Reitersoldaten gekleidet waren. Alle Figuren waren individuell gestaltet, jede mit einem einzigartigen Gesichtsausdruck. Frisuren und Bärte unterschieden sich ebenso wie Waffen und Rüstungen. Die Soldaten waren ihrem Rang entsprechend aufgestellt. Weitere Ausgrabungen brachten Pferde, Wagen, Schwerter und andere Waffen sowie lebensgroße Musiker, Akrobaten, Konkubinen, Gelehrte, Gewichtheber und Vögel ans Licht, darunter Wasservögel, Kraniche und Enten. Spuren von Farbe belegen, dass die Figuren einst in leuchtenden Farben bemalt waren, die jedoch größtenteils verschwunden sind. Die Statuen sind sehr viel größer als die meisten Chinesen jener Zeit. Je nach Rang messen sie zwischen 184 und 197 Zentimeter, am größten sind die Generäle.

Dieser enorme Fund, der uns heute als Terrakottaarmee bekannt ist, wurde als Grabkunst erschaffen und umfasst schätzungsweise mehr als 8000 Soldaten, 130 Pferdewagen und 670 Pferde. Die Statuen wurden als Teil einer großen Nekropole auf einem weiten Areal rund um den Grabhügel des Kaisers begraben. Archäologen haben Hunderte Vertiefungen und unterirdische Kammern gefunden, doch bis heute ist die gewaltige Sammlung nicht vollständig ausgegraben worden.

Kurz nachdem Kaiser Qin Shihuangdi 247 v. Chr. im Alter von 13 Jahren den Thron bestiegen hatte, gab er die Statuen in Auftrag. 246 v. Chr. begannen die Arbeiten an den Tonskulpturen, die 40 Jahre später, nach dem Tod des Kaisers und zu Beginn der Han-Dynastie, fertiggestellt wurden. Chinesische Kunsthandwerker hatten seit 18 000 v. Chr. Tonschalen hergestellt. Die Künstler besaßen also die nötigen Fertigkeiten, um die sehr lebensechten Tonkrieger zu erschaffen. Nahezu 700 000 Regierungsarbeiter und ortsansässige Handwerker wurden mit der Aufgabe betraut. Sie modellierten Teile der Figuren, die dann gebrannt, zusammengesetzt und bemalt wurden. Die fertigen Krieger wurden in genauer militärischer Formation im Grab aufgestellt. 210–209 v. Chr. wurden sie zusammen mit dem Kaiser begraben. Auf der fertigen Grabanlage ließ man Gras und Bäume wachsen, damit sie wie ein Teil der natürlichen Landschaft aussah. Sinn und Zweck dieses gewaltigen kreativen Unterfangens war es, den Kaiser zu beschützen und ihm das Regieren in der Nachwelt zu erleichtern. Die Terrakottaarmee sollte ihm ermöglichen, sein gewohntes Leben in der Nachwelt weiterzuführen, denn allgemein glaubte man, dass anthropomorphe Objekte im Jenseits zum Leben erwachen könnten. Dass diese Grabbeigaben die größte Sammlung je entdeckter keramischer Kunst weltweit und das größte bildhauerische Meisterwerk der asiatischen Kunst darstellen, zeigt, welche Stellung der Kaiser einnahm.

Unbekannte Künstler

Terrakottaarmee des Kaisers Qin Shihuangdi, Ton, Farbe und Metall, um 210–209 v. Chr.

5

Ellora-Höhlen **würdigen Religionen**

Die Ellora-Höhlen im westindischen Bundesstaat Maharashtra erstrecken sich mit ihren Monumenten, Statuen, Wandreliefs und Malereien über zwei Kilometer Länge. Die Anlage mit ihren 34 Höhlentempeln – fünf jainistische, zwölf buddhistische und 17 hinduistische – gehört zu den weltweit größten aus dem Fels gehauenen Höhlentempeln. Die reich ornamentierten Strukturen offenbaren die Verehrung und Achtung, die der Religion damals entgegengebracht wurden, und versinnbildlichen die Religionsvielfalt und das harmonische Miteinander in der indischen Kultur.

Die Ellora-Höhlen, zu denen Gebetshallen (Chaityas), Schreine (Stupas) und Klöster (Viharas) sowie Schlafzellen für reisende Mönche und Pilger gehören, wurden zu unterschiedlichen Zeiten erbaut. Die buddhistischen Höhlen entstanden von etwa 200 v. Chr. bis 600 n. Chr., die hinduistischen Höhlen von etwa 550 bis 950 n. Chr. und die jainistischen von etwa 800 bis 1000 n. Chr. Die hinduistischen Höhlen sind am aufwendigsten ausgestaltet, während die buddhistischen die wenigsten Zierelemente aufweisen. Forscher haben die Höhlen nummeriert, um sie besser unterscheiden zu können. Die hinduistischen Höhlen wurden über zwei Zeiträume hinweg angelegt, von 550 bis 600 n. Chr. und von 730 bis 950 n. Chr. Die größte von ihnen ist der besonders sorgfältig gestaltete Kailasa-Tempel. Er wurde vermutlich von dem Rashtrakuta-König Krishna I. (regierte 756–773 n. Chr.) in Auftrag gegeben, aber da er unterschiedliche architektonische und skulpturale Merkmale aufweist, hat sich sein Bau wahrscheinlich über die Regierungszeit mehrerer Könige erstreckt. Der riesige, aus dem Fels gehauene Kailasa-Tempel, oder Höhle 16, umfasst einen Innenhof, einen Schrein und Kreuzgänge mit Skulpturen, die Götter, Göttinnen und Mythologisches aus dem Vishnuismus und Shaktismus abbilden, Reliefplatten, die Teile der beiden wichtigsten hinduistischen Epen illustrieren, ein riesiges wagenförmiges Monument, das dem Gott Shiva gewidmet ist, sowie mehrere Wandmalereien. Die ältesten Wandmalereien stammen aus der ersten Bauphase, die jüngeren entstanden einige Jahrhunderte später. Überall sind Reliefs und Statuen zu sehen, darunter Elefantenfriese, Pfeiler und Götter. Die massive, zweigeschossige Höhle 15 oder Dashavatara (dt. „zehn Inkarnationen von Vishnu") umfasst einen großen Hof mit einer Inschrift, die die Abstammungslinie der Rashtrakuta-Dynastie erläutert. Das Äußere dieser Höhle ist mit komplizierten Reliefs verziert; das Dach schmücken menschliche und tierische Figuren.

Die buddhistischen Höhlen, die in erster Linie Klöster waren, beherbergen Schreine, die mit Bildern von Buddha und Bodhisattvas, selbstlosen buddhistischen Gottheiten, verziert sind. Höhle 10 ist auch als Vishvakarma oder Zimmermannshöhle bekannt, da der behauene Fels an Holzbalken erinnert – Vishvakarma ist im Hinduismus der göttliche Baumeister. Mit ihren Säulengängen und der massiven Halle diente diese kunstvolle Höhle als buddhistisches Gebetshaus, und in der Halle steht eine 4,60 Meter hohe Buddha-Statue. Die Reliefs in den von 30 bis 34 nummerierten fünf jainistischen Höhlen zeigen die jainistische Mythologie und nehmen auch architektonische Merkmale wie Säulenveranden und Mandapas (Säulenhallen) auf. Höhle 32 ist mit in Stein gehauenen Blumen verziert, während Höhle 30 zwei kolossale Statuen der tanzenden Gottheit Indra beherbergt.

Unbekannte Künstler

Ellora-Höhlen, Basalt, um 200 v. Chr.–1000 n. Chr.

„Die **reich ornamentierten** Strukturen offenbaren die **Verehrung und Achtung**, die der Religion damals entgegengebracht wurden, und versinnbildlichen die Religionsvielfalt und das harmonische Miteinander in der **indischen Kultur**."

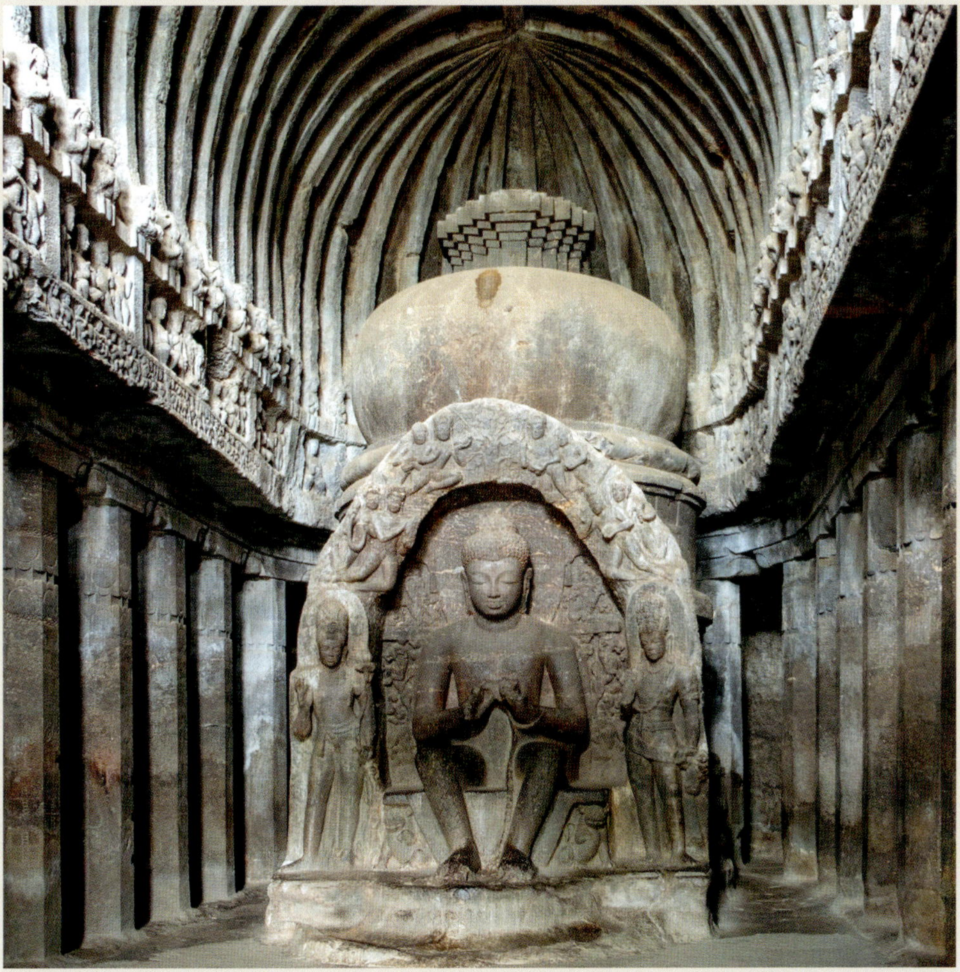

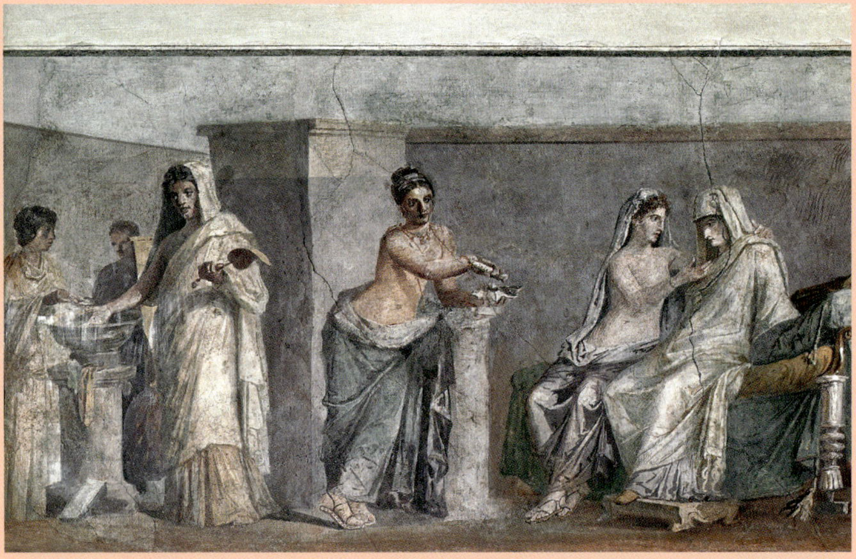

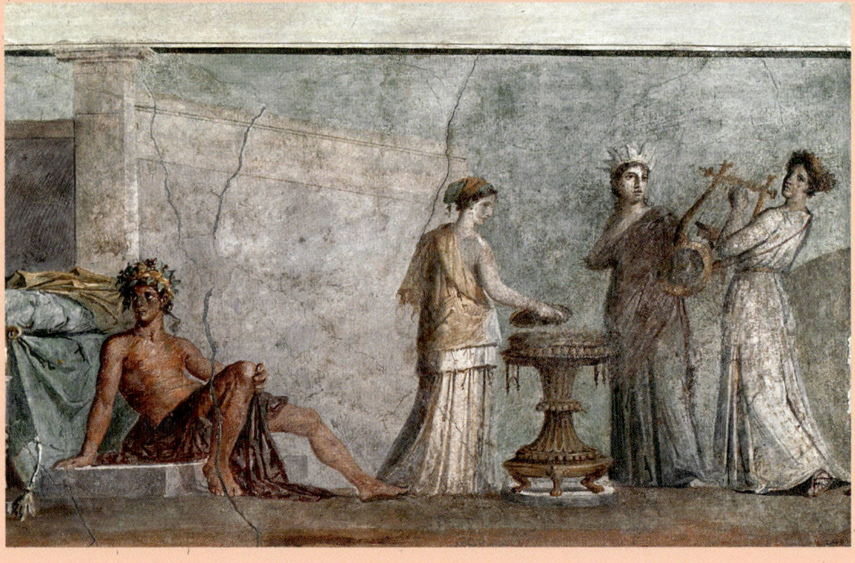

„Die **Symbolik** wird sich zeitgenössischen Betrachter*innen vermutlich **ohne Weiteres erschlossen haben**.“

6

Die Aldobrandinische Hochzeit **feiert eine Vermählung**

Diese Kopie einer römischen Wandmalerei kann heute in den Vatikanischen Museen besichtigt werden. Das Original war vermutlich Teil eines Frieses, das den oberen Abschluss einer Wanddekoration in einem Haus nahe dem Gallienus-Bogen auf dem Esquilin-Hügel in Rom bildete. Das um 1600 entdeckte Fresko war rund zwei Jahrhunderte lang im Besitz der Familie Aldobrandini, bis die vatikanischen Behörden es 1818 erwarben. Mit derartigen Fresken wurden die Wände in den Villen reicher Römer verziert. Von den Griechen lernten Künstler im alten Rom, wie sie mithilfe der Perspektive den Eindruck von Dreidimensionalität erzeugen konnten. Die Symbolik dieses Bildes wird sich zeitgenössischen Betrachter*innen vermutlich ohne Weiteres erschlossen haben.

Über die Schöpfer und die Besitzer dieses Werks ist heute nichts mehr bekannt, aber vermutlich wurde es im Haus eines frisch vermählten Paars gemalt. Die Ehe im alten Rom (*conubium*) war qua Gesetz streng monogam, und das unterschied Griechen und Römer von anderen frühen Zivilisationen. Dargestellt ist eindeutig eine Hochzeitsszene. Sie zeigt zehn Figuren, die in gerader Reihe über die Bildfläche verteilt sind. Zu sehen ist ein Brautzimmer (hier auf dem oberen der beiden Bilder), in dem außen links zwei Frauen oder Göttinnen stehen, denen sich ein Mann oder Gott nähert. Möglicherweise handelt es sich um den Bräutigam oder den römischen Gott Hymen, Sohn des Apollo und einer der geflügelten Liebesgötter. Die beiden weiblichen Figuren stehen links und rechts eines Beckens. Die eine, in einem weißen Umhang und mit verhülltem Kopf, hält ein Flabellum in der Hand, einen blattförmigen Fächer aus Metall, Leder, Seide, Pergament oder Federn, der bei religiösen Zeremonien zum Vertreiben von Insekten benutzt wurde. Sie scheint die Temperatur des Wassers zu prüfen, das die andere Frau neben ihr, vermutlich eine Magd, in ein kleines Becken auf einem Sockel gießt. Von dem Sockel hängt ein Handtuch herab, und auf dem Boden steht, an den Sockel gelehnt, eine Schreibtafel. Weiter rechts im Bild stützt sich eine weitere Frau auf eine niedrige Säule, die ein muschelförmiges Becken trägt. Es handelt sich vermutlich um die Göttin Suada, die Dienerin und Begleiterin der Venus, der römischen Göttin der Liebe. Sie gießt Parfum aus einem Fläschchen in das Becken.

In der Mitte des Wandbilds sitzen zwei Frauen auf einem Bett. Die Halbentblößte ist wahrscheinlich die Göttin Venus selbst. Sie beruhigt die in Weiß gehüllte Braut neben ihr, die ängstlich auf ihren neuen Ehemann wartet. Ein goldhäutiger, halbnackter Mann sitzt zurückgelehnt auf einem niedrigen Steinblock neben dem Bett. Er wendet den Frauen den Rücken zu, dreht aber den Kopf in ihre Richtung und gibt damit zu verstehen, dass er an ihrem Gespräch teilhat. Die drei Frauen am rechten Bildrand haben sich um ein Thymiaterion (Weihrauchschwenker) versammelt. Eine von ihnen hält eine Lyra und lehnt sich nach hinten. Sie ist die Einzige in der Szene, die aus dem Fresko heraus- und den Betrachter direkt ansieht.

Unbekannte Künstler

Die Aldobrandinische Hochzeit, Fresko, um 27 v. Chr.–14 n. Chr.

7

Trajanssäule stellt einen Sieg zur Schau

Apollodor von Damaskus war ein griechischer Bauingenieur und Architekt, der überwiegend für den römischen Kaiser Trajan (Regierungszeit 98–117 n. Chr.) arbeitete und die meisten unter Trajan errichteten Häuser und Bauwerke entwarf. Diese monumentale Säule aus weißem Carrara-Marmor, deren Schaft aus 20 massiven Marmortrommeln besteht – ein Beispiel für die dorische Ordnung in der römischen Architektur –, wurde als Blickpunkt des Trajansforums im Zentrum von Rom errichtet. Auf drei Seiten wurde die Säule von Gebäuden eingerahmt: der Basilika Ulpia sowie zwei einander gegenüberliegenden Bibliotheken. Letztere beherbergten nicht nur kostbare Werke der Literatur, sondern waren auch mit speziellen Aussichtsplattformen versehen, von denen aus Besucher den Fries betrachten konnten, der sich um die Säule windet. Dieser von griechischen Keramikmustern inspirierte Fries ist mehr als 190 Meter lang und steigt spiralförmig in 23 Drehungen um den Schaft vom Boden bis zur Spitze auf. Die Säule ist im Innern hohl und kann durch Bronzetüren im Sockel betreten werden; dort werden auch die Asche Trajans und seiner Frau in zwei goldenen Urnen verwahrt. Eine Wendeltreppe mit 185 Stufen führt zu einer Aussichtsplattform an der Spitze. Das Kapitell an der Säulenspitze hat noch mehr Gewicht als die schweren Marmortrommeln, die den Schaft bilden. Wie dieses kolossale Bauwerk errichtet wurde, ist nicht bekannt, aber wahrscheinlich kamen dabei eine turmartige Holzkonstruktion, Ankerwinden, Flaschenzüge sowie Tausende Arbeiter und Pferde zum Einsatz.

Die Säule, die an einen der größten Siege Trajans erinnern sollte, musste markant sein. Als Kaiser führte Trajan mehrere Kriege in Dakien (heute Rumänien und Moldawien), aus denen die Römer schließlich – vor allem dank einer von Apollodor entworfenen Brücke über die Donau – siegreich hervorgingen. Nachdem Trajan und seine Armee nach Rom zurückgekehrt waren, wurde Apollodor beauftragt, im Gedenken an diesen erfolgreichen Feldzug ein riesiges Monument zu errichten. Als erste Säule dieser Art wurde sie vielfach kopiert.

Der als Flachrelief gestaltete Fries wurde mit Farbe und Metallbeschlägen ergänzt. Er windet sich in fortlaufenden Szenen um die Säule und folgt dabei Trajans Bericht über die Daker-Kriege. Die untere Hälfte erzählt vom ersten Feldzug, die obere Hälfte vom zweiten. Die insgesamt 155 Szenen zeigen mehr als 2500 Figuren, darunter 60 Bilder von Trajan selbst. Weniger als 20 Szenen bilden die eigentlichen Kampfhandlungen ab; auf den meisten sind Soldaten bei alltäglichen Beschäftigungen zu sehen. Der Fries zeigt außerdem die erste Donauüberquerung der Römer, Trajans Reise flussaufwärts, die Kapitulation der Daker, den Angriff auf die dakische Hauptstadt und den Tod des letzten Königs von Dakien, Decebalus. Zu Trajans Lebzeiten war auf der Säulenspitze ein bronzener Adler zu sehen; nach seinem Tod wurde dieser gegen eine Bronzestatue von Trajan selbst ausgetauscht, die wiederum 1587 durch eine Bronzestatue des heiligen Petrus ersetzt wurde.

Apollodor von Damaskus (um 65–um 130 n. Chr.)

Trajanssäule, Marmor, 107–113 n. Chr.

„Wie dieses **kolossale** Bauwerk errichtet wurde, ist **nicht bekannt**, aber wahrscheinlich kamen dabei eine turmartige Holzkonstruktion, Ankerwinden, Flaschenzüge sowie **Tausende Arbeiter und Pferde** zum Einsatz.“

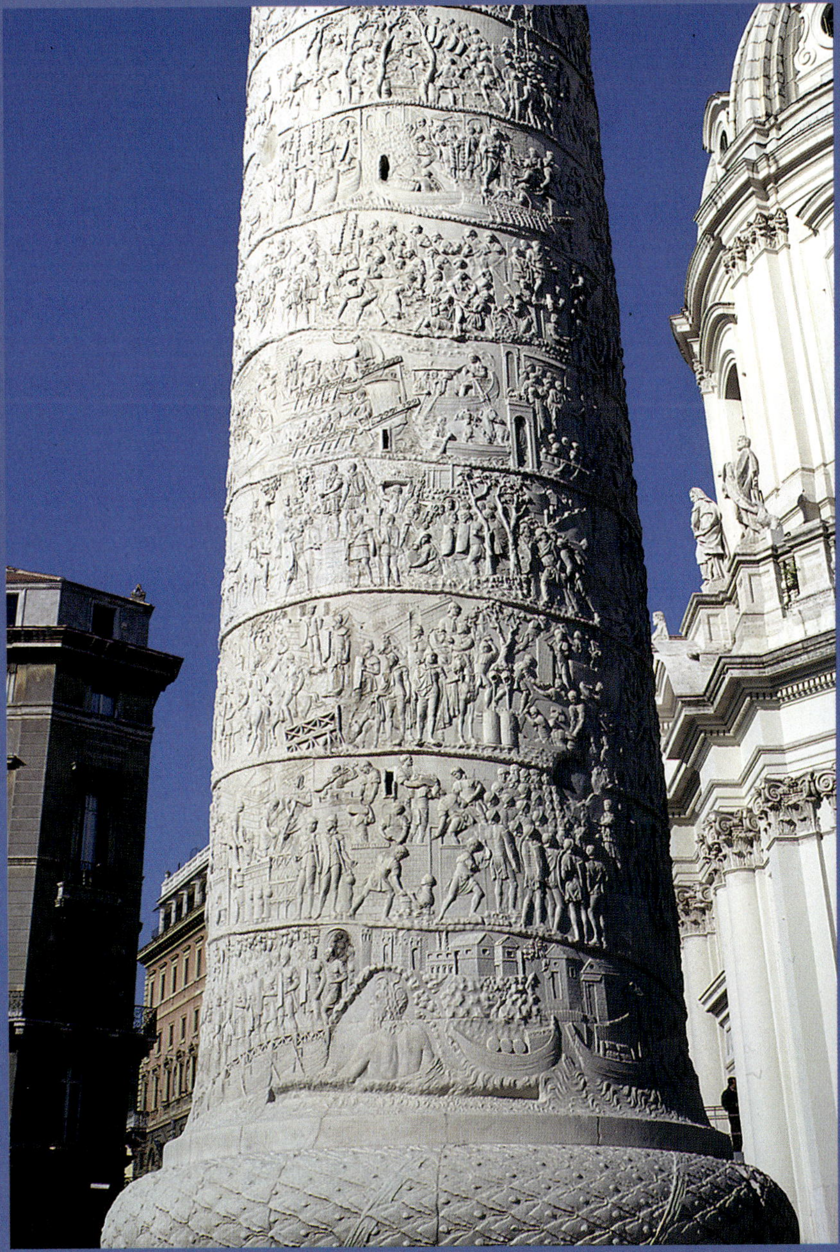

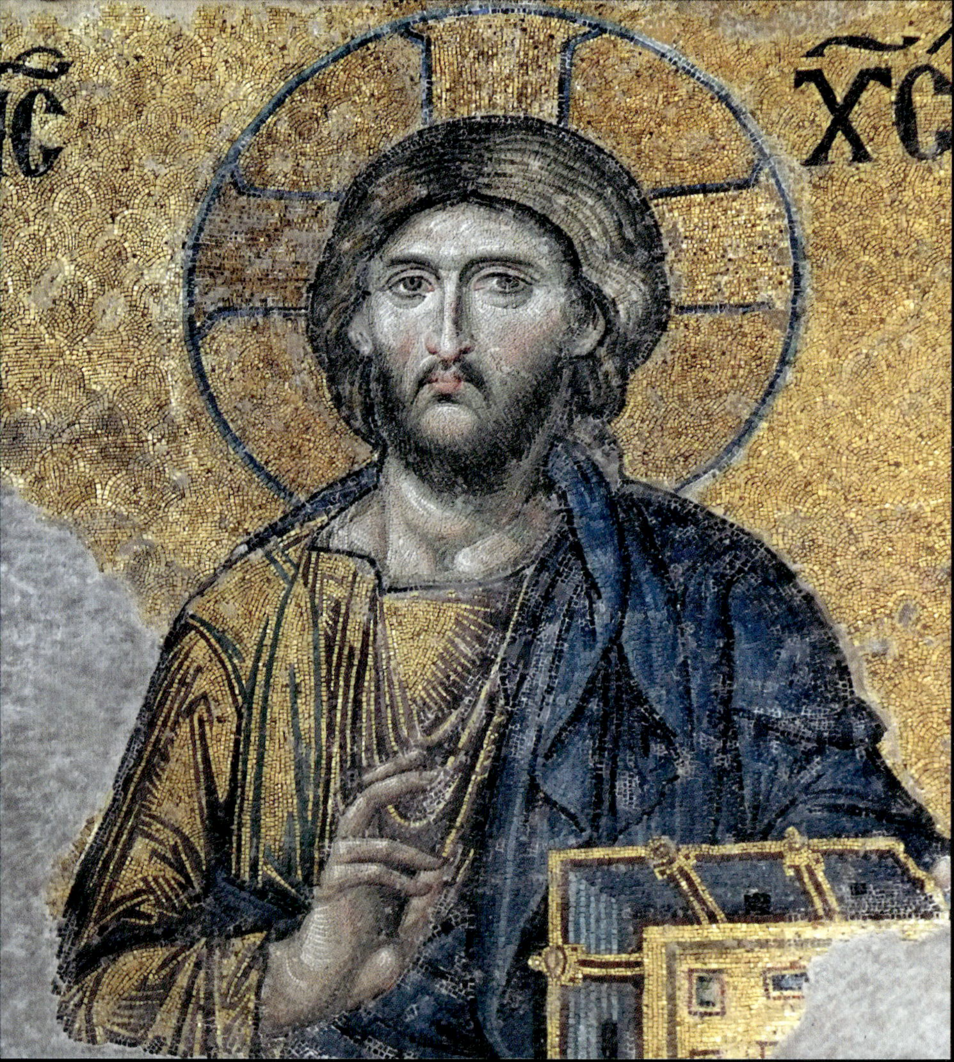

„Byzantinische Mosaike sollten den Gläubigen helfen, sich **vorzustellen**, wie die **Heiligen und der Himmel** aussehen könnten.“

8

Deësis lässt Heilige menschlich erscheinen

Die Hagia Sophia (vom griechischen „heilige Weisheit") ist eine Kathedrale, die in nur sechs Jahren, von 532 bis 537 n. Chr., unter der Herrschaft des oströmischen Kaisers Justinian I. (um 482–565 n. Chr.) in Konstantinopel (heute Istanbul, Türkei) erbaut wurde. Dieses Mosaik entstand an der Südempore der Kirche, vermutlich nach der Wiederherstellung der byzantinischen Herrschaft in Konstantinopel im Jahr 1261.

Byzantinische Mosaike sollten den Gläubigen helfen, sich vorzustellen, wie die Heiligen und der Himmel aussehen könnten. Die Deësis – das bedeutet Gebet oder Flehen – wurde zu einem festen Bildmotiv in der byzantinischen und später in der östlich-orthodoxen Kunst. Sie zeigt Christus auf einem Thron, flankiert von der Jungfrau Maria, seiner Mutter, und Johannes dem Täufer, seinem Cousin. Die beiden Heiligen bitten Jesus um Gnade für die Menschheit. Bei diesem Bildmotiv, das auch als *Majestas Domini* oder *Christus Pantokrator* bekannt ist, sitzt Christus üblicherweise auf einem Thron und hält ein heiliges Buch in der Hand. Manchmal sind neben seiner Mutter und seinem Cousin noch weitere Heilige und Engel dargestellt. In diesem Mosaik sind die Jungfrau Maria und der heilige Johannes im Dreiviertelprofil zu sehen, wie sie Christus anflehen, sich beim jüngsten Gericht für die Menschheit einzusetzen. Auf diese Weise sollten Christus und andere Heilige dem „gewöhnlichen" Menschen nähergebracht werden.

Das Mosaik aus Tesserae – kleine farbige Glas- und Steinplättchen, die in unterschiedlichen Winkeln in den Putz gesetzt werden – sollte im Licht der flackernden Kerzen in der Kirche schimmern. Die Figuren scheinen vor dem goldenen Hintergrund zu schweben und vermitteln so den Eindruck einer spirituellen, anderen Welt, hoch über den Gläubigen. „Pantokrator" wird gemeinhin mit „Allmächtiger" oder „Weltherrscher" übersetzt, vom griechischen *pan* (dt. all, gesamt) und *krator* (dt. Herrscher). Ziel dieser Darstellung, die sich zu einer traditionellen Form entwickelte, war es, Christus für weißhäutige Menschen zugänglicher zu machen. Seine Haare, Augen und sein Bart sind braun, seine Haut ist bleich, sein Haar in der Mitte gescheitelt und sein Gesicht behaart. Er blickt den Betrachter direkt an, seine rechte Hand ist zum Segen erhoben, in der linken hält er ein Evangelium. Sein Gewand aus kostbaren blauen und goldenen Steinen – Gold und Lapislazuli – offenbart seine Größe und Heiligkeit. Das Bild ist größtenteils zweidimensional, doch die leichte Kopfdrehung Christi erzeugt einen subtilen Eindruck von Tiefe und Perspektive. Auch sein Gesicht weist perspektivische Verkürzungen auf: Aus bestimmten Winkeln betrachtet sind die Augen unterschiedlich groß.

Der Name Christi steht links und rechts des Heiligenscheins zu lesen: IC und XC. Zudem formen seine Finger die Buchstaben IC, X und C, die zusammen ebenfalls den Namen Jesus Christus ergeben.

Unbekannte Künstler

Deësis, Mosaik, um 1261

9

Wang Xizhi beim Gänsebeobachten betrachtet das Unwirkliche

Lange bevor westliche Künstler Landschaften um ihrer selbst willen und nicht als bloße Hintergründe für Figuren malten, betrachteten chinesische Maler sie als wichtiges eigenständiges Motiv, mit dem sie die Kraft der Natur darstellten. Die exotische, abwechslungsreiche chinesische Landschaft war ein wichtiger Aspekt der chinesischen Psyche. Jahrhundertelang galten Berge den Menschen als heilig und Wohnorte der Götter. Der chinesische Ausdruck für Landschaftsmalerei, *shan shui huà*, bedeutet übersetzt Berg-Wasser-Malerei.

Der legendäre Kalligraf der Jin-Dynastie, Schriftsteller, Politiker und daoistische Alchemist Wang Xizhi (303–361 n. Chr.), auch bekannt als Yishao, wurde von späteren Generationen „der Weise der Kalligrafie" genannt und gilt traditionell als einer der „vier talentierten Kalligrafen" Chinas. Hier sieht man ihn mit einem Diener in einem Tempel am Wasser stehen. Beide blicken auf einen offenen, von fernen Berggipfeln eingerahmten Fluss, während zwei anmutige langhalsige weiße Gänse vor ihnen über das ruhige Wasser gleiten. Es heißt, die eleganten Formen und Bewegungen von Gänsen hätten Wang zu seinem feinen Kalligrafiestil inspiriert und deshalb habe er die Tiere auch gezüchtet. Er soll von diesen Vögeln so fasziniert gewesen sein, dass er meilenweit reiste, um besonders interessante Exemplare zu studieren. Wang liebte seine Gänse, und diese genossen bei ihm ein angenehmes Leben. Während er ihre Bewegungen auf seinem eigenen Teich aus der Nähe beobachtete, kam ihm die Idee zu einer einzigartigen Kalligrafiemethode, bei der er sein Handgelenk auf bestimmte Art drehte.

Der Künstler dieses Werks, Qian Xuan, der hier seine Vorstellung der Vergangenheit abbildet, ließ bewusst eine unwirkliche Atmosphäre entstehen. Obwohl das Bild im späten 13. Jahrhundert entstand, nahm er ältere stilistische Elemente aus der Zeit von Wang mit auf. Der „Blaugrünstil" wurde während der Tang-Dynastie (618–907 n. Chr.) entwickelt und bekannt. Die heiteren, strukturierten Formen erinnern sogar an noch frühere Landschaften, mit denen Künstler vom 4. bis zum 6. Jahrhundert häufig buddhistische oder daoistische Vorstellungen vom Paradies illustrierten.

Qian Xuan, der zur Zeit der mongolischen Eroberung (die 1276 zum Fall von Hangzhou, der Hauptstadt der Südlichen Song-Dynastie, führte) und des nachfolgenden kompletten Zusammenbruchs der Song-Dynastie lebte, scheint in seinem Werk bewusst Aspekte der ruhigeren, glücklicheren Vergangenheit Chinas hervorgehoben zu haben. Nach diesen Ereignissen zogen er und andere entmutigte chinesische Intellektuelle sich aus dem öffentlichen Leben zurück und entschieden sich für ein Dasein als *yimin*, ein „verbliebener Untertan" der Dynastie. Qian Xuan arbeitete allein, abgeschottet von anderen und konzentrierte sich ganz auf seine Malerei. Von seiner früheren Begeisterung für die traditionelle chinesische Malerei, technische Sorgfalt und naturalistische Anordnungen wandte er sich weitgehend ab und wählte freiere Ausdrucksformen.

Qian Xuan (1239–1301)

Wang Xizhi beim Gänsebeobachten, Handrolle, Tinte, Farbe und Gold auf Papier, um 1295

„Lange bevor westliche Künstler **Landschaften** um ihrer selbst willen und nicht als bloße **Hintergründe für Figuren** malten, betrachteten chinesische Maler sie als **wichtiges eigenständiges Motiv**, mit dem sie die Kraft der Natur darstellten."

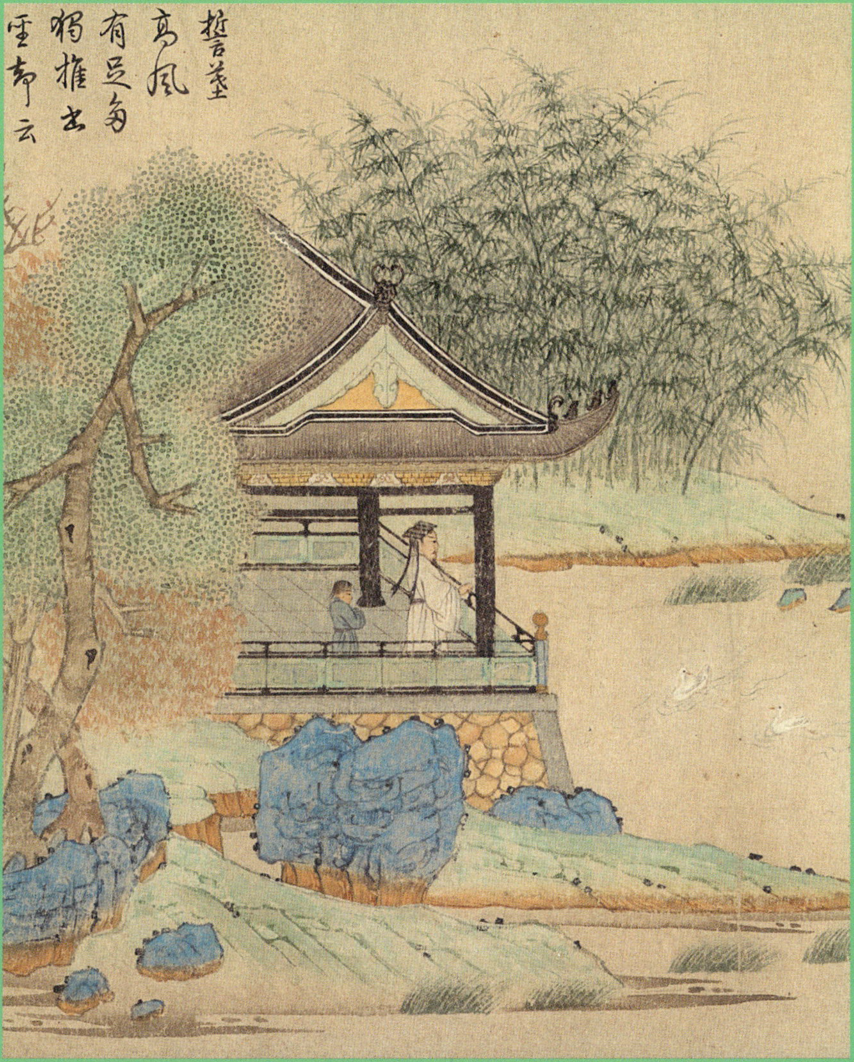

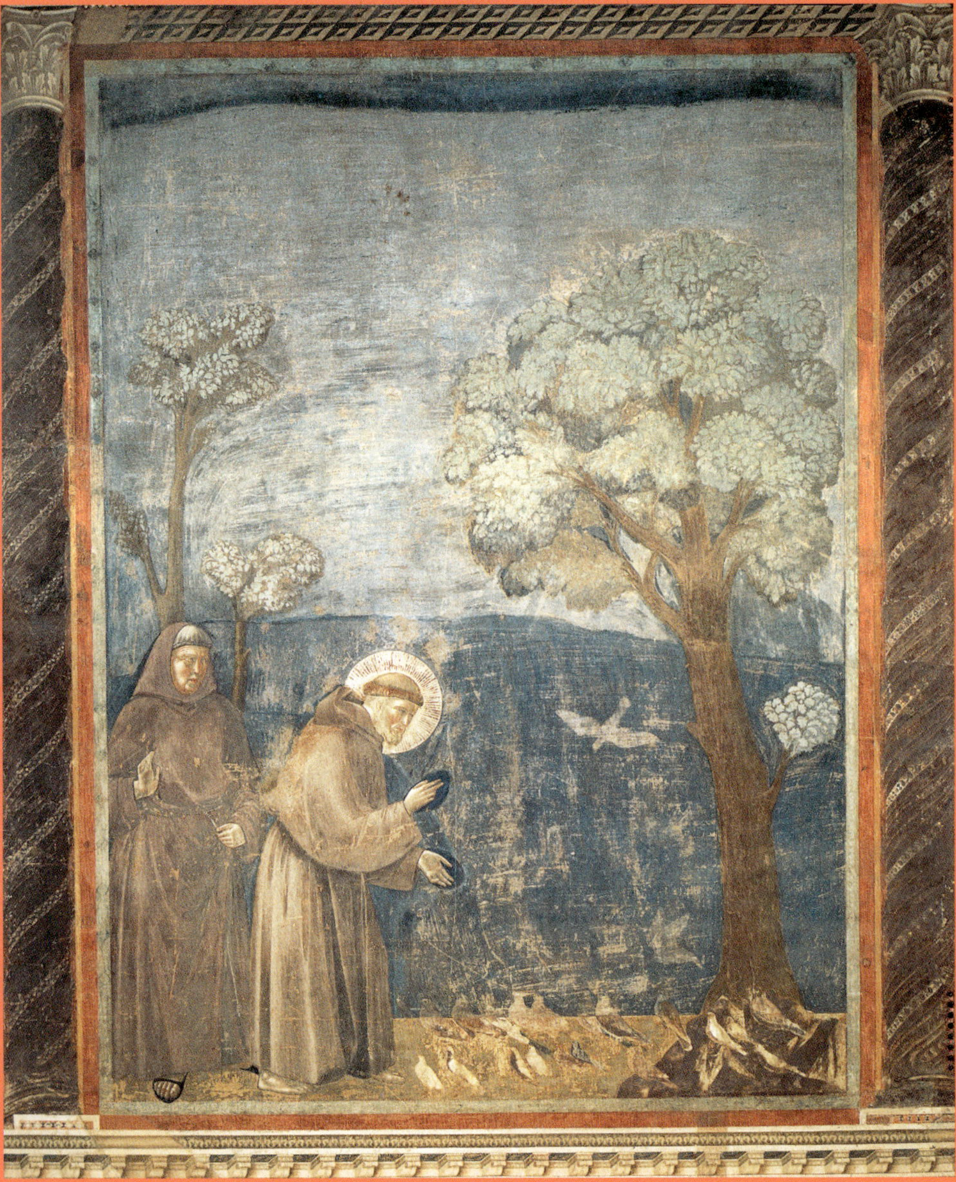

„Die Szenen, die sich wie eine **riesige, farbenfrohe Bildergeschichte** lesen, bilden das Leben des heiligen Franziskus in **chronologischer Reihenfolge** ab.“

10

Die Legende des heiligen Franziskus erzählt vom Leben eines Heiligen

Der italienische Theologe und Mönch Bonaventura (um 1217–1274) wurde eigenen Aussagen nach in jungen Jahren von den Gebeten des heiligen Franziskus von Assisi (1181/1182–1226) vor einem frühzeitigen Tod bewahrt. Daraufhin schrieb er 1260 die offizielle Biografie des heiligen Franziskus, in der er dessen Leben in 97 Episoden unterteilte. Knapp 40 Jahre später – so nimmt man an – begann der Künstler Giotto di Bondone, 28 dieser Episoden auf die Wände der Basilika San Francesco in Assisi zu malen.

Die Legende des heiligen Franziskus wird gemeinhin Giotto zugeschrieben, doch überprüfen lässt sich das nicht, da sämtliche Dokumente der Franziskanermönche, die im Zusammenhang mit Kunstaufträgen aus jener Zeit standen, im Jahr 1800 von napoleonischen Truppen vernichtet wurden. Einige Wissenschaftler vermuten, dass mindestens drei weitere Künstler an den Fresken mitgewirkt haben. Doch die Bilder sind so naturalistisch und brechen so eindeutig mit einem Großteil der damaligen Kunst, dass sie für gewöhnlich Giotto zugeschrieben werden. Als einer der Ersten veränderte dieser die anerkannten Stile der byzantinischen Kunst, indem er natürlichere Posen und Emotionen einführte.

Das Werk – wer auch immer es schuf – erzählt einige der bedeutendsten Ereignisse aus dem Leben des Gründers des Franziskanerordens und Schutzherrn der Natur und der Tiere. Die Szenen, die sich wie eine riesige, farbenfrohe Bildergeschichte lesen, bilden das Leben des heiligen Franziskus in chronologischer Reihenfolge ab. In der ersten Szene, *Hommage an einen einfachen Mann*, breitet ein gewöhnlicher Mann sein Gewand vor einem jungen Adligen aus. Durch seinen goldenen Heiligenschein ist der Adlige als heiliger Franziskus zu erkennen. In der zweiten Szene, *Der heilige Franziskus schenkt seinen Mantel dem Armen*, überreicht Franziskus sein teures goldenes Gewand einem armen Mann. Das ist der erste Hinweis darauf, dass er seine weltlichen Güter weggeben wird.

Die vierte Szene, *Das Wunder des Kreuzes in San Damiano*, zeigt Franziskus als Soldat auf dem Weg in den Kampf, als er plötzlich Gottes Stimme vernimmt, die ihn zur Umkehr auffordert. Er geht zurück nach Assisi und hört in der nahen, verfallenen Kirche San Damiano die Stimme Jesu zu ihm sprechen: „Franziskus, gehe und repariere mein Haus, das, wie du siehst, verfällt.“ Daraufhin verkaufte Franziskus sein ganzes Hab und Gut, darunter auch viele Besitztümer seines Vaters, um den Wiederaufbau der Kirche bezahlen zu können. Zornentbrannt enterbte sein Vater ihn. Franziskus verzichtete bereitwillig auf alles, was er von seinem Vater geerbt hätte, sogar auf seine eigenen Kleider, als Symbol dafür, dass von nun an Gott sein einziger Vater sein würde.

So erzählt der Bilderzyklus weiter vom Leben des Franziskus von Assisi, beschreibt viele der Ereignisse, die zu seiner Heiligsprechung führten und schildert wundersame Geschehnisse nach seinem Tod. *Der heilige Franziskus predigt den Vögeln* ist die fünfzehnte Szene. Franziskus glaubte, dass alle Lebewesen Brüder seien. Als er eines Tages auf Reisen war, bemerkte er, wie ein großer Vogelschwarm ihn aus ein paar Bäumen heraus beobachtete. Er improvisierte einen Segen und erzählte den Vögeln, dass Gott ihnen das größte Geschenk gegeben habe, nämlich die Freiheit der Lüfte. Während er sprach, verneigten sich die Vögel vor ihm und flogen dann fort, um die Neuigkeit von Gottes Liebe zu verbreiten.

Giotto di Bondone (um 1267–1337)

Die Legende des heiligen Franziskus, Fresko, 1297–1300

11

Wilton-Diptychon macht einen König zum Heiligen

Dieses Diptychon, das als tragbarer Altar für die private Andacht von König Richard II. (1367–um 1400) geschaffen wurde, vereint geistliche und weltliche Elemente. Man geht gemeinhin davon aus, dass es zur Zeit von Richards zweiter Hochzeit mit der sechsjährigen Isabella von Valois entstand. Kleine, aufklappbare Gemälde dieser Art wurden auf Reisen mitgenommen und zum Gebet geöffnet. Der Name des Gemäldes, dessen Schöpfer unbekannt ist, leitet sich von Wilton House in Wiltshire ab, wo es zwischen 1705 und 1929 verwahrt wurde.

Auf dem linken Flügel ist Richard mit drei Heiligen zu sehen. Diese stellen den König der Jungfrau Maria und ihrem Kind vor, die, umgeben von elf Engeln, auf dem rechten Flügel abgebildet sind. Die drei Heiligen lassen sich anhand ihrer Attribute identifizieren: Es handelt sich (von links nach rechts) um Edmund den Märtyrer mit seinem Pfeil, Eduard den Bekenner mit seinem Ring und Johannes den Täufer mit seinem Lamm. Sie stehen in einer weltlichen Landschaft, während sich die Jungfrau, das Kind und die Engel auf einer mit Blumen übersäten Wiese befinden. Auf den Gewändern sämtlicher Engel ist ein weißer Hirsch zu sehen, Richards persönliches Emblem. Ein Engel hält eine Standarte mit dem roten Kreuz des heiligen Georg, das sowohl auf die Auferstehung Christi als auch auf England verweist.

Während Richard vor den Heiligen niederkniet, scheint Christus ihn mit einer Hand zu segnen. Mit der anderen Hand deutet er auf die Standarte über seinem Kopf. Die Szene nimmt auch Bezug auf Richards Geburtstag am 6. Januar, den Tag der Epiphanie, als Christus den drei Weisen erschien. Am gleichen Tag wurde auch die Taufe Christi durch Johannes den Täufer gefeiert, und die Darstellung des Johannes in seiner Eremitenkleidung und mit einem Lamm auf dem Arm erinnert an die Hirten, die die heilige Familie kurz nach Jesu Geburt besuchten (in der Kunst wird dieses Ereignis häufig zusammen mit dem Besuch der Weisen abgebildet). Die elf Engel beziehen sich wahrscheinlich auf die alttestamentarische Geschichte von Josephs Traum, in dem sich Sonne, Mond und elf Sterne vor ihm verneigen.

Die blauen Gewänder der Jungfrau und der Engel sind aus dem Pigment kostbarer Lapislazuli-Halbedelsteine gefertigt. Das Gold und das Rot in Richards Gewand bestehen ebenfalls aus extrem teuren Farbpigmenten. Der Mantel ist mit goldenen Hirschen verziert sowie mit Rosmarinzweigen, dem Emblem von Richards späterer Frau, Anne von Böhmen. Außerdem trägt der König eine mit Samenkapseln des gewöhnlichen Ginsters verzierte goldene Kette. Der Name von Richards Herrscherdynastie, Plantagenet, leitet sich von einer Art des gewöhnlichen Ginsters (lateinisch *planta genista*) ab.

Möglicherweise ist das Bild auch ein Familienporträt. Die drei Heiligen ähneln Eduard III., Richards direktem Vorgänger, sowie dessen Söhnen Eduard dem Schwarzen Prinzen (Richards Vater) und Johann von Gent (Richards Onkel). Die Jungfrau Maria hat Ähnlichkeit mit Richards Mutter, Johanna von Kent, und das Jesuskind scheint Eduard von Angoulême, Richards früh verstorbenem älteren Bruder, nachempfunden zu sein. Ganz allgemein verweist das Gemälde auf Richards Überzeugung, ein Herrscher vor Gottes Gnaden zu sein, seinen tiefen christlichen Glauben und die Bedeutung seiner späten Familie.

Unbekannte Künstler

Wilton-Diptychon, Eitempera auf Eiche, um 1395–1399

„Dieses Diptychon, das als tragbarer Altar für die **private Andacht** von König Richard II. (1367–um 1400) geschaffen wurde, vereint **geistliche und weltliche Elemente**.“

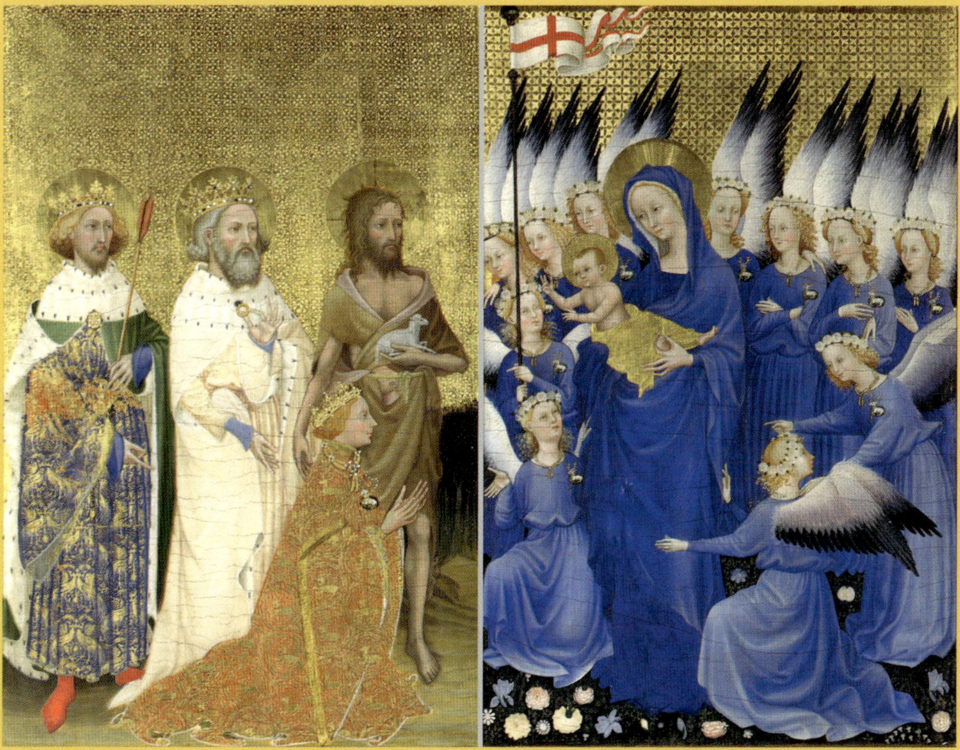

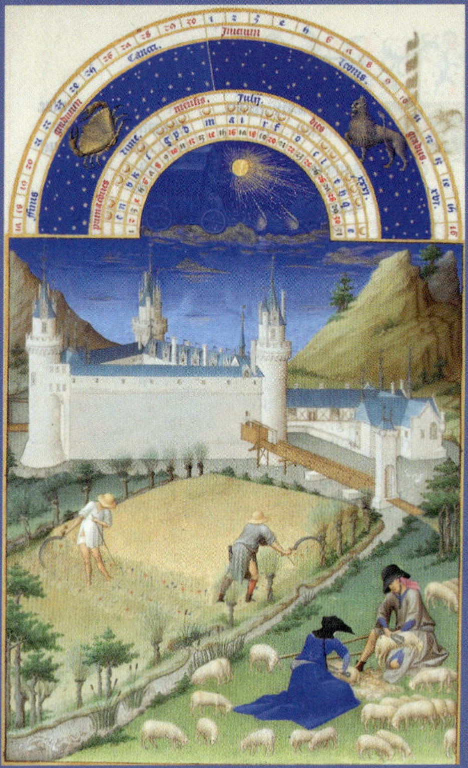 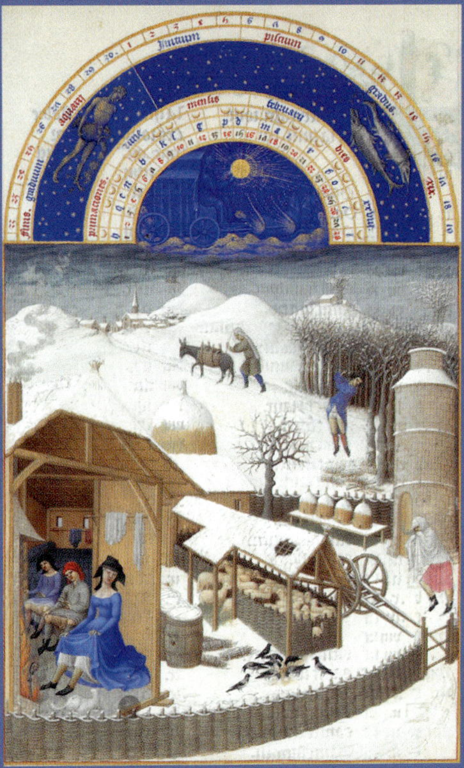

„An dem 206-seitigen Manuskript, das 131 Bilder enthält, darunter **Miniaturen, Kalligrafie, illuminierte Buchstaben** und andere **Verzierungen**, haben sehr wahrscheinlich **zahlreiche Künstler und Assistenten** mitgearbeitet."

12

Les Très Riches Heures huldigt den Jahreszeiten

Das Stundenbuch des Herzogs von Berry, *Les Très Riches Heures du Duc de Berry*, ist eine Sammlung von Gebeten, die zu bestimmten Tageszeiten gesprochen werden sollten. Derlei Stundenbücher waren im Mittelalter in Europa sehr verbreitet. Die Künstlerbrüder Herman, Paul und Johan Limburg schufen dieses Werk für den Herzog von Berry (1340–1416), den dritten Sohn des späteren französischen Königs, im späten internationalen gotischen Stil. Doch bevor sie es fertigstellen konnten, starben alle drei Brüder und auch der Herzog im Jahr 1416, vermutlich an der Pest. Das Manuskript blieb daher unvollendet. Knapp 30 Jahre später, Ende der 1440er Jahre, ergänzte ein anonymer Künstler – man nimmt an, dass es sich um Barthélemy d'Eyck (um 1420–nach 1470) handelt – weitere Illuminationen, und von 1485 bis 1489 vollendete der Maler Jean Colombe (um 1430–um 1493) im Auftrag Karls I., Herzog von Savoyen, das Werk. An dem 206-seitigen Manuskript, das 131 Bilder, darunter Miniaturen, Kalligrafie, illuminierte Buchstaben und andere Verzierungen, enthält, haben sehr wahrscheinlich zahlreiche Künstler und Assistenten mitgearbeitet.

Aufgrund der vielzähligen Illustrationen sowie der Verwendung seltener, teurer Pigmente – darunter *vert de flambe*, ein Grün, das aus zerstampften Blumen und dem Mineral Massicot hergestellt wurde, und *azur d'outreme*, ein Ultramarin aus zerriebenem Lapislazuli aus dem Mittleren Osten und Blattgold – wird *Les Très Riches Heures* allgemein als eines der bedeutendsten Beispiele dieser Art Kunst betrachtet. Das Werk enthält einen Kalender, zu dem auch diese zwei Bilder gehören, die den Februar und den Juli darstellen. Beide wurden von Paul Limburg gemalt. Mithilfe flüssiger Farbe, sehr feiner Pinsel und Vergrößerungsgläsern, mit denen der Künstler jedes noch so winzige Element erkennen konnte, gelang ihm eine äußerst detaillierte Darstellung.

Der Februar zeigt einen Bauernhof, der von einer dicken Schneeschicht bedeckt ist. Man sieht einen Schafstall, vier Bienenkörbe, einen Taubenschlag und auf dem Boden hockende Tauben. Ein Mann fällt einen Baum mit einer Axt, zu seinen Füßen liegen Reisigbündel. Ein weiterer Mann wärmt sich die Hände mit seinem Atem. Im Hintergrund treibt ein dritter Mann einen mit Holz beladenen Esel auf ein nahegelegenes Dorf zu. Ein Schnitt durch das Holzhaus gibt Einblick ins Innere, wo sich eine Frau und zwei jüngere Personen die Beine an einem Feuer wärmen.

Das Juli-Bild ist in Sonnenlicht getaucht. Zwei Figuren mit Sensen ernten Weizen; daneben sind ein Mann und eine Frau mit dem Scheren von Schafen beschäftigt. Hinter ihnen fließt der Fluss Boivre und erhebt sich in strahlendem Weiß und Blau der Grafenpalast von Poitiers. Er repräsentiert Wohlstand und bildet einen starken Kontrast zu den armen Landarbeitern. Oberhalb der Illustrationen sind über dem Sonnenwagen die Tierkreiszeichen der jeweiligen Monate zu sehen – Wassermann und Fische im Februar sowie Krebs und Löwe im Juli.

Brüder von Limburg (um 1385–1416)

Les Très Riches Heures du Duc de Berry, Tempera auf Pergament, 1410–1416

13

Die Heilige Dreifaltigkeit vereint Religion und Vernunft

Dieses Wandgemälde, das Gottvater, seinen Sohn Christus und den Heiligen Geist darstellt, wurde von Mitgliedern einer wohlhabenden Familie für ihre Andachtskapelle in der Kirche Santa Maria Novella in Florenz in Auftrag gegeben. Der Künstler war Tommaso di Giovanni di Simone Cassai, der als Masaccio („tollpatschiger Tom", weil er sich angeblich nur um seine Kunst und nichts anderes kümmerte) bekannt wurde. Obwohl seine Laufbahn nur sieben Jahre währte, war er einer der wichtigsten Künstler der Frührenaissance. Er übte nachhaltigen Einfluss aus, insbesondere weil er die Linearperspektive und eine naturalistische Malweise einführte, die die Malerei bis ins späte 19. Jahrhundert prägten.

Masaccios naturgetreue Figurendarstellung sowie das eindrucksvoll vermittelte Gefühl von Tiefe und Entfernung trugen ihm sofort Bewunderung ein. Die Linearperspektive ist eine Technik zur Darstellung von Dreidimensionalität auf zweidimensionalen Flächen. Der erste, der 1435 darüber schrieb, war Leon Battista Alberti in seiner Abhandlung *Della Pittura* (Über die Malkunst). Masaccio wandte die Linearperspektive allerdings schon einige Jahre früher an, wie dieses Fresko beweist. Auf zeitgenössische Betrachter machte das Gemälde großen Eindruck, denn für ungeübte Augen sah es so aus, als sei in der Kirche eine weitere Kapelle errichtet worden, mit ionischen Säulen, korinthischen Pfeilern und einem Tonnengewölbe. Im Innern dieser Kapelle wird der gekreuzigte Christus von Gott, der hinter ihm steht, und dem als weiße Taube dargestellten, über ihm schwebenden Heiligen Geist gehalten und von Johannes dem Evangelisten und der Jungfrau Maria flankiert. Nicht nur die Linearperspektive, auch Masaccios einzigartiger, naturalistischer Farbgebrauch ließen seine lebensgroßen Figuren echt und plastisch anmuten, zu einer Zeit, als die meisten anderen Gemälde flach wirkten. Vor den Eingangspfeilern dieser heiligen Kapelle bildete Masaccio das Stifterehepaar in Lebensgröße ab; die beiden knien einander gegenüber. Darunter, scheinbar in der Krypta der Kapelle, ist ein Skelett zu sehen. Es stellt Adam dar, den ersten Menschen. Zusammen mit der Inschrift „Einst war ich wie du und was ich bin wirst du sein" bildet es ein Memento mori, eine Erinnerung an die Unausweichlichkeit des Todes.

1570 wurde vor dem Gemälde ein steinerner Altar errichtet, hinter dem das Bild für knapp drei Jahrhunderte verschwand. Als der Altar 1861 entfernt wurde, kam das Fresko wieder zum Vorschein. 1952 wurde auch das Skelett freigelegt, sodass das gesamte Bild wieder zu sehen war. Die beiden hier abgebildeten Themen, Jesus am Kreuz, begleitet von Gottvater und dem Heiligen Geist, plus der Jungfrau Maria und Johannes dem Evangelisten einerseits und das Memento mori andererseits, waren in der Kunst des 15. und 16. Jahrhunderts recht verbreitet. In dieser Darstellung wurden sie erstmals kombiniert. Das Bild vereint Religion und Vernunft: Die Vernunft findet in der Linearperspektive und der Harmonie der klassischen Architektur Ausdruck; die Religion in dem Verweis darauf, dass wir durch Frömmigkeit und Gebete zu ewigem Leben gelangen.

Masaccio (1401–1428)

Die Heilige Dreifaltigkeit, Fresko, 1426–1428

„Masaccios naturgetreue **Figurendarstellung** sowie das eindrucksvoll vermittelte Gefühl von **Tiefe** und **Entfernung** trugen ihm **sofort Bewunderung** ein.“

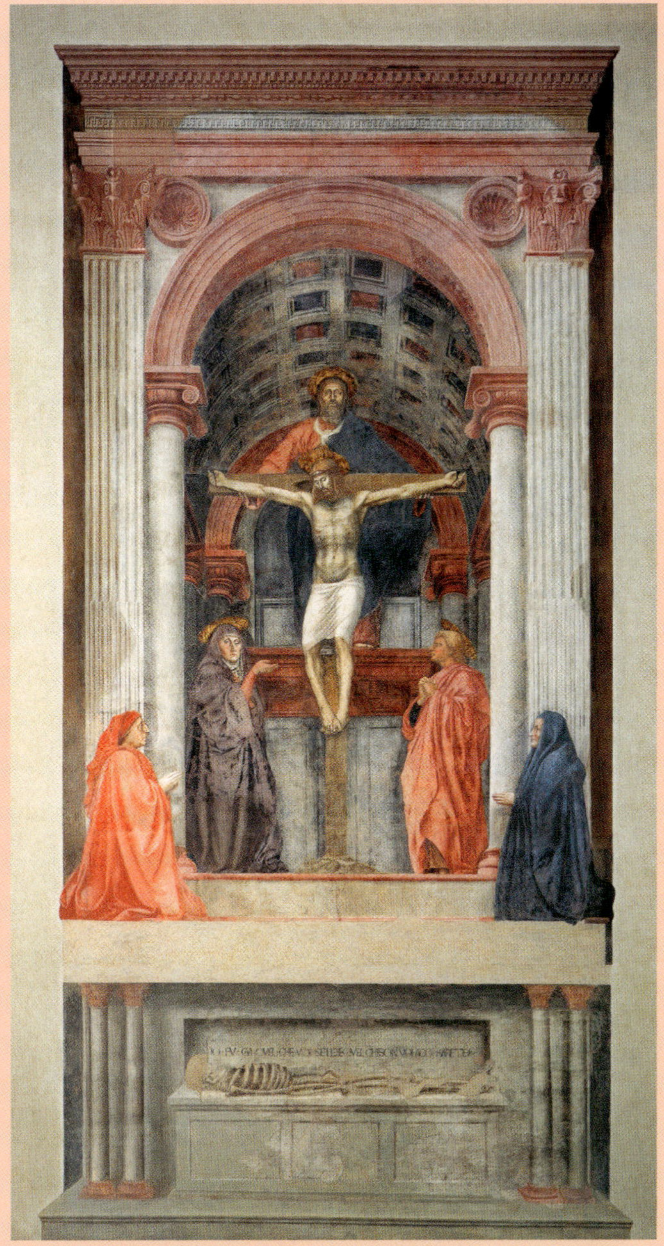

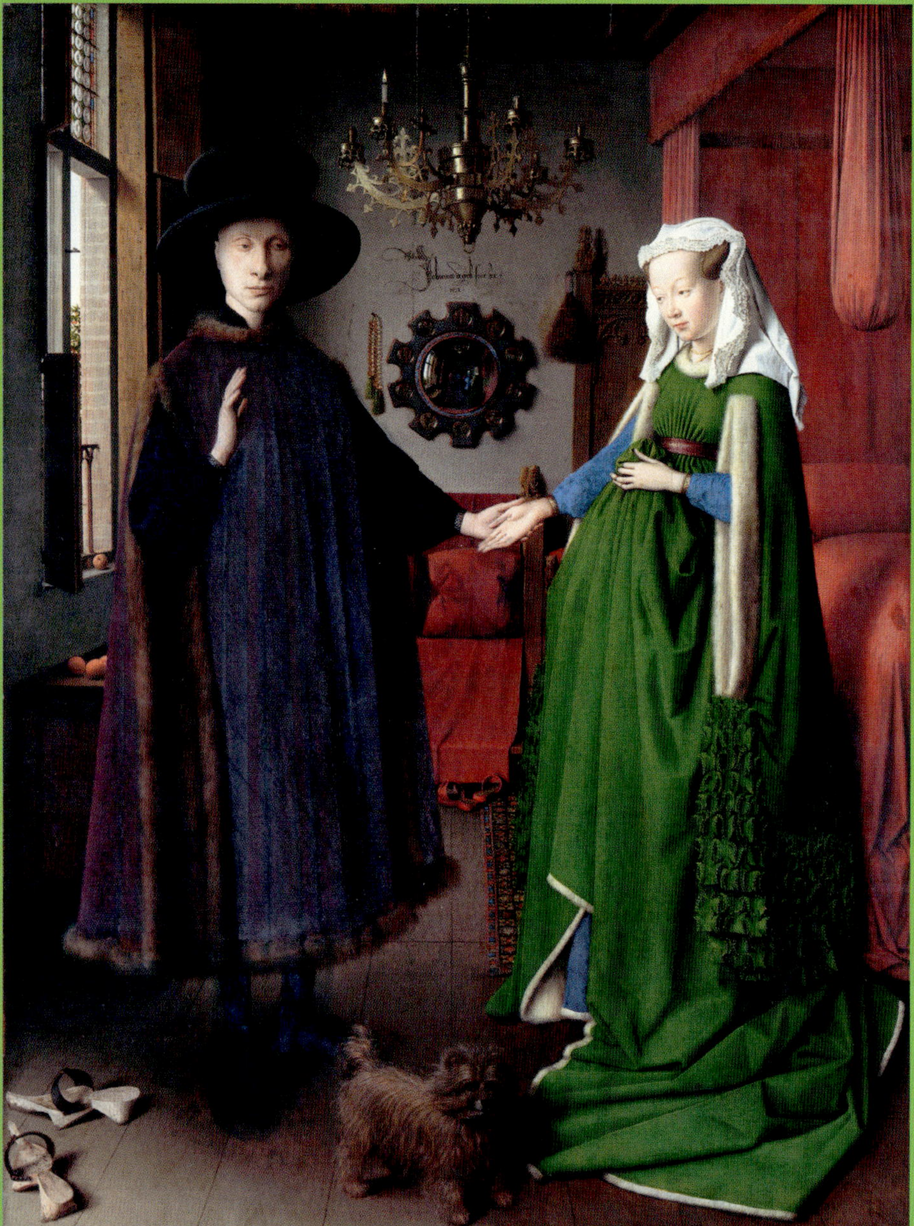

„Costanza ist **nicht schwanger**, wie oft vermutet wurde, sondern rafft lediglich den **schweren grünen Stoff ihres Kleides** mit seiner teuren **Richelieustickerei** in die Höhe."

14

Die Arnolfini-Hochzeit prahlt mit Reichtum

Ein Mann und eine Frau stehen in einem Raum und halten sich an den Händen. Es handelt sich wahrscheinlich um Giovanni di Nicolao Arnolfini und seine Frau, Costanza Trenta, die ein Jahr vor Entstehung des Gemäldes verstorben war. Über das Leben des Künstlers Jan van Eyck ist wenig bekannt, aber er gilt als einer der Ersten, die mit Ölfarbe arbeiteten. Die mit Leinöl vermischten Farbpigmente trockneten langsamer als Eitempera. Das ermöglichte ihm, mit durchscheinenden Lasuren in leuchtenden Farben zu arbeiten und während des Malens Elemente zu korrigieren.

Van Eyck arbeitete als Künstler und Diplomat überwiegend für den wohlhabenden Philipp den Guten, Herzog von Burgund. Arnolfini wiederum war Mitglied einer erfolgreichen Kaufmannsfamilie aus dem italienischen Lucca, lebte in Brügge und belieferte den Herzog mit Seide und Samt. Das Gemälde ist reich an Symbolen, die den Reichtum und den sozialen Status der Familie Arnolfini zeigen. Giovanni und Costanza, die beide aus erfolgreichen Handelsfamilien stammten, werden in einem höher gelegenen Raum dargestellt. Es ist Frühsommer, was man an dem Kirschbaum vor dem Fenster erkennt. Flandern war damals das Zentrum eines großen Handelsimperiums, und einige der Handelsgüter sind hier abgebildet, darunter Pelz, Seide, Wolle, Leinen, Leder und Gold. Rote, schwarze, grüne und blaue Stofffärbemittel für Kleider und Möbelbezüge waren allesamt äußerst kostspielig. Costanza ist nicht schwanger, wie oft vermutet wurde, sondern rafft lediglich den schweren grünen Stoff ihres Kleides mit seiner teuren Richelieustickerei in die Höhe – im echten Leben wäre dies die Aufgabe einer Magd. Die Ärmel und das blaue Unterkleid sind mit Eichhörnchen- oder Polarfuchspelz besetzt; Giovannis samtenes Gewand ist mit einer Pelzborte vom Baummarder eingefasst. Pelz war damals extrem teuer. Die pflaumenblaue Farbe von Giovannis Mantel liefert einen weiteren Hinweis auf seinen Reichtum, denn dunkle und leuchtende Farbstoffe waren in der Herstellung teurer als helle; darunter trägt er ein Unterkleid aus teurem Damast. Auch der feine Spitzensaum von Costanzas Schleier und die goldenen und silbernen Ärmelbündchen an den Handgelenken des Paares machen deutlich, dass sie zu den wohlhabendsten Bürgern von Brügge zählen. Sie gehören jedoch eher dem Bürgertum an als der Aristokratie, denn ihr Schmuck ist zurückgenommen, und sie tragen den Pelz ganz bestimmter Tiere.

Die reifen Orangen auf der Truhe unter dem Fenster und auf dem Fensterbrett sind aus südlicheren Gefilden importiert worden. Die teuren Bettvorhänge, der orientalische Läufer und der schimmernde Messingleuchter deuten ebenfalls auf Reichtum hin. Auch Spiegel konnten sich damals nur wohlhabende Menschen leisten. Das glänzende konvexe Glas des Wandspiegels in diesem Raum wird von einem Holzrahmen umschlossen, auf dem Miniaturbilder die Stationen der Passion Christi illustrieren. Im Spiegel sieht man die Rückenansicht der Arnolfinis sowie zwei weitere Personen im Türeingang, vermutlich den Künstler und dessen Frau.

Jan van Eyck (vor 1395–1441)

Die Arnolfini-Hochzeit, Öl auf Eiche, 1434

15

Kreuzabnahme bringt Verzweiflung zum Ausdruck

Der schon zu Lebzeiten international berühmte Rogier van der Weyden war Stadtmaler von Brüssel und arbeitete für einige der einflussreichsten Personen jener Zeit, darunter Philipp den Guten von Burgund und die italienischen Adelsfamilien der Medici und der Este. Da er seine Werke nicht signiert hat, können viele seiner Bilder ihm nicht offiziell zuerkannt werden.

Dies ist die mittlere Tafel eines Triptychons, das Rogier für eine Kapelle im flämischen Brabant malte und das noch Jahrhunderte nach seinem Tod enormen Einfluss auf andere Künstler ausübte. Vor einem goldenen Hintergrund bildete Rogier eine schmerzensreiche Szene ab. Nach der Kreuzigung wird der Leichnam Christi vom Kreuz abgenommen. Zehn nahezu lebensgroße Figuren krümmen sich vor Verzweiflung. Jesus, dessen Körper sich diagonal über die Komposition erstreckt, trägt noch immer die Dornenkrone. Das starke Licht verleiht seiner bleichen Haut einen perlmuttartigen Schimmer. Sein Kopf fällt zur Seite, und aus der Wunde auf seiner Brust fließen weiter Blut und Wasser, wie es in der Bibel beschrieben wird. Der aus einem Schleier seiner Mutter gewickelte durchscheinende Lendenschurz ist vom Blut unberührt.

Die drei Männer, die den Leichnam herunterheben, sind ein Diener (oben), der zwei blutbefleckte Nägel hält, die aus den Händen Christi entfernt wurden; ein bärtiger, rot gekleideter Mann, bei dem es sich vermutlich um Nikodemus handelt, einen Pharisäer (Mitglied einer alten jüdischen Sekte); und ein Mann in einem goldenen Umhang mit Pelzborte, höchstwahrscheinlich der wohlhabende Joseph von Arimathäa, der Christus in das für ihn selbst bestimmte Felsengrab betten ließ. Außen rechts steht die wehklagende, händeringende Maria Magdalena. Der bärtige Mann in Grün hinter Joseph von Arimathäa hält ein Gefäß, das traditionell mit Maria Magdalena in Verbindung gebracht wird. Es enthält Nardenöl, ein extrem teurer Balsam, mit dem sie Christi Füße vor der Kreuzigung salbte. Links wird die Jungfrau Maria vor Schmerz ohnmächtig. Ihr Gesicht ist totenbleich, ihre Haltung nimmt die ihres Sohnes auf. Eine solche Ohnmachtsdarstellung hatte es in der frühen niederländischen Kunst nie zuvor gegeben. Gestützt wird Maria von Johannes dem Evangelisten sowie von einer Frau in Grün, vermutlich Maria Salome, Marias Halbschwester und Mutter von Johannes dem Täufer. Die schluchzende Frau hinter ihr ist wahrscheinlich Maria Kleophas, die andere Halbschwester der Jungfrau.

Marias leuchtend blaues Kleid ist mit kostbaren Lapislazuli-Pigmenten gemalt. Mit dem Gewand hat Rogier auch den Sockel des Kreuzes und einen Teil der Leiter verhüllt. Der Mann in Grün neigt sich so zur Seite, dass sein rechter Fuß und der Pelzsaum seines Gewands den anderen Teil des Leiteransatzes überdecken. Das Bild ist reich an Symbolik. Der Schädel und die Knochen am unteren Bildrand verweisen auf den Hügel Golgotha, den „Ort des Schädels“, auf dem Jesus gekreuzigt wurde. Traditionell wird der Schädel Adam zugeordnet, wodurch die biblische Verbindung zwischen der Ursünde und der Erlösung der Menschheit durch die Selbstaufopferung Christi am Kreuz deutlich gemacht wird.

Rogier van der Weyden (um 1399–1464)

Kreuzabnahme, Öl auf Eichentafel, um 1435

„Links wird die Jungfrau Maria **vor Schmerz ohnmächtig**. Ihr Gesicht ist totenbleich, ihre Haltung nimmt die ihres Sohnes auf. Eine solche Ohnmachtsdarstellung hatte es **in der frühen niederländischen Kunst nie zuvor gegeben**."

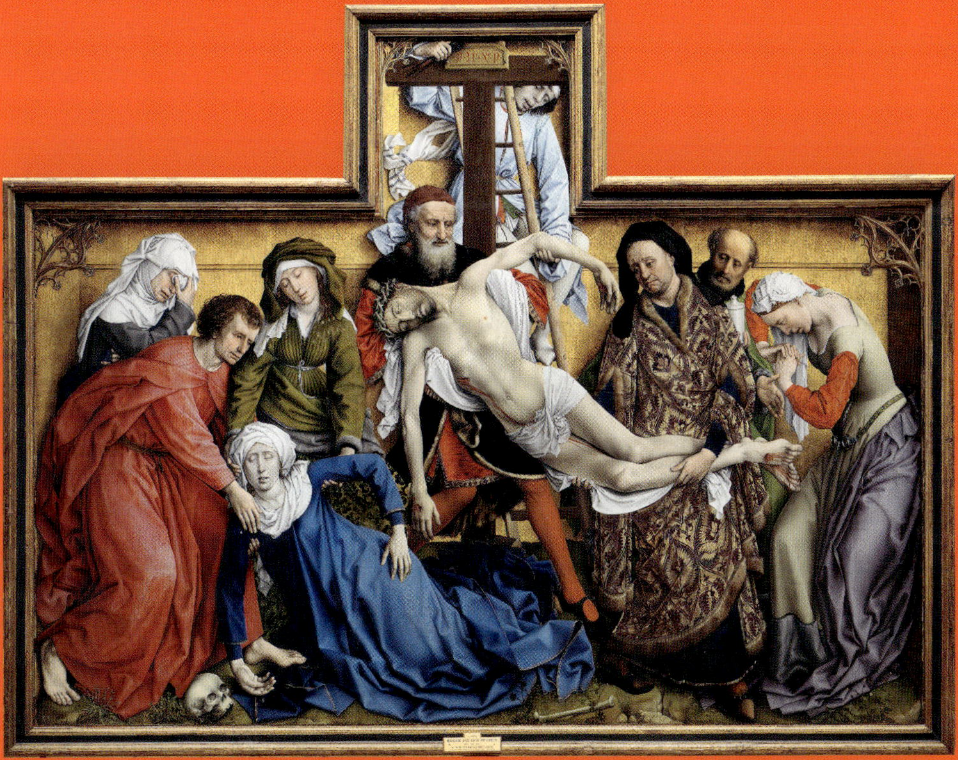

16

Die büßende Maria Magdalena **schockiert mit Realismus**

Donato di Niccolò di Betto Bardi, besser bekannt als Donatello, war einer der bedeutendsten Florentiner Bildhauer, ein produktiver, wandlungsfähiger Künstler der Frührenaissance, der mit Stein, Metall, Holz, Terrakotta und Bronze arbeitete. Der innovative Donatello schuf, ausgehend vom gotischen Stil, in dem er ausgebildet wurde, anatomisch genaue Figuren, die erstaunlich realistisch wirken. Als einer der Ersten nutzte er für Reliefskulpturen die Zentralperspektive mit nur einem Fluchtpunkt, und er schuf die erste nackte männliche Statue seit der klassischen Antike. Seine ausdrucksstarken, naturalistischen Werke beeindruckten seine Zeitgenossen und übten jahrhundertelang Einfluss auf die Bildhauerei aus.

Dieses Werk, das wahrscheinlich für das Baptisterium in Florenz in Auftrag gegeben wurde, rief mit seinem nie dagewesenen Realismus Erstaunen hervor. Die nahezu lebensgroße Figur zeigt Maria Magdalena, die im Lukasevangelium als „Sünderin" beschrieben wird, und von der es weiter heißt: „Dabei weinte sie und ihre Tränen fielen auf seine Füße. Sie trocknete seine Füße mit ihrem Haar, küsste sie und salbte sie mit dem Öl" (Lk 7,38). Nachdem Jesus ihr eines seiner Gleichnisse erzählt hat, sagt er zu ihr: „Deine Sünden sind dir vergeben" (Lk 7,48).

Die büßende Maria Magdalena war während der Renaissance und danach ein beliebtes Motiv. Der Bibel zufolge war Maria Magdalena eine Prostituierte, die ihre Vergangenheit bereute und nach der Kreuzigung 30 Tage in der Wüste zubrachte, um für ihre Sünden zu büßen. Westliche Legenden behaupteten, dass der Zahn der Zeit ihr nichts anhaben konnte und sie jeden Tag von Engeln genährt wurde. Deshalb stellen die meisten westlichen Künstler sie als alterslose Schönheit dar. Donatellos Version dagegen hat mehr Ähnlichkeit mit Ikonen der Maria von Ägypten, der ausgemergelten, in Lumpen gekleideten Heiligen der Sünder, wie man sie in der östlich-orthodoxen Kirche findet. Donatello zeigt, wie Maria Magdalena ohne göttlichen Schutz ausgesehen haben könnte: verhärmt, eingefallen und faltig, in zerschlissenen Kleidern, mit langen verfilzten Haaren und leicht geöffnetem Mund, der fehlende Zähne offenbart. Sie ist der Inbegriff der Buße.

Da keine zeitgenössischen Dokumente erhalten sind, ist unklar, wo sich das Werk ursprünglich befand. Fest steht aber, dass der französische König Karl VIII. es in den 1480er Jahren im Baptisterium in Florenz sah, als er mit seinem Heer in der Nähe sein Lager aufgeschlagen hatte. Die Tatsache, dass die Figur auf der Rückseite nicht ganz vollendet ist, lässt vermuten, dass sie ursprünglich in einem Rahmen an der Wand hing. Als Donatello die Statue schuf, war er über 60, hatte gerade ein Jahrzehnt in Padua verbracht und litt seit Langem an einer Krankheit. Er war also vertraut mit dem Gefühl von Ermüdung und Schwäche, das Alter und Krankheit mit sich bringen, und sah dem eigenen Tod ins Auge. Diese erstaunlich realistische Interpretation des Themas war beispiellos, und noch Jahrhunderte später stellten die meisten Bildhauer Heilige als schön und alterslos dar. Donatellos Ansatz verleiht dem Motiv eindringliche Realität: Maria Magdalenas Leben als Prostituierte hat ihr die Schönheit geraubt.

Donatello (1386–1466)

Die büßende Maria Magdalena, Silberpappelholz, 1453–1445

„Donatello zeigt, wie sie **ohne göttlichen Schutz** ausgesehen haben könnte: **verhärmt, eingefallen und faltig**, in **zerschlissenen Kleidern**, mit langen verfilzten Haaren und leicht geöffnetem Mund, der fehlende Zähne offenbart."

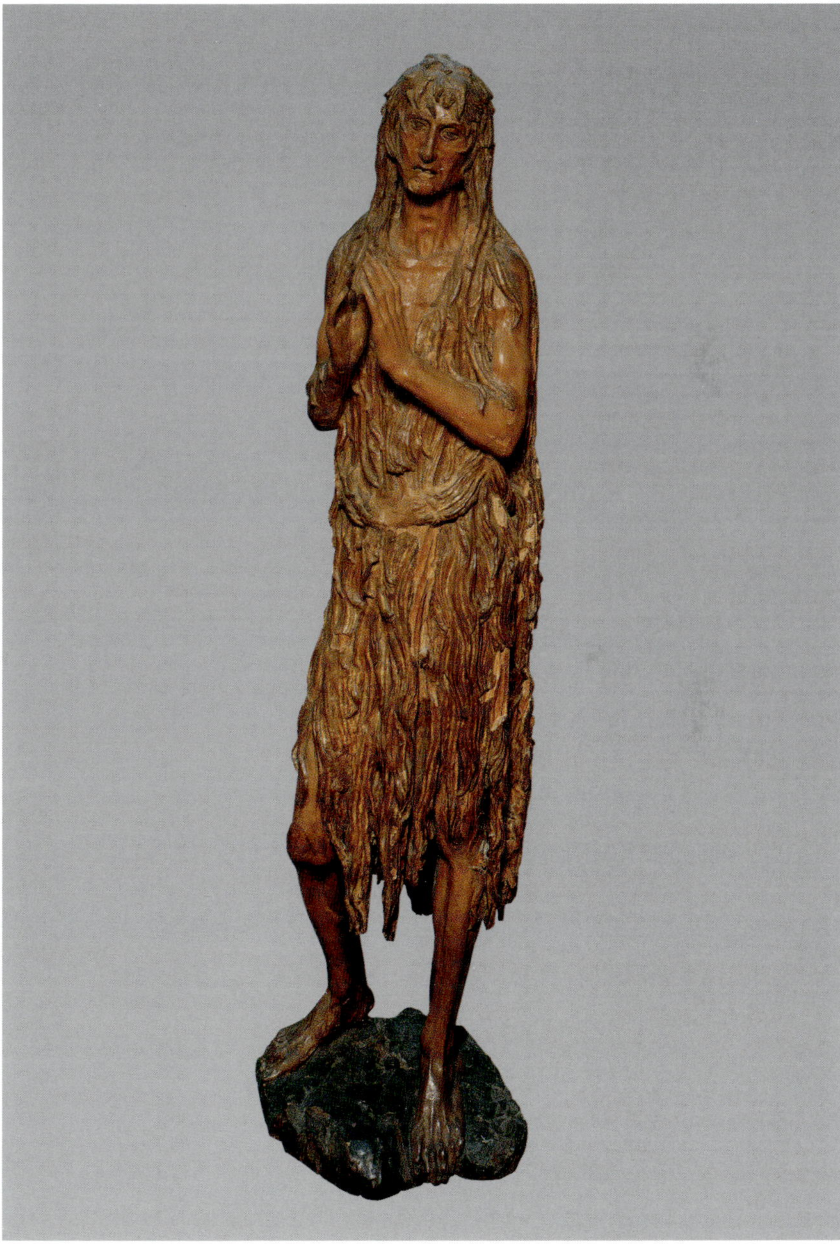

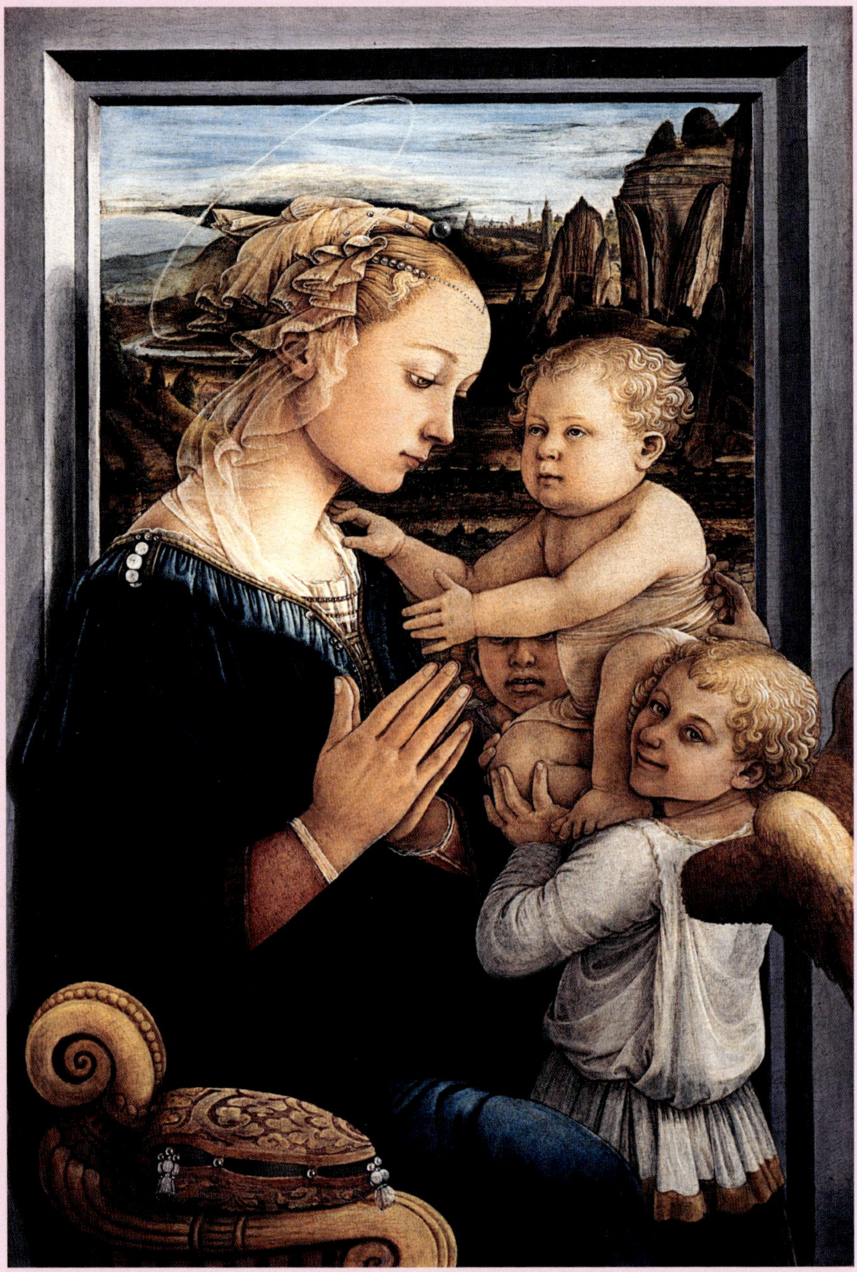

„Das Werk ist eines der wenigen, die der Künstler **ohne seine Assistenten** ausführte. Es beeinflusste **viele spätere Darstellungen der Madonna mit Kind**, insbesondere die von Sandro Botticelli.“

17

Madonna mit Kind kündet von geheimer Bande

Filippo Lippi führte ein skandalumwittertes Leben. Er wuchs in Klöstern auf, wurde zum Priester geweiht, dann zum Kaplan eines Nonnenkonvents ernannt, lebte mit einer Nonne zusammen, wurde Vater mehrerer Kinder und musste sich mehrfach vor Gericht verantworten. Zum Malen inspiriert wurde er von Masaccio, dem er bei der Arbeit zusah.

1456 war Fra Filippo, als den man ihn damals kannte, Kaplan des Klosters Santa Margherita in Prato bei Florenz. Während er die dortige Kirche mit Fresken ausmalte, saß ihm die junge Novizin Lucrezia Buti für die Jungfrau Maria Modell. Dabei verliebten sich die beiden. Lucrezia war dem Orden aus ähnlichen Gründen beigetreten wie Lippi, nämlich weil sie einer sehr armen Familie entstammte. Um dieser unhaltbaren Situation zu entfliehen, „entführte" Lippi Lucrezia während einer Prozession und nahm sie mit zu sich nach Hause, wo sie fortan als Mann und Frau lebten.

Wann genau dieses Gemälde in Auftrag gegeben und ausgeführt wurde, ist unklar, aber 1457 – dem Jahr der Geburt von Lippis und Lucrezias Sohn Filippino – beauftragte der mächtige Giovanni de' Medici den Künstler, ein Tafelbild für den König von Neapel zu malen. Möglicherweise ist dieses Bild das Ergebnis jenes Auftrags. Einige Wissenschaftler vermuten jedoch, dass Lippi es nur malte, um die Geburt seines Sohnes zu feiern, doch das ist reine Spekulation. Das Werk ist eines der wenigen, die der Künstler ohne seine Assistenten ausführte. Es beeinflusste viele spätere Darstellungen der Madonna mit Kind, insbesondere die von Sandro Botticelli.

Anders als die meisten Gemälde dieser Zeit vermittelt dieses hier Weichheit, Spontanität und Naturalismus. Die Madonna sitzt auf einem Thron, von dem nur ein besticktes Kissen und eine geschnitzte Armlehne zu sehen sind. Liebevoll blickt sie auf ihr gut genährtes, blondes Baby, das in Windeln gewickelt ist und von zwei Engeln getragen wird. Das Kind greift nach ihr, während sie die zarten Hände zum Gebet aneinandergelegt hat. Ihr Ausdruck ist freundlich und kontemplativ, als würde sie das tragische Schicksal ihres Sohnes vorausahnen. Der Engel im Vordergrund blickt den Betrachter lächelnd an, während die anderen drei Figuren nur einander wahrzunehmen scheinen. Es ist eine intime Szene; die vier Figuren sind einander sehr nahe. Hinter ihnen öffnet sich ein Fenster auf eine felsige Landschaft mit Bäumen und Gebäuden im vorderen Bereich und dem Meer in der Ferne.

Mit ihrem modischen, dunkelblauen Samtkleid und den Perlen in ihrem sorgfältig frisierten Haar gibt die Madonna eine Vorstellung von der damaligen Florentiner Edelfrau. Die Heiligenscheine sind nur als feine Lichtringe angedeutet. Giorgio Vasari, ein Künstler, Kritiker und Biograf des 16. Jahrhunderts, schrieb, Lippi sei so wolllüstig gewesen, dass Cosimo de' Medici ihn einsperrte, wenn der Künstler für ihn arbeitete. Doch die Liebe seines Lebens war Lucrezia Buti, wie dieses von Zuneigung erfüllte Gemälde beweist.

Filippo Lippi (um 1406–1469)

Madonna mit Kind, Tempera auf Holztafel, um 1460–1465

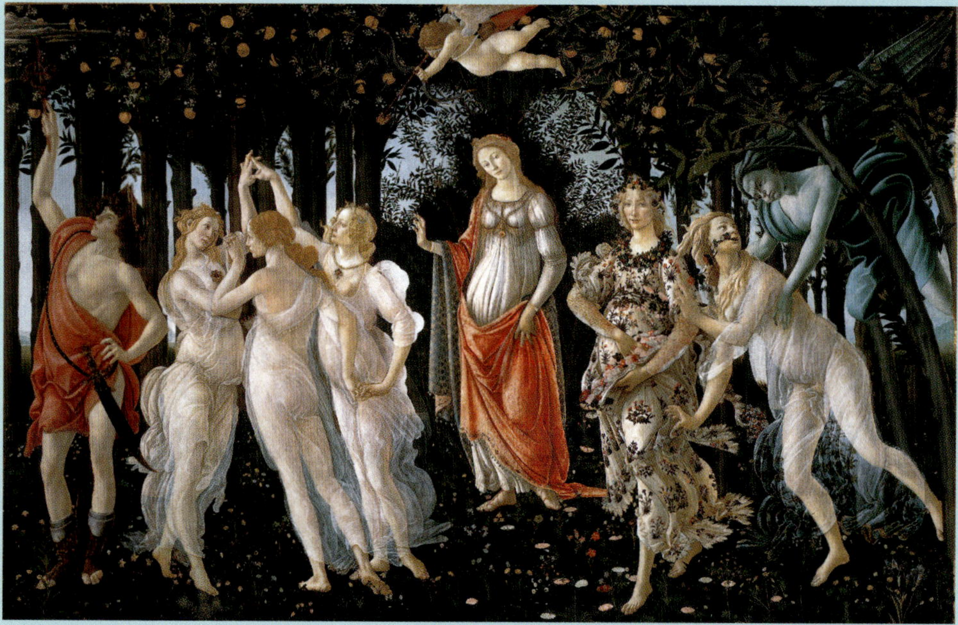

„Für **zeitgenössische Betrachter** war es sicher ein Vergnügen, die **Symbolik** in dem Bild zu interpretieren."

18

La Primavera mischt Heidnisches mit Christlichem

Dieses allegorische Gemälde entstand im Auftrag von Lorenzo di Pierfrancesco de' Medici, eines Mitglieds der mächtigsten Familie in Florenz. Dargestellt wird der Garten der Venus, der römischen Göttin der Liebe und der Schönheit, als Sinnbild für die Fülle und Fruchtbarkeit des Frühlings.

Alessandro di Mariano Filipepi, genannt Sandro Botticelli (von *botticello*, „kleines Weinfass"), schuf als erster Künstler großformatige mythologische Szenen, die er mit derselben Ernsthaftigkeit behandelte, mit der man in der Renaissance religiöse Themen anging. 1550 nannte Giorgio Vasari dieses Gemälde *Primavera* und schrieb, es zeige „Venus als Symbol des Frühlings, während sie von den Grazien mit Blumen geschmückt wird". Der belesene Botticelli ließ sich von der klassischen und zeitgenössischen Dichtung inspirieren, etwa den Werken Ovids, Lukrez' und Polizianos, und lud das Bild mit reichlich Symbolik auf. Das frische Grün des Frühlings und die damals populären Ideale der neuplatonischen Liebe stehen für Liebe, Hochzeit und Fruchtbarkeit. Die Neuplatonik war eine philosophische und ästhetische Bewegung, die die Theorien des griechischen Philosophen Plato mit dem Christentum vereinen wollte. Das neuplatonische Konzept der idealen Schönheit und absoluten Liebe übte während der Renaissance großen Einfluss aus. Die Venus galt in der neuplatonischen Philosophie als Verkörperung sowohl der irdischen als auch der göttlichen Liebe. Sie war ein Pendant der christlichen Jungfrau Maria und scheint in diesem Bild beide gleichermaßen abzubilden.

Für zeitgenössische Betrachter war es sicher ein Vergnügen, die Symbolik in dem Bild zu interpretieren. Zum Beispiel wird die Venus von einem Bogen blauen Himmels gerahmt, der den Blick auf sie und die dunklen Blätter eines Myrtenbuschs lenkt, der traditionell für sexuelle Begierde, Hochzeit und Fruchtbarkeit stand. Über der Venus schießt ihr Sohn, ein Amor mit verbundenen Augen, seine Liebespfeile ab. Außen rechts jagt der blaugesichtige Zephyr, Gott des Westwinds, die Nymphe Chloris und verwandelt sie, nachdem er sie zur Braut genommen hat, in Flora, die Göttin der Blumen, die Rosen über das Gras streut. Flora symbolisiert den Frühling, die Schönheit und die Stadt Florenz selbst.

Links der Venus verkörpern die drei Grazien, Aglaia, Euphrosyne und Thalia, die Schönheit und Fruchtbarkeit des Frühlings. Ihre Namen bedeuten Pracht, Freude und Festlichkeit oder Freude, Keuschheit und Schönheit. Weiter links wacht Merkur, der Götterbote, über den Garten und vertreibt die Wolken. Sein roter Umhang symbolisiert die herannahende Hitze, wenn der Frühling in den Frühsommer übergeht und alles noch fruchtbarer wird, was in den reifenden Früchten an den Bäumen und den aufblühenden Blumen Ausdruck findet. 500 verschiedene Pflanzenarten wachsen in diesem Garten, darunter Rosen, Gänseblümchen, Kornblumen, Huflattich, Nelken, Immergrün und Hyazinthen. Die Orangen – die in Wirklichkeit nicht zur selben Zeit reifen, wie die Blumen blühen – verweisen auf das Wappen von Botticellis Auftraggebern, der Medici-Dynastie.

Sandro Botticelli (um 1445–1510)

La Primavera, Tempera auf Holz, um 1480

19

Der Garten der Lüste warnt vor dem Sündigen

Jheronimus van Aken, der sich später Hieronymus Bosch nannte, wuchs als Sohn einer Malerfamilie in der geschäftigen Stadt's-Hertogenbosch in den Niederlanden auf. Über sein Leben ist wenig bekannt, aber mit seinen fantasievollen, einzigartigen Darstellungen biblischer Inhalte brachte er es schon zu Lebzeiten zu internationaler Berühmtheit. Seinen moralisierenden Botschaften verlieh er in unverwechselbaren, erfindungsreichen Gemälden Ausdruck, die knapp 500 Jahre später starken Einfluss auf die Surrealisten ausübten. Mit seinem Triptychon wollte Bosch aufzeigen, welche Folgen ein sündhaftes Verhalten nach sich zieht. Auftraggeber war Engelbert II. von Nassau, Brüssel, und das Werk war als Altarbild gedacht – das ist alles, was wir über das Werk wissen. Vor allem sollte es Betrachter vom Sündigen abschrecken und ihnen verdeutlichen, welch schreckliche Konsequenzen es hat, wenn man zu Lebzeiten stets den eigenen Gelüsten nachgeht und sich nicht um die Moral schert.

Die drei symbolreichen Bildtafeln illustrieren Bibelgeschichten, die den Ursprung und die Verhaltensweisen der Menschen beschreiben. Die linke Tafel zeigt Gott, wie er Eva dem Adam vorstellt. Während Adam erwacht, blickt er verwundert auf Eva, die bescheiden den Blick senkt. Hinter ihnen ist eine üppige Landschaft zu sehen, in der sich vielfältige reale und mythische Kreaturen tummeln. Dies ist der himmlische Garten Eden. Bosch hatte viele der Tiere, die er malte, nie selbst gesehen, wahrscheinlich kopierte er sie aus Reisebüchern. Die göttlichen Einflüsse stellte er im gesamten Triptychon mit der Farbe Rosa dar; der rosa Brunnen in der Mitte zum Beispiel symbolisiert den göttlichen Energiefluss vom Himmel zur Erde.

Auf der mittleren Tafel drängen sich Menschen und Tiere im Garten der Lüste. An diesem hedonistischen Ort mischen sich zahlreiche Männer und Frauen vergnügt mit Tieren und Fantasiewesen. Alles mutet bizarr und fantastisch an: Alle Menschen sind nackt und genießen das Leben inmitten gigantischer Früchte und seltsamer, organisch aussehender Objekte. Ein großer Vogel sitzt auf einer roten, zeltähnlichen Struktur, in der sich Figuren drängen; ein weiterer großer Vogel füttert mit seinem Schnabel einen Mann. Im Gras liegt ein riesiger Fisch, aus einem See erhebt sich eine große blaue Kugel, in einer durchsichtigen Sphäre schweben zwei Figuren, und aus einem weiteren See taucht eine gigantische Eule auf. Die Früchte stehen für die Versuchung und das vergängliche, flüchtige Wesen der Lust. Auf dieser Tafel sind weder Kinder noch ältere Menschen zu sehen, und Gott ist verschwunden. Offenbar wird hier jene Zeit abgebildet, bevor Gott die Menschen aus dem Paradies vertrieb.

Die rechte Bildtafel zeigt eine in Dunkelheit und Chaos getauchte Landschaft, in der nichts wächst und die Menschen in Finsternis und Unbehagen gefangen sind: die Hölle oder die Zeit nach dem letzten Gericht. Musikinstrumente stellen verschiedene Formen von Exzess und Laster dar, insbesondere Lust, Eitelkeit und Völlerei. Und jene, die sich diesen Lastern zu Lebzeiten hingegeben haben, werden nun auf ihren Instrumenten gekreuzigt. Derweil ist eine vogelähnliche Kreatur damit beschäftigt, Menschen zu verspeisen.

Hieronymus Bosch (um 1450–1516)

Der Garten der Lüste, Öl auf Eichenholz, um 1500–1505

„Bosch verlieh seinen **moralisierenden Botschaften** in **unverwechselbaren, erfindungsreichen** Gemälden Ausdruck, die knapp 500 Jahre später starken Einfluss auf die **Surrealisten** ausübten."

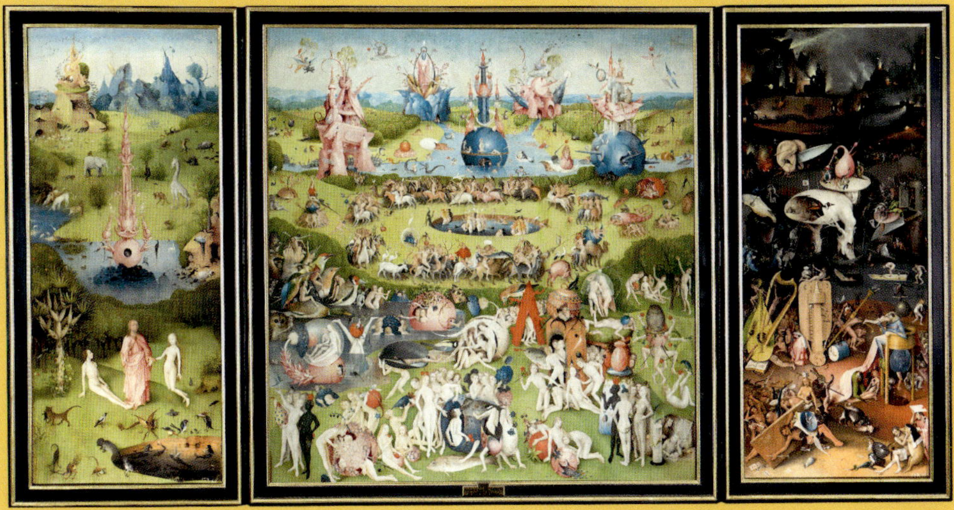

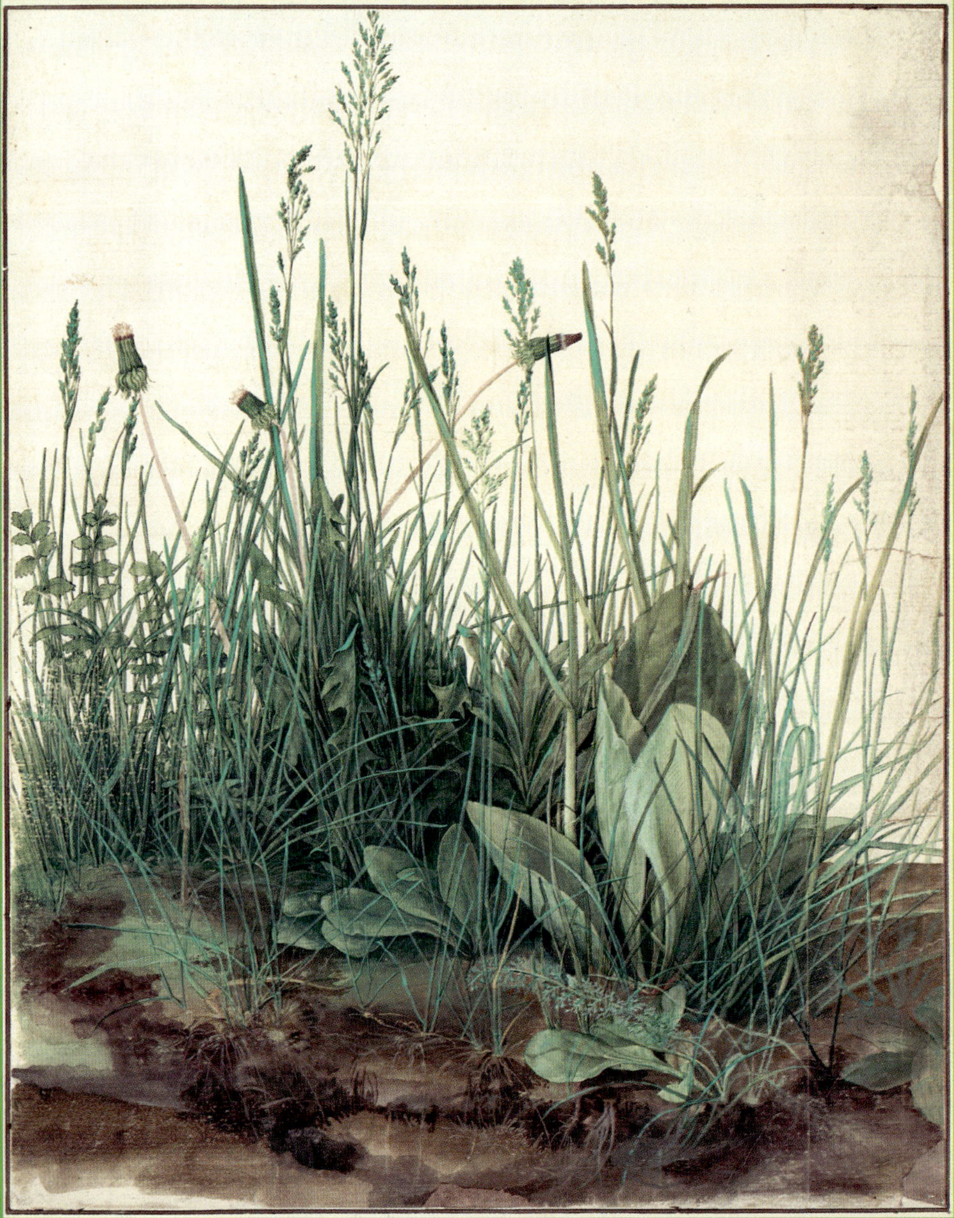

„Als Dürer dieses Gemälde schuf, waren **westliche Künstler** nicht an der **realistischen Darstellung der Natur** interessiert."

Das große Rasenstück studiert die Natur

Der in Nürnberg geborene Maler, Druckgrafiker und Kunsttheoretiker Albrecht Dürer machte sich schon in jungen Jahren in ganz Europa einen Namen, insbesondere mit seinen detailreichen Kupferstichen und Holzschnitten, die stark nachgefragt wurden. Als Ersten deutscher Künstler reiste er zum Kunststudium statt in die Niederlande nach Italien. Dort ließ er sich von Künstlern wie Raffael, Giovanni Bellini und Leonardo da Vinci inspirieren und erhielt Aufträge von mehreren renommierten Kunden. Sein umfangreiches Werk umfasst Kupferstiche, Holzschnitte, Ölgemälde und Aquarelle. Als einer der ersten produzierte er Selbstporträts und Landschaften um ihrer selbst willen und nicht nur als Elemente religiöser Szenen. Seine Kenntnis italienischer Künstler und deutscher Humanisten sowie seine kunsttheoretischen Abhandlungen, in denen er Aspekte der Mathematik, Perspektive und Proportion untersuchte, machten Dürer zu einer der wichtigsten Persönlichkeiten der nordeuropäischen Renaissance.

Dieses Aquarellbild, in dem er mit Tinte Details ergänzte, zeigt eine scheinbar willkürliche Ansammlung wilder Pflanzen, die auf natürliche Weise miteinander verschlungen scheinen, unter anderem Knäuelgras, Löwenzahn, Ehrenpreis, Rispengras, Gänseblümchen, Breitwegerich und Schafgarbe. Die scheinbare Unordnung des Arrangements verbunden mit der detaillierten, naturgetreuen Darstellung jeder einzelnen Pflanze erwecken den Eindruck von außergewöhnlichem Realismus, während der leere Hintergrund mit dieser Unordnung kontrastiert und ein Gefühl von Harmonie verströmt.

Als Dürer dieses Gemälde schuf, waren westliche Künstler nicht an der realistischen Darstellung der Natur interessiert, und obwohl er jeden Grashalm, jeden Stängel, jedes Blatt und jede Blüte sehr detailliert abbildete, war dies vermutlich nur eine Studie, die dazu dienen sollte, seinen anderen Werken mehr Authentizität zu verleihen, etwa seinem Kupferstich *Adam und Eva* (1504) und dem Ölgemälde *Das Rosenkranzfest* (1506). Angesichts der exakten Darstellung sämtlicher Pflanzen könnte man das Werk als wissenschaftliche botanische Zeichnung missverstehen, doch die einzelnen Arten werden nicht klar voneinander unterschieden, sondern überlappen und verflechten sich, genau wie in der Natur.

Vermutlich hat Dürer dieses Stück Wiese ausgestochen und mit in sein Atelier genommen, um es besser studieren zu können. Das Bild hat keinen Fokus. Die aus nächster Nähe betrachteten Pflanzen und Gräser sind etwas größer als lebensgroß dargestellt, und wenngleich die Komposition zufällig wirkt, ist sie doch sorgfältig durchgeplant. Sie verläuft in einer Diagonalen von unten rechts nach oben links. Dürer, der Bücher über Kompositionstechniken schrieb, arrangierte diese Anordnung ganz bewusst, um den Blick des Betrachters auf und um die Vegetation zu lenken. Anstatt noch etwas anderes hinzuzufügen, umgab er sein Rasenstück mit weißem Raum. Heutige Gestalter wissen um die Macht des weißen Raums: Er lenkt den Blick des Betrachters auf einen Bereich, in dem etwas geschieht. Dass Dürer im 16. Jahrhundert so vorging, zeigt, wie fortschrittlich er war.

Albrecht Dürer (1471–1528)

Das große Rasenstück, Aquarell, Deckfarben und Tinte auf Papier, 1503

21

Anna Selbdritt offenbart Mutterliebe

An einem Abgrund in einer traumgleichen Landschaft sieht man zwei Frauen und ein Kleinkind, die einander innig verbunden scheinen. Die dunstigen Berge in der Ferne schaffen eine atmosphärische Perspektive, während die Felsen im Vordergrund einen detailreichen Realismus offenbaren – es ist das Werk eines an Optik und Geologie interessierten Künstlers.

Das Gemälde, das Leonardo da Vinci für den französischen König Ludwig XII. malte, zeigt die heilige Anna, die Jungfrau Maria und das Jesuskind; oder in verwandtschaftlichen Beziehungen ausgedrückt, Großmutter/Mutter, Tochter/Mutter und Enkel/Sohn. Möglicherweise gab Ludwig das Bild anlässlich der Geburt seiner Tochter Claude 1499 in Auftrag, denn Anna bzw. Anne war nicht nur der Name seiner Frau; so hieß auch die Schutzpatronin der Mütter und Schwangeren. Doch da Leonardo so lange brauchte, um es zu vollenden – wie immer war er mit mehreren Projekten gleichzeitig beschäftigt –, bekam Ludwig es nie zu sehen. Erst 18 Jahre später entdeckte ein Besucher das Bild in Leonardos Werkstatt. Da war Ludwig seit zwei Jahren tot, und Leonardo lebte bei dessen Nachfolger, dem französischen König Franz I., in Frankreich.

In dem Gemälde spielt Jesus mit einem Lamm, während seine Mutter ihn davon abzuhalten versucht. Das Lamm ist ein Symbol sowohl für die Unschuld Christi wie für seine spätere Selbstaufopferung für die Menschheit. In der Bibel ruft Johannes der Täufer, als er Jesus erblickt: „Seht, das Lamm Gottes, das die Sünde der Welt hinwegnimmt“ (Joh 1,29). Ähnlich äußert sich der Prophet Jesaja über Jesus: „Er wurde misshandelt und niedergedrückt, aber er tat seinen Mund nicht auf. Wie ein Lamm, das man zum Schlachten führt ... so tat auch er den Mund nicht auf. Durch Haft und Gericht wurde er dahingerafft“ (Jesaja 53,7–8). Unter Christen ist das „Lamm Gottes“ ein gebräuchlicher Ausdruck für Jesus; die Symbolik sollte sich dem zeitgenössischen Betrachter also leicht erschlossen haben. Um ein Gefühl von Intimität zu erzeugen und den Blick auf den Fokus zu lenken, ordnete Leonardo die Figuren in der Landschaft pyramidenförmig an. Zwar war die Darstellung dieser drei heiligen Figuren damals ein recht verbreitetes Bildmotiv, doch hatte man die Jungfrau Maria niemals auf dem Schoß ihrer Mutter sitzen sehen. Leonardo erklärte weder, warum er die beiden erwachsenen Frauen auf diese Art gemalt hatte, noch warum er die recht jung aussehende heilige Anna größer darstellte als ihre Tochter. Während Anna auf Maria blickt, sieht diese Jesus an. So lenkt der Künstler die Aufmerksamkeit auf die Mutterliebe.

Leonardos charakteristisches *sfumato*, also die weich verschwimmenden Umrisse, mit denen er die Farbübergänge und die Tiefe gestaltete, verstärkt den rätselhaften Charakter dieses Gemäldes, zu dem auch die Sanftheit und die spürbare Liebe zwischen den Figuren beitragen. Marias Position auf dem Schoß ihrer Mutter und der unvollendete Zustand des Gemäldes gaben Anlass zu mehreren psychoanalytischen Interpretationen. Sigmund Freud zum Beispiel nahm an, dass Leonardo sich zu dem Thema Mutterliebe hingezogen fühlte, weil er seine leibliche Mutter nur während seiner ersten fünf Lebensjahre erlebt hatte und danach von seinem Vater und seiner Stiefmutter großgezogen wurde.

Leonardo da Vinci (1452–1519)

Anna Selbdritt, Öl auf Holz, um 1503–1519

„Leonardos charakteristisches *sfumato*, also die weich verschwimmenden Umrisse, mit denen er die **Farbübergänge** und die **Tiefe** gestaltete, verstärkt den **rätselhaften Charakter** dieses Gemäldes."

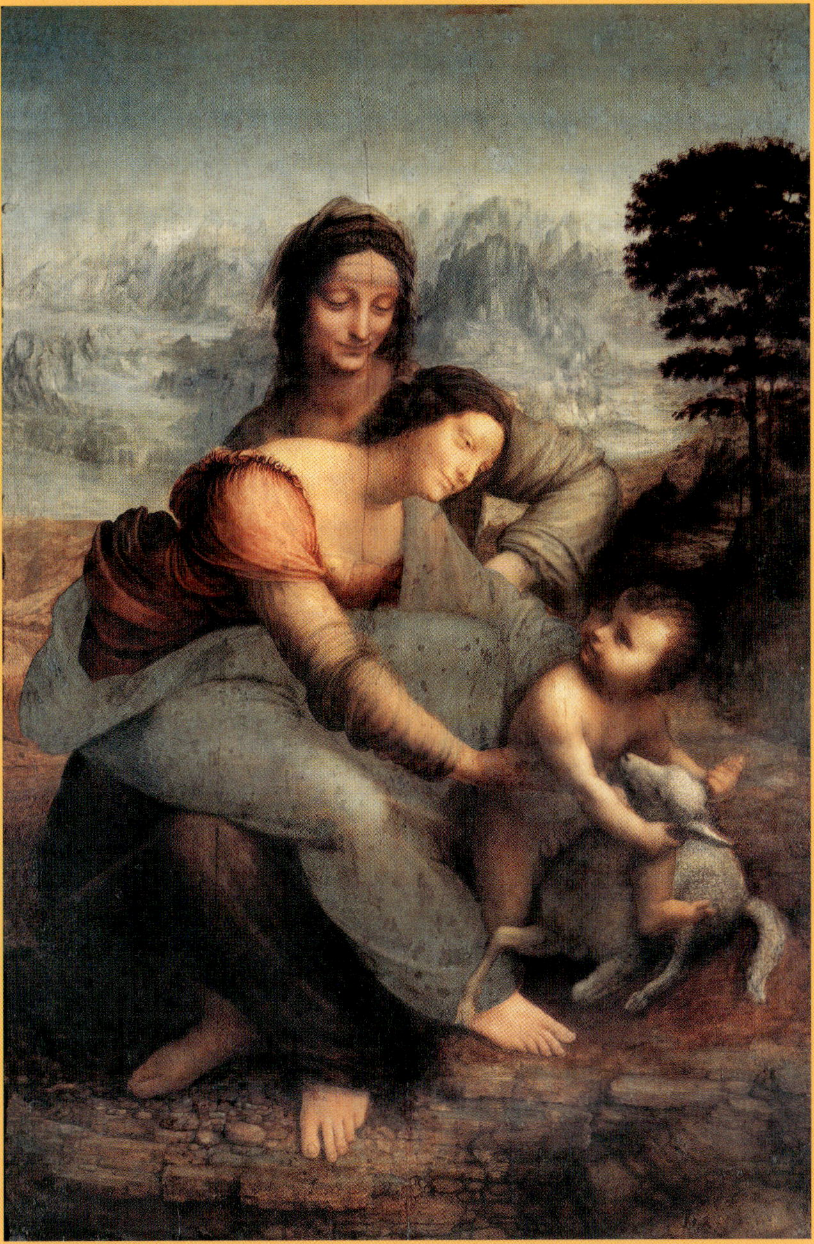

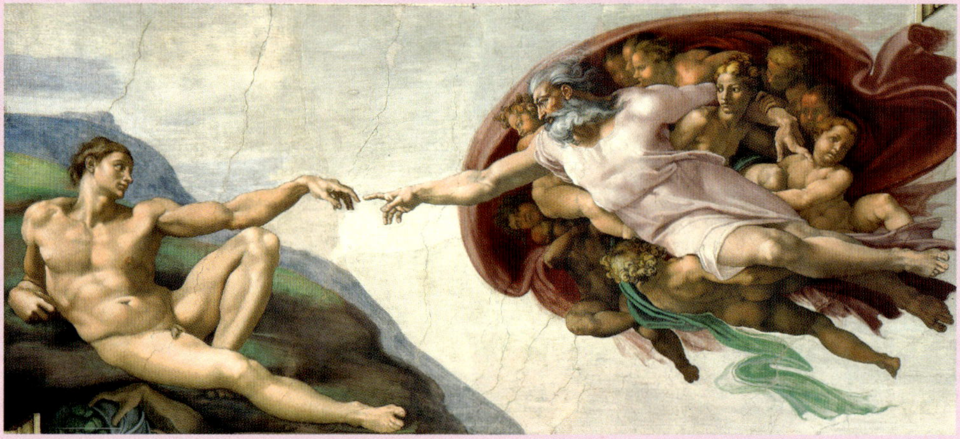

„Gott ist **voller Schaffensdrang**, Adam dagegen streckt seinem Schöpfer **träge** einen Finger entgegen. Gottes bevorstehende Berührung wird nicht nur Adam, sondern die **gesamte Menschheit** zum **Leben erwecken**.“

Die Erschaffung Adams zeigt Gott in Aktion

Dies ist der berühmteste Abschnitt des Deckengemäldes der Sixtinischen Kapelle im Vatikan von Michelangelo di Lodovico Buonarroti Simoni, kurz Michelangelo. Der bekannte Bildhauer, Maler und Dichter füllte das breite Tonnengewölbe mit farbenfrohen Szenen aus der Genesis und anderen Büchern der Bibel und malte dabei insgesamt mehr als 300 überlebensgroße individuelle Figuren.

Michelangelo war der erste westliche Künstler, über den zu Lebzeiten nicht nur eine, sondern gleich zwei Biografien veröffentlicht wurden. Man nannte ihn *Il Divino* (der Göttliche) und beschrieb seine Kunst als seine *terribilità*, also seine Fähigkeit, anderen Ehrfurcht einzuflößen. Hier schwebt Gott vor einem sich aufblähenden roten Tuch, in dem manche Wissenschaftler die Form eines Gehirns erkennen wollen, als Symbol dafür, dass Gott dem Menschen nicht nur das Leben, sondern auch ein Bewusstsein und einen Intellekt geschenkt hat. Andere Kunsthistoriker*innen sehen darin einen Uterus, der eine Plazenta enthält, als Hinweis darauf, dass Gott Adam aus einem Schoß erschuf.

Wie dem auch sei, innerhalb dieser Form ist Gott von weiteren Figuren umgeben. Mit seinem grauen Haar und dem langen Bart bildet er einen starken Kontrast zu den bisherigen westlichen Gottesdarstellungen. Er ist noch immer allmächtig, nun aber auch freundlich und zugänglich. Michelangelo malte Gott nackt, aber nachdem Papst Julius II., der Auftraggeber des Werks, und Michelangelo selbst gestorben waren, wies der nachfolgende Papst, Paul IV., einen weiteren Künstler, Daniele da Volterra, an, Gottes Nacktheit mit einem Tuch zu übermalen, was Volterra den Spottnamen „Il Braghettone" (oder „Brachettone" – „Hosenmaler") eintrug.

Gott hat seinen rechten Arm in Richtung Adam ausgestreckt, den er mit seiner Fingerspitze zum Leben erweckt. In der Haltung von Adams linkem Arm spiegelt sich Gottes Bewegung, getreu der Genesis-Formulierung „Gott schuf also den Menschen als sein Abbild" (Gen 1,27). Während Gott seinem Geschöpf Leben schenkt, sorgt die Lücke zwischen den Fingern der beiden Figuren für Spannung und Dynamik. Gott ist voller Schaffensdrang, Adam dagegen streckt seinem Schöpfer träge einen Finger entgegen. Gottes bevorstehende Berührung wird nicht nur Adam, sondern die gesamte Menschheit zum Leben erwecken.

Über die Identität und die Bedeutung der Figuren um Gott herum ist viel spekuliert worden. Die weibliche Figur, um die er schützend seinen linken Arm legt, könnte Eva sein, Adams künftige Frau, die als nächstes aus einer seiner Rippen erschaffen wird. Die anderen elf Figuren könnten die Seelen von Adams und Evas ungeborenen Kindern darstellen und so die menschliche Rasse verkörpern. Diese Interpretation wurde jedoch von der katholischen Kirche in Zweifel gezogen, da diese die Lehre von der Präexistenz der Seele als ketzerisch verurteilt. Eine weitere Theorie deutet die Frau als Jungfrau Maria, die ihren Ehrenplatz neben Gott einnimmt, und das Kind neben ihr als Jesus. Diese Vorstellung wird dadurch gestützt, dass Gott seine Finger auf das Kind legt, als wollte er es segnen.

Michelangelo (1475–1564)

Die Erschaffung Adams, Fresko, 1508–1512

23

Die Schule von Athen versammelt große Denker

1509 beauftragte Papst Julius II. den Künstler Raffael Sanzio mit der Ausgestaltung einiger Räume im Apostolischen Palast im Vatikan. Einer dieser Räume war die Stanza della Segnatura, ein Studier- und Beratungszimmer, in dem viele wichtige päpstliche Dokumente unterschrieben und versiegelt wurden. Um die päpstliche Bibliothek in diesem Raum abzubilden, wollte Raffael gleichermaßen die Ideen des Humanismus und des Christentums zum Ausdruck bringen, und so preist und ehrt dieses Fresko die Weisheit.

In einer großen Halle aus der Zeit der Klassik haben sich allerlei Intellektuelle aus vergangenen Zeiten versammelt. Raffael stellt vor allem griechische Philosophen dar und gibt der Philosophie und der Vernunft somit mehr Gewicht als dem Glauben. Damit weicht er von einer jahrhundertealten künstlerischen Tradition ab. Die meisten der abgebildeten Männer haben zu unterschiedlichen Zeiten gelebt. Was Raffael zeigt, ist daher eine ideale Gemeinschaft von Denkern, die ihre Theorien so miteinander diskutieren, wie es in Wirklichkeit nicht möglich gewesen wäre.

Im Zentrum der Komposition sind Platon und Aristoteles in ein Gespräch vertieft. Platon, der die Züge Leonardo da Vincis trägt, weist in Richtung Himmel und hält sein Buch *Timaios* (um 360 v. Chr.) in der Hand. Aristoteles deutet auf den Boden und hält ein Exemplar seines Buches *Nikomachische Ethik* (um 350 v. Chr.). Ihre Bücher und Gesten verweisen auf den Gegensatz zwischen Platons Idealismus und dem Realismus des Aristoteles. Die grübelnde, schwarzhaarige Figur auf den Stufen – in Raffaels vorbereitenden Skizzen taucht sie nicht auf – ist Michelangelo nachempfunden und stellt Heraklit dar, einen weiteren griechischen Philosophen, der die menschliche Torheit beweinte. Rechts von Platon, in einem olivgrünen Gewand, spricht Sokrates zu einer Gruppe von Menschen. Vor dieser Gruppe ist eine weitere zu sehen, in deren Mitte Pythagoras in ein Buch schreibt. Der Mann mit dem weißen Turban und dem grünen Gewand, der sich hinter Pythagoras nach vorne neigt, ist der arabische Philosoph Averroes (Ibn Ruschd), der dafür sorgte, dass die Philosophien von Platon und Aristoteles in den Westen gelangten. Hinter ihm, in einem blauen Gewand, steht Epikur, der ebenfalls in ein Buch schreibt.

Der halbnackte Mann in Blau, der vor Aristoteles auf den Stufen sitzt, ist Diogenes, der Selbstgenügsamkeit predigte und jeglichen Luxus ablehnte. Im Vordergrund rechts diskutieren fünf Personen über ein geometrisches Problem. Der Mann mit der Halbglatze trägt die Züge des damaligen päpstlichen Architekten Donato Bramante und stellt entweder Euklid oder Archimedes dar, beide bedeutende griechische Mathematiker. Mithilfe eines Zirkels und einer Schiefertafel erläutert er auf dem Boden ein Problem. Der Mann mit der Krone neben ihm, der in der Hand einen Globus hält, ist der griechische Astronom und Geograf Ptolemäus, der glaubte, dass die Erde den Mittelpunkt des Universums bilde. Der dunkelbärtige Mann ihm gegenüber, der eine Himmelssphäre hält, ist der persische Prophet Zoroaster. Gleich rechts neben diesen beiden sieht man Raffael selbst – die einzige Figur im gesamten Fresko, die aus dem Bild herausblickt.

Raffael (1483–1520)

Die Schule von Athen, Fresko, 1509–1511

„Die meisten der abgebildeten Männer haben zu unterschiedlichen Zeiten gelebt. Was Raffael zeigt, ist daher eine **ideale Gemeinschaft von Denkern**, die ihre Theorien so miteinander **diskutieren**, wie es in **Wirklichkeit** nicht möglich gewesen wäre."

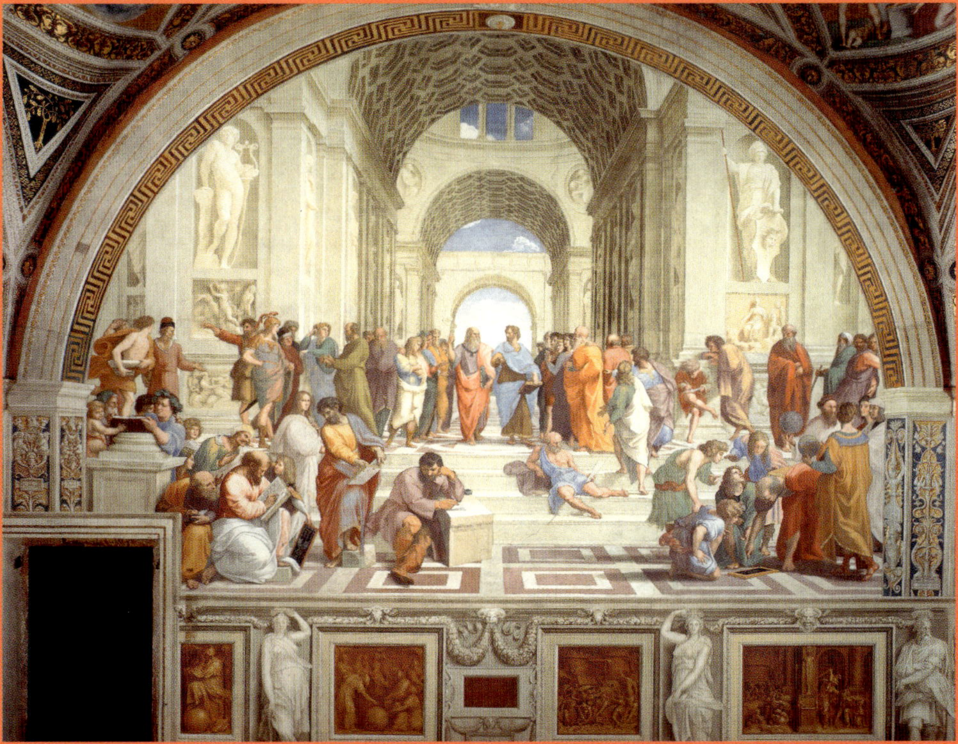

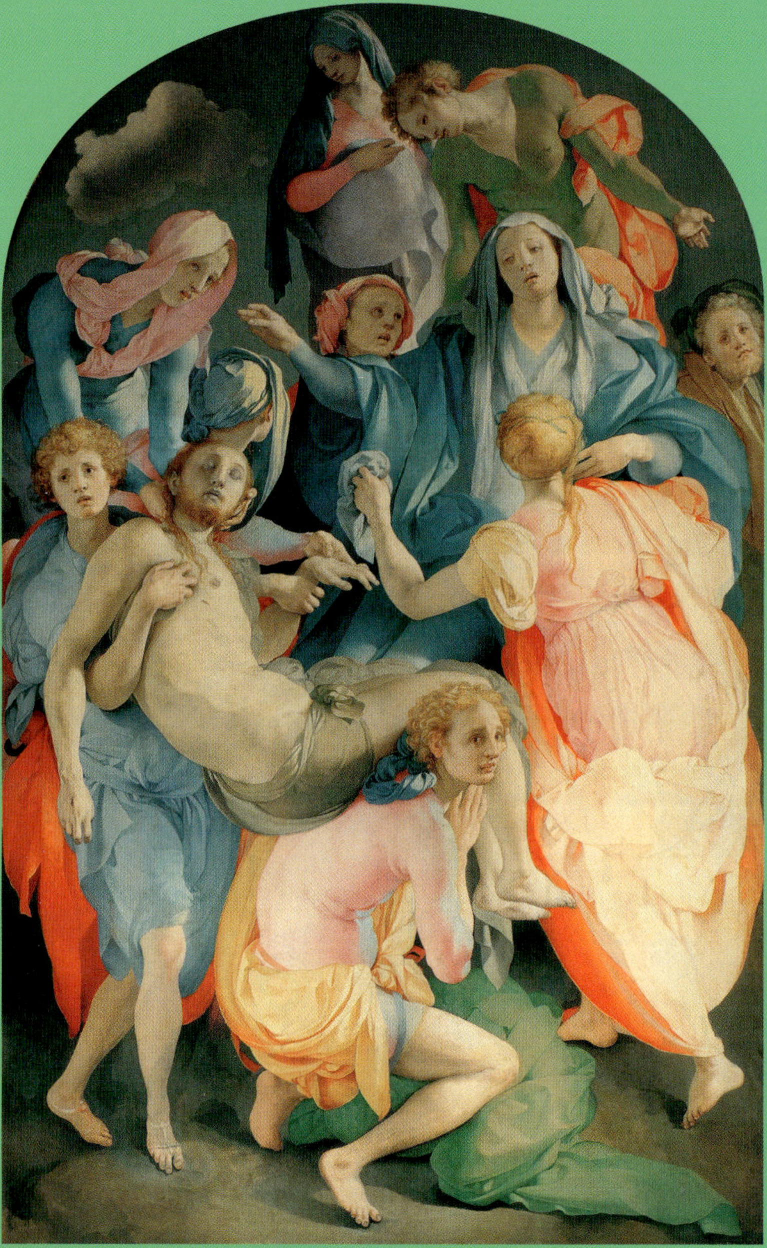

„Pontormos Stil steht im Gegensatz zum **naturalistischen** Ansatz der Renaissance-Kunst. An die Stelle ausgewogener, **harmonischer Kompositionen** treten hier **Übertreibungen**, **überlange** Gliedmaßen, **verdrehte** Körper und eine **verflachte räumliche Darstellung**."

24

Die Kreuzabnahme betont das Unwirkliche

Jacopo Carrucci da Pontormo, den man heute schlicht als Pontormo (nach seiner Geburtsstadt) kennt, lernte in den Werkstätten hoch angesehener Künstler, darunter Leonardo da Vinci, Piero di Cosimo und Andrea del Sarto. Außerdem übte das Werk seines Freundes Michelangelo starken Einfluss auf ihn aus. Sein Stil, der als manieristisch beschrieben wird, steht im Gegensatz zum naturalistischen Ansatz der Renaissance-Kunst. An die Stelle ausgewogener, harmonischer Kompositionen treten hier Übertreibungen, überlange Gliedmaßen, *figura serpentinata* (S-förmig verdrehte Körper), eine verflachte räumliche Darstellung und unnatürliche Farben.

Dieses Altarbild, eine geradezu wirbelnde Komposition in leuchtenden Farben, zeigt eine Gruppe schmerzerfüllter Figuren, die den leblosen Körper Christi vom Kreuz abnehmen. Doch ungewöhnlicherweise ist kein Kreuz zu sehen. Es könnte sich also ebenso gut um eine Grablegungsszene handeln, aber auch ein Grab ist nicht erkennbar. Der bleiche, überlange Körper Christi, selbst eine figura serpentinata, ist größer als die meisten anderen Figuren und wird von zwei ähnlich langgezogenen engelsgleichen Figuren gehalten. Obwohl sie das Gewicht eines Mannes tragen, scheinen sie kaum den Boden zu berühren; vor allem die untere Figur balanciert anmutig und unglaubwürdig auf den Zehenspitzen. Die in ein blaues Gewand gekleidete Jungfrau Maria oben rechts – wie ihr Sohn größer dargestellt als die anderen Figuren – ist einer Ohnmacht nahe. Die Ohnmacht der Jungfrau war ein Motiv, das im Mittelalter ausgehend von Texten des Apokryphenevangeliums Acta Pilati entwickelt wurde. Dieses im Mittelalter sehr bedeutende Evangelium war im 16. Jahrhundert, als Pontormo dieses Gemälde schuf, wegen mangelnder Substanz umstritten.

Die Figuren sind in unnatürlich leuchtenden Farben gekleidet, etwa Blau, Rosa, Orange, Rot, Gelb, Grün und Lila, und eng miteinander verwoben. Schauplatz ist ein künstlicher Hügel, eine Strategie, mit der Pontormo die erhöhte Position der Figuren rechtfertigte. Eine Wolke verweist auf den Himmel, ein verknittertes Stück grüner Stoff auf den Boden. Jede Figur repräsentiert eine biblische Person, stimmt aber nicht zwangsläufig mit deren Beschreibung überein, so wie das Bild insgesamt recht unrealistisch wirkt. Einige Kunsthistoriker*innen haben darauf hingewiesen, dass die Haltung Christi und seiner Mutter jener von Maria und Jesus in Michelangelos *Pietà* nachempfunden ist, obwohl die beiden hier weiter entfernt voneinander dargestellt sind. Im Gesicht des bärtigen Mannes außen rechts, der den Betrachter direkt anblickt, hat Pontormo sich selbst verewigt.

Für die Fertigstellung des Gemäldes benötigte der Künstler drei Jahre. Zwar schuf er dieses übertriebene Bild zu einer Zeit, als der genaue Malstil der Renaissance-Kunst große Bewunderung erfuhr. Doch er wollte etwas Geheimnisumwobenes erschaffen und entfernte sich daher bewusst von dem, was er gelernt hatte. Giorgio Vasari zufolge schirmte Pontormo die Kapelle in Santa Felicità ab, damit er beim Arbeiten nicht beobachtet werden konnte und sich keine widersprechenden Meinungen anhören musste.

Jacopo da Pontormo (1494–1557)

Die Kreuzabnahme, Öl auf Leinwand, 1525–1528

25

Madonna des Heiligen Hieronymus erweckt Heilige zum Leben

Dieses Gemälde, auch bekannt unter dem Titel *Il Giorno* (*Der Tag*), wurde von Briseide Colla, einer wohlhabenden, kürzlich verwitweten Frau aus Parma, als Altarbild für ihre Familienkapelle in der Kirche Sant'Antonio Abate in Auftrag gegeben. Ein weiteres Bild, *Die Heilige Nacht* oder *La Notte* (*Die Nacht*), stellte derselbe Künstler, Antonio Allegri da Correggio, kurz Correggio, um 1530 für dieselbe Auftraggeberin fertig. Die dynamische, naturalistische Komposition ist von leuchtenden Farben, hellem Licht, dramatischen Verkürzungen und starken Hell-Dunkel-Kontrasten (Chiaroscuro) gekennzeichnet. Vom Moment seiner Enthüllung an fanden viele Betrachter Gefallen an dem Gemälde; in einer Beschreibung schwärmt Giorgio Vasari von seinem „mirabile colorito" (der „wunderbaren Farbgebung").

Als einer der bedeutendsten Künstler der italienischen Renaissance und führender Maler der Schule von Parma machte sich Correggio mit überschwänglichen, lebhaften Gemälden einen Namen, die sich durch eine erlesene Farbpalette, den Gebrauch des Chiaroscuro sowie idealisierte Gesichter und Figuren auszeichnen. Die lebendigen Figuren, die sich hier unter einem roten, zwischen Bäumen gespannten Segel vor einer klassischen, hügeligen Landschaft versammelt haben, sind im Halbkreis links und rechts der Madonna angeordnet. Im Mittelpunkt der Komposition hält Maria das Jesuskind mit sanftem Lächeln auf ihrem Schoß; ihren rechten Fuß hat sie auf einem Felsen abgestellt. Das goldgelockte Baby streckt seine winzige Hand eifrig nach einem großen Buch aus, das der heilige Hieronymus in der linken Hand hält. Ein lächelnder Engel blättert die Seiten um und betrachtet aufmerksam das Jesuskind, um sicherzugehen, dass es Spaß hat. Der bärtige Hieronymus am linken Bildrand hält eine Papierrolle in der rechten Hand; hinter ihm ist sein Attribut, der Löwe, zu sehen. Der Heilige füllt fast die gesamte Höhe des Bildes aus und überragt sogar Maria, was ungewöhnlich ist. Ihm gegenüber ist die blonde Figur der Maria Magdalena zu sehen. Gekleidet nach Art einer Dame des 16. Jahrhunderts hält sie Jesu kleinen Fuß in der Hand und lehnt sich sanft gegen das Kind, damit es mit ihrem goldenen Haar spielen kann. Hinter ihr sieht man Johannes den Täufer, der als Putto dargestellt ist und – als einzige Figur in dem Bild – den Betrachter direkt anblickt.

Das Gemälde steht im Gegensatz zu traditionellen Darstellungen der Thronenden Madonna oder der *sacra conversazione* (dt. heilige Unterredung), bei denen die Madonna und Jesus für gewöhnlich erhöht auf einem goldenen Thron abgebildet werden, während die anderen Figuren sie auf einer niedrigeren Ebene flankieren. Statt das Thema auf so genaue, scheinbar unbewegte Art zu behandeln, zeigt Correggio die Figuren traut vereint auf ein und derselben Ebene und lässt sie einander berühren. Zudem bricht das Gemälde mit dem pyramidalen Bildaufbau, den Leonardo da Vinci populär gemacht hatte, denn aufgrund seiner Größe beherrscht der heilige Hieronymus die lebhafte Szene. Alle Figuren wirken entspannt, locker und bewegt, was von den sich aufblähenden Gewändern und dem Tuch noch betont wird.

Correggio (1494–1534)

Madonna des Heiligen Hieronymus, Öl auf Holz, 1525–1528

„Alle Figuren wirken **entspannt, locker und bewegt**, was von den sich **aufblähenden Gewändern und dem Tuch** noch betont wird."

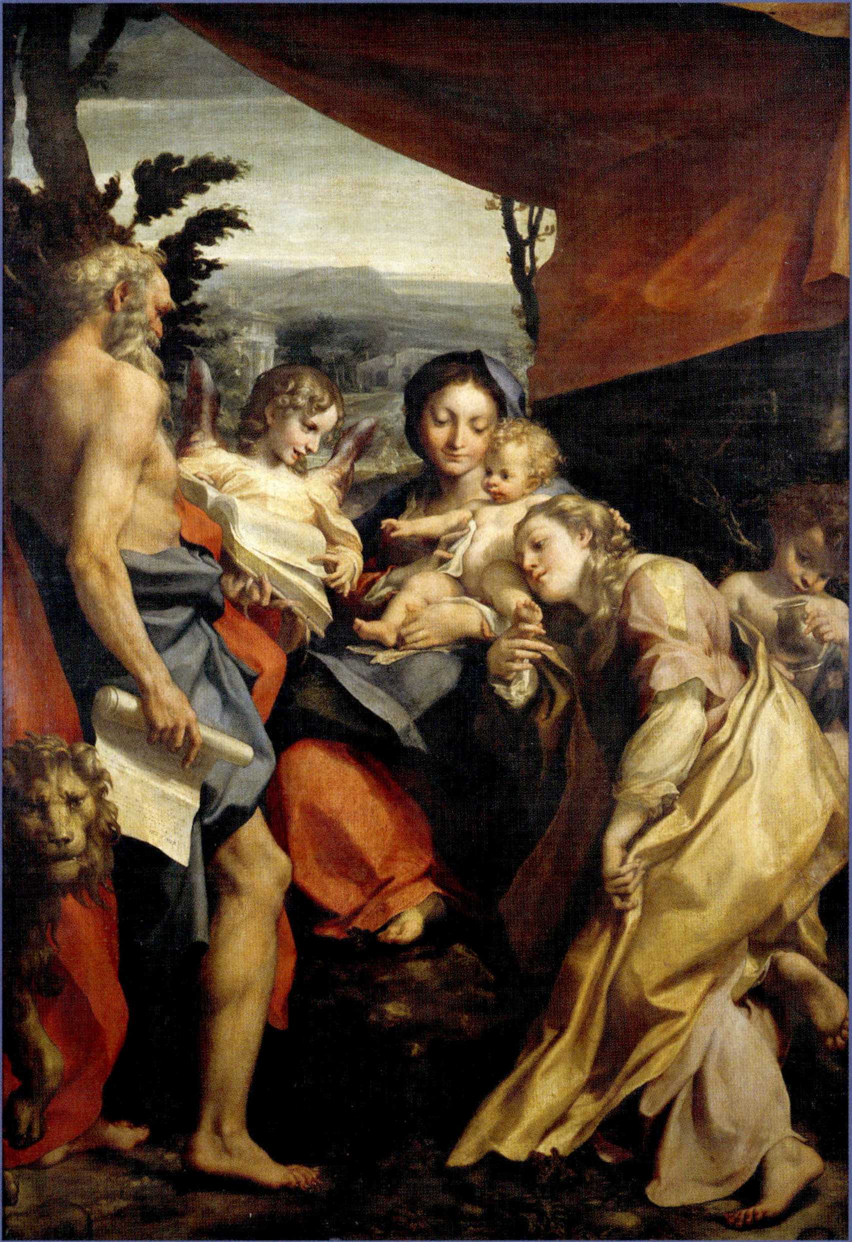

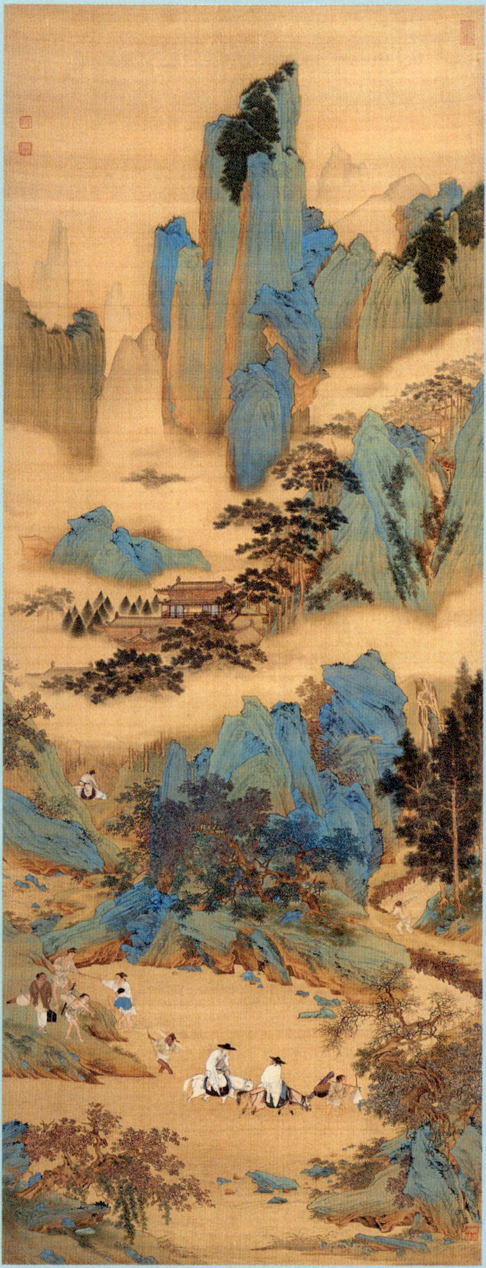

„Anders als westliche Künstler wurden chinesische Künstler schon früh für ihre **Landschaftsgemälde bewundert**. Hier schuf Qiu – der zur Zeit der europäischen Hochrenaissance malte – eine **klare, lichterfüllte Szene** mit winzigen Figuren im Vordergrund.“

Kaiser Guangwu überquert einen Fluss würdigt einen früheren Herrscher

Der für sein Geschick und seine technischen Fähigkeiten gefeierte Qiu Ying war einer der vier berühmtesten Maler der Ming-Dynastie (1368–1644) und ist der meistkopierte Maler in der chinesischen Geschichte. Diese Landschaft im sogenannten Blaugrünstil zeigt, wie gut Qiu es verstand, mit eleganter Pinselführung zarte, fein strukturierte Tinte aufzutragen.

Die Szene bildet einen bestimmten Moment in der Geschichte ab, eine Begebenheit aus dem Leben des Kaisers Guangwu (regierte 25–57 n. Chr.), der während der Han-Dynastie (Chinas zweiter Kaiserdynastie, 206 v. Chr.–220 n. Chr.) lebte. Guangwu herrschte zunächst nur über einige Teile Chinas, festigte aber durch Eroberungen und Unterwerfung regionaler Kriegsfürsten seine Macht, sodass China zum Zeitpunkt seines Todes ein geeintes Land war. Dank seiner Reformen blieb die Han-Dynastie weitere zwei Jahrhunderte an der Macht. Er begründete die zweite Periode der Han-Dynastie, die sogenannte Östliche Han-Dynastie mit ihrer Hauptstadt in Luoyang, 335 km östlich der vorherigen Hauptstadt. Zu jener Zeit ging es relativ friedlich zu. Guangwu suchte häufig nach diplomatischen Lösungen, bevor er kriegerische Maßnahmen ergriff. Für dieses ungewöhnliche Verhalten wurde er, genau wie für seine Reformen, von späteren Generationen bewundert.

Qiu begann schon früh in seiner Laufbahn, den Blaugrünstil zu nutzen, der während der Tang-Dynastie (618–907 n. Chr.) entwickelt worden war. Er arbeitete seine Landschaften akribisch genau aus und trug die Azurit- und Malachitpigmente glatt und gleichmäßig auf. Anders als westliche Künstler wurden chinesische Künstler schon früh für ihre Landschaftsgemälde bewundert. Hier schuf Qiu – der zur Zeit der europäischen Hochrenaissance malte – eine klare, lichterfüllte Szene mit winzigen Figuren im Vordergrund. Sanftes Blau und Grün vermischen sich, verschwimmen in subtilen Tonabstufungen und sorgen für eine dunstige, atmosphärische Szene. Die elegante Umgebung ergänzt das Bild des Kaisers und seiner Entourage, und die ruhige Atmosphäre spiegelt Guangwus friedliebenden Regierungsstil wider.

Eine weitere traditionelle Methode, die hier Anwendung findet, ist *baimiao* („einfache Zeichnung"), eine chinesische Pinseltechnik, die den Fokus auf gewundene, feine Umrisslinien legt. Diese lassen sich an den hohen, schlanken Baumstämmen beobachten, die von dunkelgrünen, gefiederten Blättern gesäumt werden. Die einzigen weißen Stellen in dem Bild sind die kleinen Figuren, die am Fuß der Berge unterwegs sind. Die subtilen Farbkontraste und sanfte Farbgebung etwa der in sich verdrehten „Schnüre" des Wasserfalls bilden einen Kontrapunkt zu den scharfen Umrisslinien, wie sie zum Beispiel der Tempel im Zentrum der Komposition aufweist.

Qiu Ying (um 1494–um 1559)

Kaiser Guangwu überquert einen Fluss, hängende Papierrolle, Tusche und Farbe auf Seide, um 1530–1552

Die Gesandten erinnert uns an den Tod

Hans Holbein der Jüngere, einer der besten Porträtkünstler der deutschen Renaissance, lebte und arbeitete von 1526 bis 1528 und von 1532 bis 1543 in England. Dieses Gemälde entstand in dem Jahr, als der englische König Heinrich VIII., der französische König Franz I., Karl V. (Kaiser des Heiligen Römischen Reichs) und der Papst am Rande eines Kriegs standen. Da der Papst sich weigerte, Heinrichs Ehe mit Katharina von Aragon zu annullieren, brach Heinrich mit Rom und heiratete Anne Boleyn, die ihre gemeinsame Tochter, die spätere Königin Elisabeth I., zur Welt brachte. Andernorts wurde die absolute Autorität der katholischen Kirche von der protestantischen Reformation infrage gestellt.

Dieses lebensgroße Doppelporträt zeigt den wohlhabenden Landbesitzer Jean de Dinteville, Gesandter von Franz I., in Seide, Samt und Pelz gekleidet, mit seinem Freund Georges de Selve, Bischof von Lavaur. Das von de Dinteville in Auftrag gegebene Bild, das in dessen Schloss in Polisy hängen sollte, erinnert an de Selves' Besuch in London. Damals versuchten die beiden Freunde in diplomatischer Mission, Heinrich mit der römischen Kirche zu versöhnen. Das detailreiche Gemälde zeigt viele Objekte mit verborgener Bedeutung. De Dinteville, die rechte Hand am Dolch, scheint ein Mann der Tat zu sein. De Selves Arm dagegen ruht auf einem Buch, was auf ein eher introspektives Wesen hindeutet. Sowohl der Dolch als auch das Buch sind mit dem jeweiligen Alter der Männer versehen: 29 und 25. Das mag jung sein, dennoch unterstreichen diese Inschriften die Sterblichkeit der beiden, genau wie die Totenkopfspange an de Dintevilles Kappe.

Um die Männer herum werden symbolisch drei Ebenen angedeutet: der Himmel, die lebendige Welt und der Tod. Zwischen den Männern, auf dem von einem Muster in der Westminster Abbey inspirierten Boden, steht ein Tisch mit aufgeschlagenen Büchern. Das eine ist ein deutsches Mathematikbuch, in dem eine Seite über Division zu sehen ist. In dem Gesangsbuch daneben erkennt man Lieder über die Zehn Gebote und den Heiligen Geist, der üblicherweise angerufen wurde, um die Kirche zu einen. Die Laute mit einer gerissenen Saite verweist auf ein kirchliches Zerwürfnis. Auf dem oberen Regal stehen ein Himmelsglobus, eine Sonnenuhr und andere astronomische Instrumente zum Bestimmen der Zeit.

Dass sich die Menschen damals des Todes sehr bewusst waren, wird auch an dem verdrehten oder verzerrten Objekt im unteren Teil des Bildes erkennbar, das als visuelles Puzzle funktioniert, aber vor allem an die Unausweichlichkeit des Todes erinnern soll. Von oben rechts oder unten links aus betrachtet kann es als menschlicher Schädel gedeutet werden. Es handelt sich um ein Memento mori (wörtlich übersetzt „Sei dir deiner Sterblichkeit bewusst"), eine Erinnerung daran, dass der Tod uns alle ereilt und alle irdischen Dinge nichtig macht. Ein Gegengewicht dazu bildet ein von den grünen Vorhängen teilweise verdecktes Objekt oben links: Ein Kreuz, das für die Auferstehung Christi oder Gottes Verheißung ewigen Lebens steht.

Hans Holbein der Jüngere (um 1497–1543)

Die Gesandten, Öl auf Eichenholztafel, 1533

„Dass sich die Menschen damals des Todes sehr bewusst waren, wird auch an dem **verdrehten** oder **verzerrten** Objekt im unteren Teil des Bildes erkennbar, das als **visuelles Puzzle** funktioniert, aber vor allem an die **Unausweichlichkeit des Todes** erinnern soll."

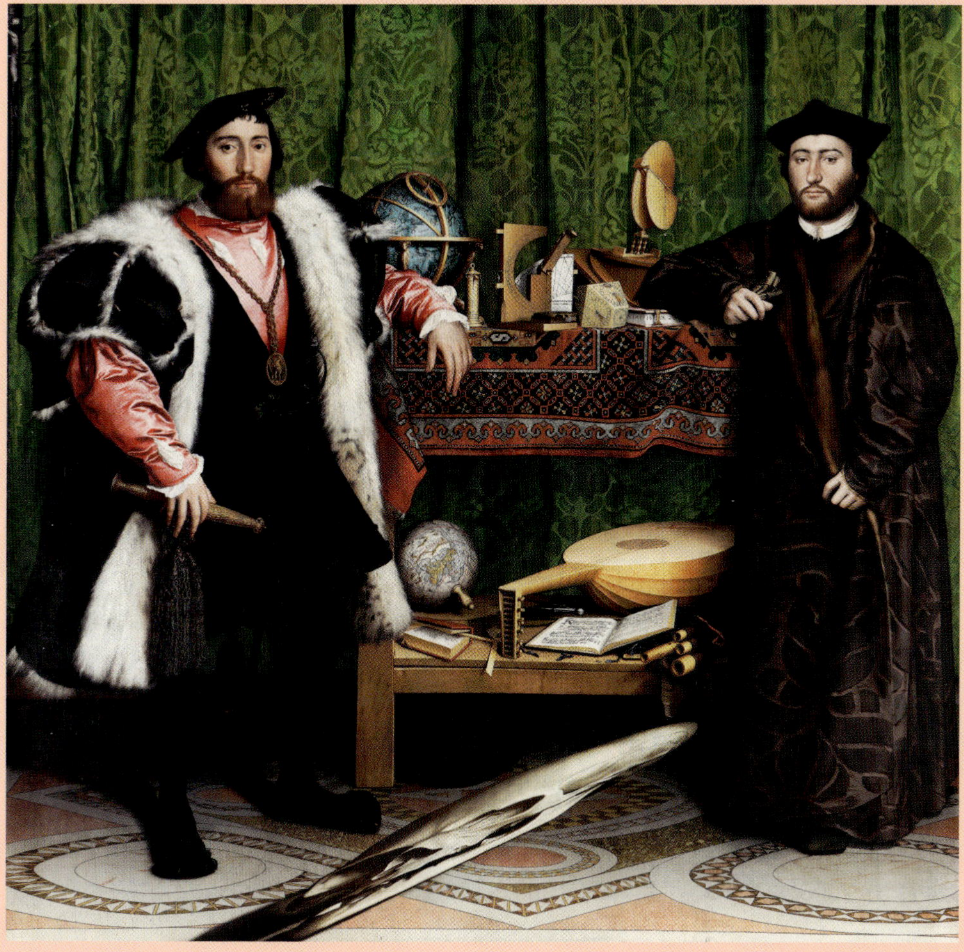

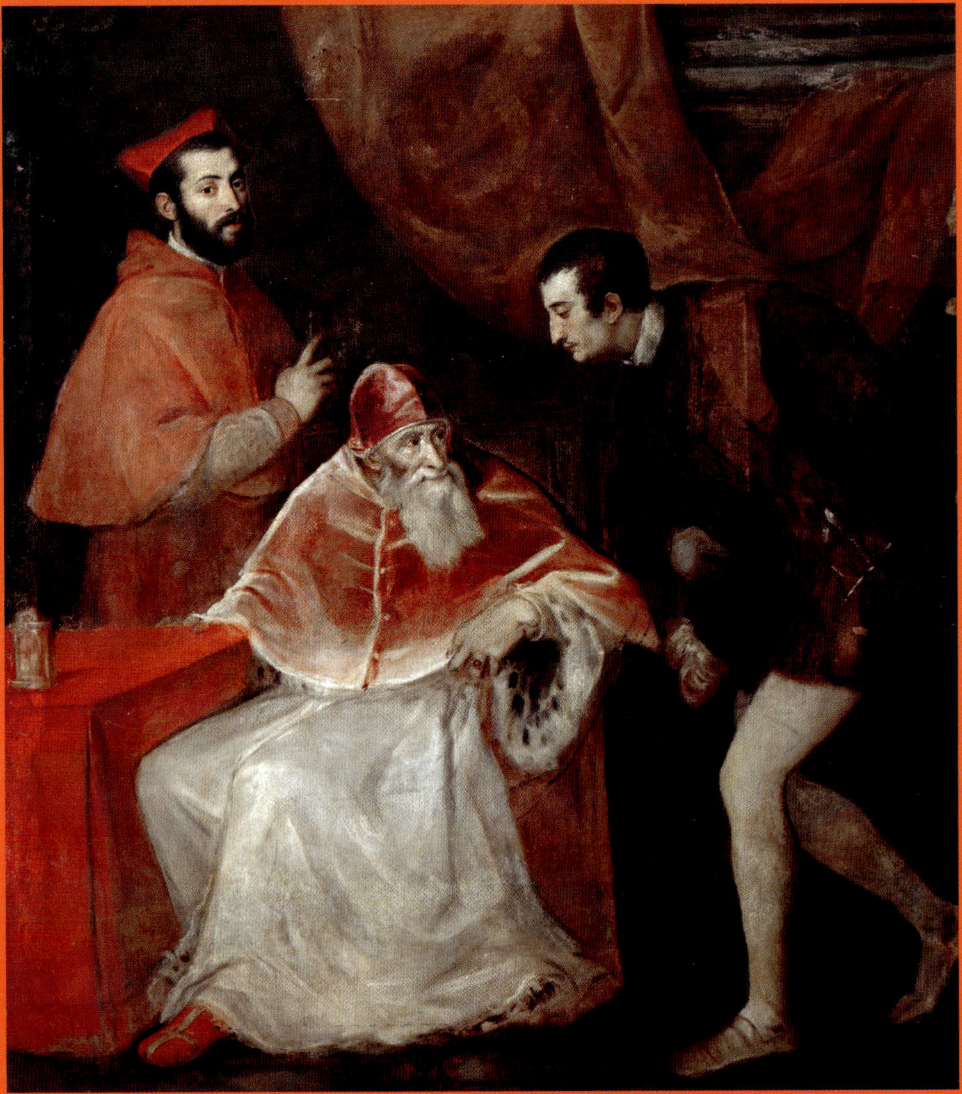

„Dieses **unvollendete** Gemälde von Tiziano Vecelli oder Vecellio, besser bekannt als Tizian, offenbart die **angespannten Beziehungen** innerhalb der Farnese-Familie."

28

Papst Paul III. und seine Nepoten **begünstigt einen Enkel**

Der aus einer wohlhabenden Familie stammende Alessandro Farnese war der letzte Papst, der unter der Herrschaft der Medici-Familie aus Florenz in dieses Amt gewählt wurde. 1534, mit 66 Jahren, wurde er zu Papst Paul III. Der ehrgeizige, gottlose Mann nutzte seine Amtszeit, um Reichtum anzuhäufen und Mitgliedern seiner Familie Vorteile zu verschaffen. Er hielt sich eine Mätresse, zeugte vier Kinder und ernannte seinen ältesten Enkel trotz des Vorwurfs der Vetternwirtschaft zum Kardinal.

Dieses unvollendete Gemälde von Tiziano Vecelli oder Vecellio, besser bekannt als Tizian, offenbart die angespannten Beziehungen innerhalb der Farnese-Familie, zeigt aber auch einen gebrechlichen Papst, der seine Macht durch Gerissenheit erhält. Im Herbst 1545 wurde Tizian von der Farnese-Familie aus Venedig nach Rom bestellt und mit dem Porträt beauftragt. Im Zentrum des Bildes sitzt der Papst, links und rechts von ihm sind zwei seiner Enkelsöhne zu sehen: Ottavio, der sich ihm hochachtungsvoll nähert und in die Knie geht; und Alessandro, ein Namensvetter des Papstes, der in Kardinalstracht hinter seinem Großvater steht. Das Bild verdeutlicht die angespannte Atmosphäre zwischen den dreien und zeigt den Papst als einen körperlich gealterten, gleichwohl immer noch wachen, listigen Geist.

Während Tizian dieses Bild malte, wurde die Macht des Papstes dadurch geschwächt, dass sich Karl V., Kaiser des Heiligen Römischen Reichs, einen militärischen Vorteil zunutze machte. Tizian, der beide Männer kannte, gelang dennoch ein komplexes, subtiles Porträt. Zwar bildet er die Gebrechlichkeit des Papstes ab, deutet aber an, dass Paul III. sich seinen Intellekt und seine Bauernschläue bewahrt hat. Die psychologischen Unterströmungen zwischen den Porträtierten treten deutlich zutage. Als Alessandro 14 war, brach der Papst mit der Tradition der Farnese, dem ältesten männlichen Nachkommen eine Frau zu suchen, damit dieser den Familiennamen fortführen konnte. Stattdessen machte er seinen Enkel zum Kardinal. Das hing damit zusammen, dass der nächstälteste, Ottavio, damals erst zehn war und damit zu jung, um zum Kardinal ernannt zu werden. Alessandro wurde zum Zölibat verpflichtet und Ottavio später mit Margaret, einer Tochter Kaiser Karls V., verheiratet. Alessandro war darüber sehr verärgert. Um die Wogen zu glätten, versprach der Papst Alessandro, dass er sein Nachfolger im Amt würde. Als dieses Gemälde entstand, hatte Alessandro allerdings erkannt, dass sein Großvater ihm leere Versprechungen gemacht hatte, was ihn weiter verbitterte.

Angesichts der komplexen psychologischen Dynamik zwischen den Personen war dies ein besonders schwieriges Porträt, das sowohl die Kenntnis der Beziehungen als auch das Talent, es trotzdem allen recht zu machen, voraussetzte. Tizian fand eine gute Lösung: Er zeigte, dass Paul III. seine Stellung als dominanter Patriarch bewahrte – ein alter Mann, der seine streitenden Nachkommen noch immer unter Kontrolle hatte. Ottavio wirkt kalt und undurchdringlich, aber auch stark. Alessandros Hand liegt auf dem Papststuhl, was seinen Anspruch auf das Amt verdeutlicht. Tizian indes verfolgte eigene Pläne: Sein Sohn Pomponio wollte in den Priesterstand eintreten, und so bat der Künstler im Gegenzug für das Porträt, dass Pomponio die Abtei von San Pietro zugeteilt werde, die sich in der Nachbarschaft zu Tizians eigenem Landgut in Venedig befand.

Tizian (um 1488/1490–1576)

Papst Paul III. und seine Nepoten, Öl auf Leinwand, 1545–1546

29

Die Kinderspiele lehrt Moral

Der Blick geht aus der Vogelperspektive auf einen Platz, eine Straße und einen Fluss – das ist der Schauplatz, an dem mehr als 230 Kinder unterschiedliche Spiele spielen. Das Gemälde von Pieter Bruegel dem Älteren wird für gewöhnlich als moralisierendes Bild interpretiert, das dem Betrachter die Gedankenlosigkeit des menschlichen Verhaltens vor Augen führen soll. Bruegels Bilder waren als Konversationsstücke angelegt, die bei ihren wohlhabenden Besitzern und deren Freunden für Gesprächsstoff sorgen sollten, und wurden oft als doppeldeutig verstanden.

Bruegel war das Oberhaupt einer großen, erfolgreichen Künstlerfamilie aus Brabant. Der erfindungsreiche Maler und Druckgrafiker lebte und arbeitete hauptsächlich in Antwerpen und machte sich mit seinen Landschaften und bäuerlichen Szenen (Genremalereien) einen Namen. Wenn er Material für diese Genremalereien sammelte, verkleidete er sich häufig als Bauer, um sich unbemerkt unter seine Studienobjekte mischen zu können. Das trug ihm den Spitznamen „Bauer Bruegel" ein.

In diesem Gemälde lassen sich zahlreiche Aktivitäten beobachten, darunter 83 verschiedene Spiele. Fast komplett ohne Aufsicht von Erwachsenen sind die Kinder ganz beschäftigt mit Springen, Stockreiten, Seifenblasenpusten, Stelzenlaufen, Zäune hochklettern, Handstände machen, Schwimmen und mehr. Manche ahmen die Erwachsenen nach und tun so, als würden sie ein Turnier kämpfen, in einem Laden bedienen oder Hochzeit feiern. Manche spielen zu mehreren, andere allein. Manche haben Spielgeräte wie Reifen, Kreisel oder ein Steckenpferd. Drei Jungen sitzen auf einem Zaun und tun so, als würden sie auf Pferden reiten. Einige Kinder sind mit Bockspringen, andere mit Tauziehen beschäftigt. Am unteren Rand des Gemäldes spielen zwei Mädchen das Knöchelspiel, ein Junge macht Seifenblasen, während zwei weitere auf ein Fass klettern. Weiter hinten turnen zwei Jungen an einem Holzbalken, ein Mädchen spielt ein Musikinstrument, ein anderes beschäftigt sich mit einer Puppe. Ein im Fluss schwimmender Junge trägt als Schwimmhilfe eine luftgefüllte Blase, ein anderer versucht, einen Baum hochzuklettern. Ein Mädchen kratzt roten Ziegelstaub zusammen und misst ihn ab, als wollte sie Pigmente zum Malen herstellen (ein Gewerbe, das es nur in Antwerpen gab). Vorne links studiert ein Junge den Schwanz eines Vogels, während außen rechts ein weiterer sich auf einem Baumstamm nach vorne streckt, um mit seinem Netz Insekten zu fangen.

Diese Spiele wurden von Reichen wie Armen das ganze Jahr über gespielt. Das Bild ist eines von Bruegels am wenigsten verstandenen Gemälden. Das Thema war in der Kunst nie zuvor behandelt worden – weder hatte man Spiele noch fast ausschließlich Kinder dargestellt. Da Bruegel der Ruf anhaftete, abschreckende Beispiele abzubilden, wird es gemeinhin als humorvolle Warnung vor der menschlichen Dummheit verstanden. Der Junge, der vorne links eine Seifenblase macht, könnte zum Beispiel ein Symbol für die Vergänglichkeit des Lebens sein.

Obwohl die Kinder überwiegend das tun, wozu sie Lust haben, und dabei nicht kontrolliert werden, gibt es in dem Bild mindestens sechs Erwachsene, darunter eine Frau, die einen blauen Umhang über eine Gruppe von Kindern wirft. Das Werfen eines blauen Umhangs über eine Person galt damals als Symbol der Verrücktheit.

Pieter Bruegel der Ältere (um 1525–1569)

Die Kinderspiele, Öl auf Holz, 1560

„Das Gemälde von Pieter Bruegel dem Älteren wird für gewöhnlich als **moralisierendes Bild** interpretiert, das dem Betrachter die **Gedankenlosigkeit des menschlichen Verhaltens** vor Augen führen soll."

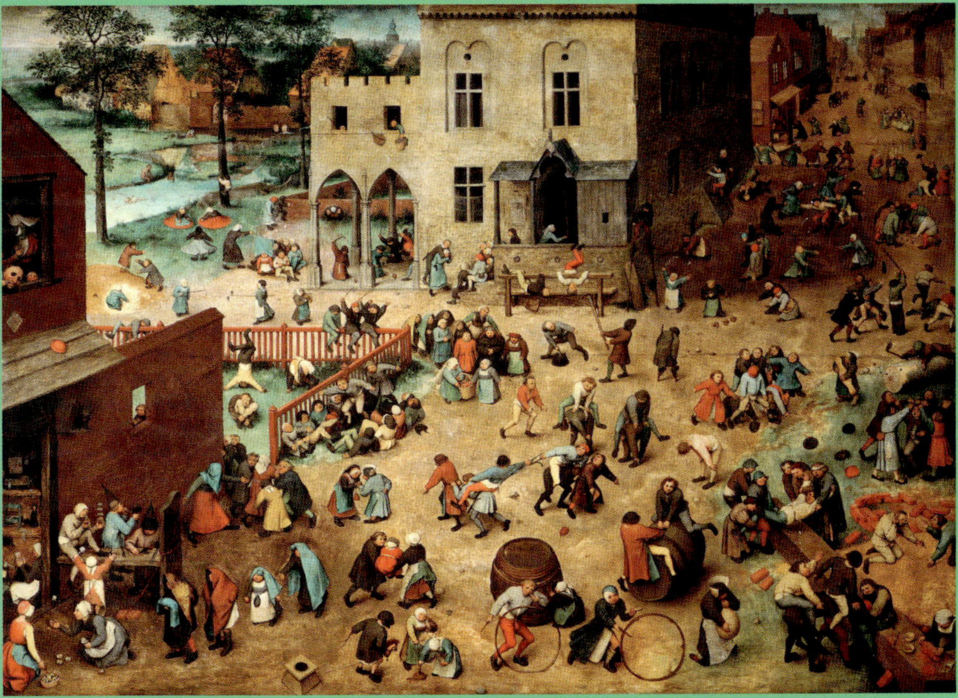

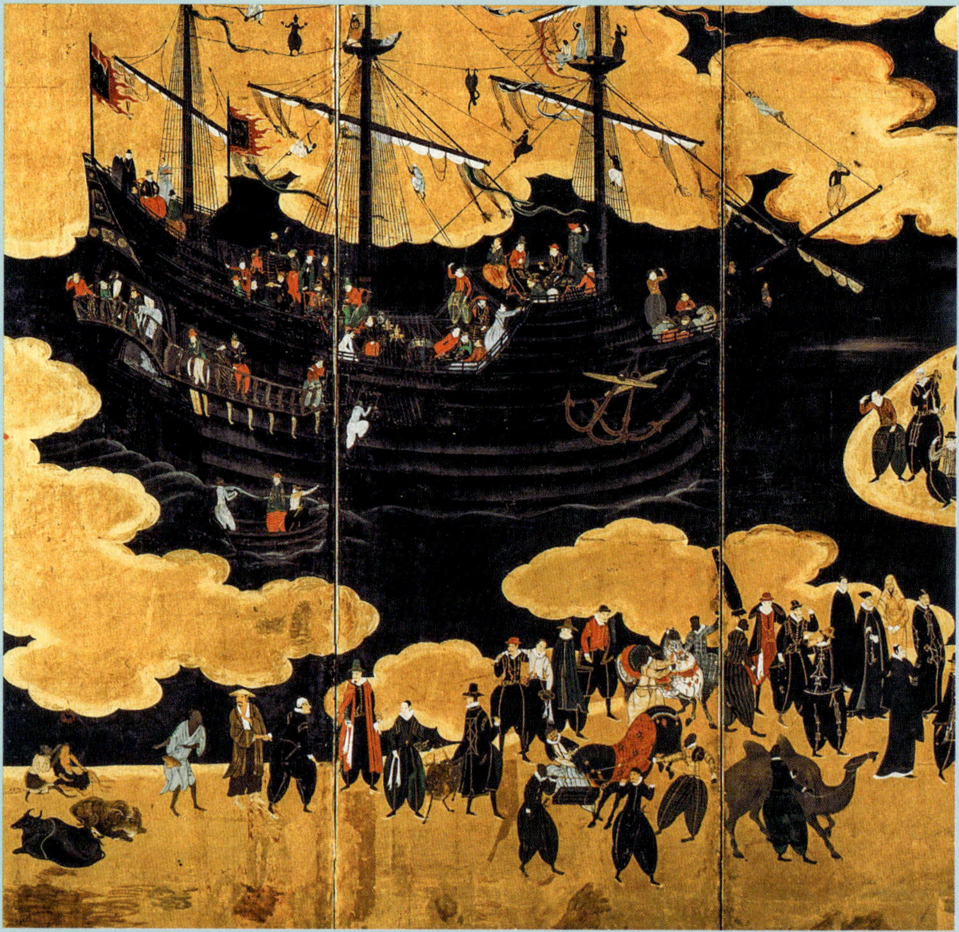

„Alles in allem vermittelt das Bild den **Reiz des Neuen**, den diese kurze Beziehung zwischen **Ost** und **West** in sich trug.“

Ankunft eines portugiesischen Handelsschiffes beschwört das Geheimnisvolle

Kanō Naizen war Mitglied der japanischen Kanō-Malerschule oder -Familie und arbeitete zusammen mit seinem Vater und seinen Brüdern in einer Werkstatt in Kyoto. Bekannt wurde er mit seinen *byōbu*, bemalten Wandschirmen. *Byōbu* wurden für gewöhnlich paarweise hergestellt, jeweils mit mehreren auffaltbaren, mit Papier bezogenen Paneelen, die in schmale Lackrahmen eingefasst waren und von Künstlern verziert wurden. Man nutzte sie zum Unterteilen von Räumen und Abgrenzen privater Bereiche oder um Areale für rituelle oder andere private Zusammenkünfte abzuschirmen. Diese beiden Wandschirme (nur einer ist hier abgebildet) machten Naizen berühmt.

Sie bilden jene Zeit ab, als 1543 die portugiesischen *namban jin* („südliche Barbaren") nach Japan kamen – der Ausdruck stammt aus China, wo alle Fremden als Barbaren galten. Die Nachwirkungen dieses Ereignisses waren noch Jahrzehnte später zu spüren. Diese beiden Bilder erinnern an das erste Aufeinandertreffen der beiden unterschiedlichen, weit voneinander entfernten Kulturen. Nachdem die portugiesischen Seeleute im Hafen von Nagasaki gelandet waren, fand ein kommerzieller und kultureller Austausch statt. Dies bildete Naizen auf den beiden Wandschirmen ab, etwa indem er die Neugier der Japaner und die festliche Atmosphäre einfing, die die Ankunft des portugiesischen schwarzen Schiffes (*kurofune*) auslöste. Auf die Japaner wirkten die Europäer und ihre Fracht faszinierend und exotisch. Auf einem der Wandschirme sind auch die jesuitischen Missionare zu sehen, die den Besuch der Portugiesen organisierten und zusammen mit den portugiesischen Kaufleuten anreisten. Einmal vor Ort machten sie sich daran, das Christentum zu verbreiten.

Auf dem einen Bild bereitet sich das schwarze, mit Waren aus Goa, Malakka und Macau beladene Schiff darauf vor, Goa, die Hauptstadt der portugiesischen Kolonie in Indien, zu verlassen. Die Szene ist geprägt von leuchtenden Farben, zwei Elefanten und ungewöhnlicher Architektur, darunter eine sechseckige christliche Kapelle und ein Spitzbogen im indischen Stil. Kacheln, Veranden mit Balustraden und ein Felsengarten offenbaren, wie wenig Naizen über fremde Länder und Architektur wusste. Gleichwohl muten seine Erfindungen geheimnisvoll an.

Die verschiedenen Zeitperioden sind innerhalb der Komposition durch goldene Wolken getrennt. Der zweite Wandschirm zeigt die Ankunft des schwarzen Schiffes im Hafen von Nagasaki. Auf den Masten führen Akrobaten Kunststücke vor, während die Menschen an Land das Entladen der Fracht beobachten, zu der auch exotische Tiere gehören: ein Hirsch, zwei Ziegen, ein Windhund, ein Pfau, ein Falke, ein Sittich und ein Ozelot. Die Portugiesen verkauften den Japanern chinesische Seide im Tausch gegen Silber und machten dabei große Gewinne. Sie handelten auch mit einigen europäischen Waren, fungierten aber vor allem als Mittler zwischen China und Japan. Daneben ist eine lebhafte Prozession zu sehen, angeführt vom Kapitän des Schiffs, der mit einem Schirm vor der Sonne geschützt wird. Wohlhabende portugiesische Ehrenmänner, Kaufleute und verschiedene farbenfroh gekleidete Reisende aus anderen Ländern nehmen daran teil. Alles in allem vermittelt das Bild den Reiz des Neuen, den diese kurze Beziehung zwischen Ost und West in sich trug.

Kanō Naizen (1570–1616)

Ankunft eines portugiesischen Handelsschiffes, Holzgitter mit Papierbezug, Blattgold, polychrome Temperafarbe, Seide, Lack und vergoldetes Kupfer, 1593

31

Blick auf Toledo idealisiert eine Stadt

Dunkle, schwere Wolken ballen sich über einer Stadt zusammen und drohen, sich jederzeit in einem Sturm zu entladen. Sie tauchen die darunterliegenden Hügel, Straßen und Gebäude in ein unheimliches Licht. Dieses Bild von El Greco („der Grieche"), der eigentlich Doménikos Theotokópoulos hieß, ist eines der ersten reinen Landschaftsgemälde in der westlichen Kunst, also eine Landschaft, die um ihrer selbst willen und nicht als Hintergrund für eine Geschichte gemalt wurde.

El Greco kam auf der Insel Kreta zur Welt, wo er im Malen byzantinischer Ikonen ausgebildet wurde. Später studierte er bei Tizian in Venedig und ging anschließend nach Rom. Der intellektuelle und spirituelle Mann verbrachte viele Jahre in Italien, wo er von verschiedenen anderen Künstlern, darunter Tintoretto, Jacopo Bassano und Parmigianino, im manieristischen Stil zu malen lernte. 1577 ging er nach Spanien und lebte dort bis zu seinem Tod in Toledo.

El Greco war während der Gegenreformation tätig, nachdem das Konzil von Trient (das 1563 endete) Regeln für die religiöse Kunst aufgestellt hatte. Diesen zufolge waren Landschaften unangemessene Motive für Gemälde, da sie den Katholizismus nicht in den Mittelpunkt stellten. Statt seinem Bild also eine religiöse Konnotation zu geben, malte El Greco diese dramatische Ansicht von Toledo als Ausdruck seiner persönlichen Zuneigung für diese Stadt. Die sanften Hügel, gewundenen Straßen und der Fluss werden durch die Neuanordnung bestimmter Gebäude hervorgehoben. Die Kathedrale zum Beispiel hätte man von diesem Punkt aus nicht sehen können, also verlegte El Greco sie auf die linke Seite des königlichen Alcázar-Palastes. Andere Bauwerke sind ziemlich korrekt positioniert, etwa der Palast selbst, die hochaufragende Burg von San Servando, das Agaliense-Kloster und die römische Alcántara-Brücke über den Fluss Tagus. Das Gemälde verherrlicht und idealisiert also die Stadt Toledo, und der dramatische Blickwinkel, das übernatürliche Licht und der bedrohliche Himmel lassen eine spirituelle, nahezu mystische Atmosphäre entstehen.

El Greco hatte zwar gelernt, im vorherrschenden manieristischen Stil zu malen, pflegte aber einen ausdrucksstarken Umgang mit Farben und Formen, der einzigartig und innovativ war. Die kontrastierenden Farben und Tonabstufungen des düsteren Himmels, des leuchtenden Grüns der Hügel sowie der silbrigen Schlaglichter auf den Gebäuden darunter deuten zum Beispiel darauf hin, dass alles unter dem Einfluss Gottes steht. Der unheilvolle Himmel verweist darauf, dass die Stadt und ihre Bewohner gefährdet und angreifbar sind. Flussabwärts unterhalb der Alcántara-Brücke sieht man mehrere winzige Figuren mit Speeren im Fluss fischen; eine weitere Figur durchquert den Fluss auf einem Pferd.

Die Veränderungen, die El Greco in der Landschaft vornahm, seine Verformungen und die Freiheiten, die er sich bei Licht und Farbe nahm, vermitteln das Gefühl, dass dieses Werk mehr ist als eine bloße Ansicht der Stadt, die er liebte. Es bringt spirituelle Gefühle zum Ausdruck. Die offensichtlich bevorstehende Naturkatastrophe ereignet sich über der Stadt. Gott hat Toledo als Schauplatz für sein Jüngstes Gericht ausgewählt und macht es damit zur wichtigsten Stadt der Erde – einem heiligen Ort.

El Greco (1541–1614)

Blick auf Toledo, Öl auf Leinwand, um 1599–1600

„El Greco hatte zwar gelernt, im vorherrschenden **manieristischen Stil** zu malen, pflegte aber einen **ausdrucksstarken** Umgang mit **Farben und Formen**, der **einzigartig und innovativ** war.“

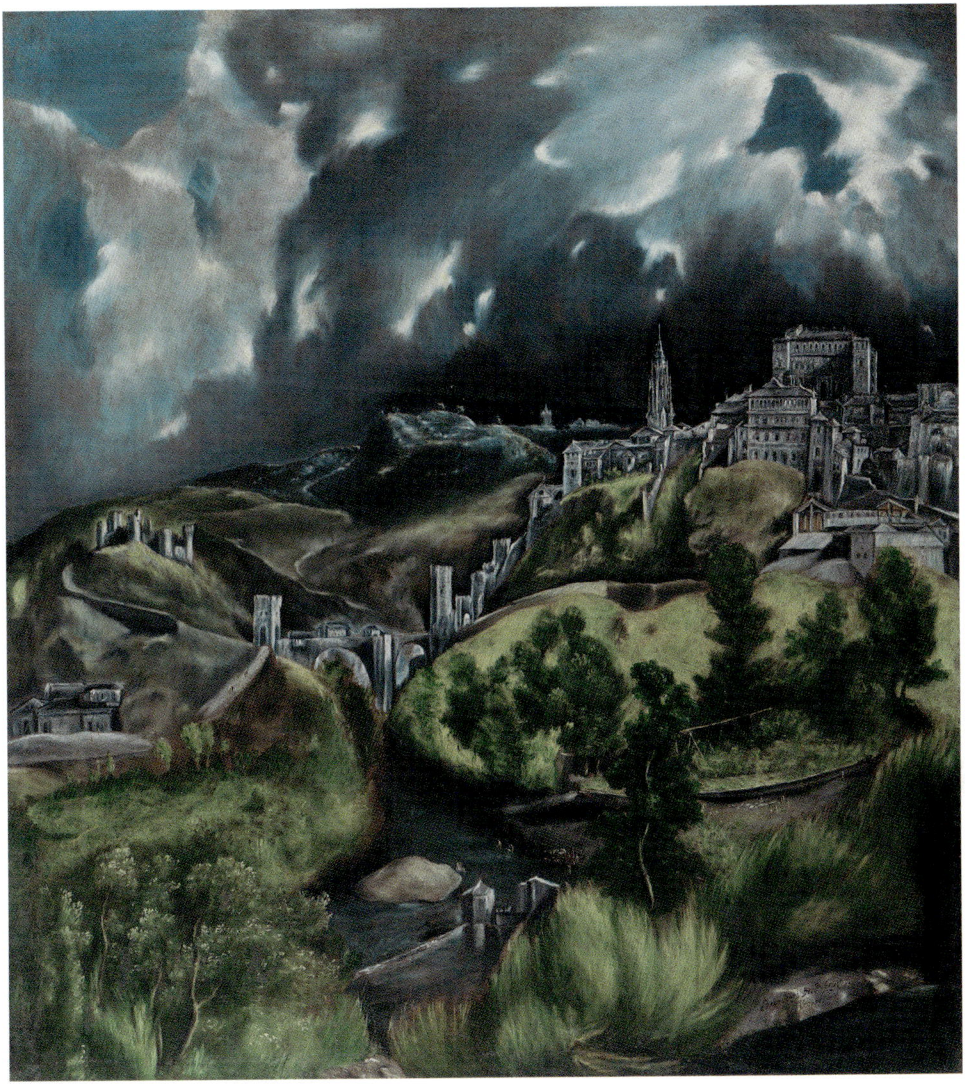

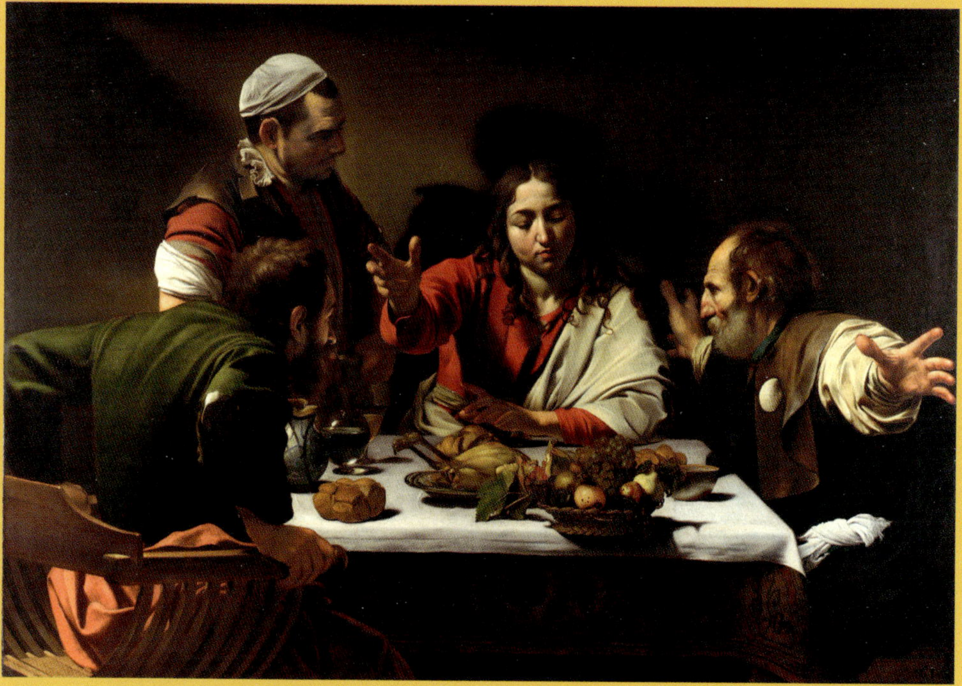

„Die beiden Apostel sind **realen Vorbildern** nachempfunden und frei von **Idealisierung**. Sie wirken schmuddelig, tragen zerschlissene Kleider, und ihr Haar ist zerzaust. Auch der jugendliche, bartlose Christus hebt sich von **traditionellen Christusdarstellungen** ab.“

32

Abendmahl in Emmaus erweckt die Bibel zum Leben

Drei Tage nach der Kreuzigung wanderten zwei Apostel Christi von Jerusalem in die nahegelegene Stadt Emmaus. Auf dem Weg dahin trafen sie einen Mann, der sie fragte, was geschehen war. Wie bezaubert von dem Fremden luden die Apostel ihn ein, das Mahl mit ihnen zu teilen. An jenem Abend segnete und brach der Fremde das Brot, und „da gingen ihnen die Augen auf und sie erkannten ihn" (Lukas 24, 31). Sie erkannten, dass er der auferstandene Christus war.

Diese Geschichte hat Michelangelo Merisi da Caravaggio, kurz Caravaggio, in einem Gemälde abgebildet, das einer der größten Kunstsammler in Rom, der Adlige Ciriaco Mattei, in Auftrag gegeben hatte. Es zeigt den Moment der Offenbarung, als die sitzenden Apostel erkennen, dass sie mit Jesus zu Abend essen, der drei Tage zuvor gekreuzigt wurde. Ihr Gebaren zeugt von ihrem Erstaunen. Einer ist kurz davor, von seinem Stuhl aufzuspringen; der andere breitet ungläubig die Arme aus. Die beiden Apostel sind realen Vorbildern nachempfunden und frei von Idealisierung. Sie wirken schmuddelig, tragen zerschlissene Kleider, und ihr Haar ist zerzaust. Auch der jugendliche, bartlose Christus hebt sich von traditionellen Christusdarstellungen ab, was erklärt, warum seine Freunde ihn nicht erkennen konnten.

Um die Dramatik noch zu verstärken, arbeitete Caravaggio mit den für ihn typischen Hell-Dunkel-Kontrasten (Chiaroscuro) und perspektivischen Verkürzungen. Ein starkes Licht fällt von links auf die Gesichter Christi und des Apostels auf der rechten Seite und wirft einen Schatten auf die hintere leere Wand. Die Rückenansicht des einen Apostels und die ausgestreckten, in extremer Verkürzung dargestellten Arme des anderen lenken die Aufmerksamkeit auf das ruhige Gesicht Christi. Der Gastwirt, der nicht versteht, was da gerade geschieht, betrachtet die Szene; sein verschattetes Gesicht offenbart seine Ahnungslosigkeit. Licht fällt auf die detailliert abgebildeten Nahrungsmittel und Getränke auf der weißen Tischdecke. Selbst diese einfachen Objekte sind symbolisch aufgeladen: Das Brot und der Wein verweisen auf die Eucharistie; die Äpfel nehmen Bezug auf den Sündenfall; der Granatapfel steht für die Kirche. Der fischschwanzförmige Schatten rechts der Obstschale ist möglicherweise ein *ichthys*- (Fisch) Symbol, das für Jesus steht.

Caravaggios kurze Karriere bildet einen entscheidenden Abschnitt in der Kunstgeschichte. Sein dramatisches Chiaroscuro taucht Bibelgeschichten in ein aufregendes, spannendes Licht. Er sagte sich von der Künstlichkeit der manieristischen Malerei los und schuf Bilder mit unmittelbarer Wirkung und Anziehungskraft. Durch Realismus und Chiaroscuro erzeugte er Dramatik, und als Vorbilder für seine Heiligenfiguren dienten ihm arme Menschen. Der Barock war eine bewusste Gegenbewegung zur protestantischen Reformation, die die katholische Kirche autorisierte, um ihre Bedeutung innerhalb der Gesellschaft wieder zu festigen. Wesentliche Merkmale des Stils sind hier zu sehen, etwa die in der Körperbeugung angedeutete Bewegung, verdrehte Körperhaltungen, die ausgestreckten Arme, das Festklammern am Stuhl und eine Betonung von Dramatik und Lichteffekten.

Caravaggio (1571–1610)

Abendmahl in Emmaus, Öl auf Leinwand, 1601

33

Samson und Delilah offenbart den Einfluss Italiens

Dieses Gemälde von Peter Paul Rubens erzählt die alttestamentarische Geschichte von Samson und Delilah: eine biblische Tragödie von Liebe und Betrug. Samson, ein israelitischer Held mit übermenschlicher Kraft, hatte 1000 Philister getötet. Die Anführer der Philister sannen daraufhin auf Vergeltung. Um dem Geheimnis seiner Kraft auf die Spur zu kommen, bestachen sie Samsons Geliebte Delilah. Nach mehreren Anläufen gelang es ihr, ihm sein Geheimnis zu entlocken: Es waren seine Haare, die ihm seine Kraft verliehen. Das Gemälde zeigt den Moment, als Samson nach einem leidenschaftlichen Abend in Delilahs Schoß einschläft. Daraufhin ruft sie einen Diener herbei, der ihm die Haare abschneidet und ihm damit seine Kraft raubt. Sobald seine Kraft ihn verlassen hat, werden die Philister, die an der Tür warten, Samson gefangen nehmen.

Der gut erzogene, charmante Rubens war einer der produktivsten, kreativsten und beliebtesten Maler des Barockzeitalters und der bedeutendste flämische Künstler des 17. Jahrhunderts. Geboren und großgezogen im katholischen Glauben, war er zudem Humanist und Diplomat. Seine Kunst wurde durch Lehrzeiten in Antwerpen und Italien (wo er von Tizian, Caravaggio, Michelangelo, Raffael und Leonardo da Vinci angeregt wurde) beeinflusst. Bald nach seiner Rückkehr nach Belgien wurde er zum Hofmaler des österreichischen Erzherzogs Albert VII. und der Infantin Clara Eugenia ernannt. Er war bekannt für seinen extravaganten, sinnlichen Malstil, seine leuchtenden Farben, dynamischen Kompositionen und kräftigen Pinselstriche. Dieses Bild malte er bei seiner Rückkehr aus Italien für die Privatsammlung seines Freundes und Auftraggebers Nicolaas II. Rockox, dem Bürgermeister von Antwerpen. Es sollte über dem Kaminsims in Rockoxs großem Stadthaus hängen – das Feuer, das neben Delilah in einer Schale brennt, verweist auf jenes, das im Kamin unter dem Bild flackern sollte. In Rom hatte Rubens Skulpturen gezeichnet, die Michelangelo bewundert und berühmt gemacht hatte, etwa den *Herkules Farnese* und den *Torso vom Belvedere*. Sie dienten ihm als Vorlage für die Muskulatur des schlafenden Samson.

Hier liegt Samson schlafend und verletzlich im Schoß seiner Geliebten. Delilah sitzt mit gelöstem Haar und unbedeckten Brüsten bewegungslos da, während ihr Diener Samson die Haare abschneidet. Rubens erzeugt den Eindruck üppiger Texturen: bleiches Fleisch, gold- und braungelocktes Haar und schimmernde, großzügige Stoffe, etwa rote, violette, goldene, weiße und gemusterte Seide. Caravaggios Gebrauch des Chiaroscuro hatte großen Einfluss auf viele Künstler, auch auf Rubens, wie man hier an den starken Farbkontrasten erkennen kann: Das helle Licht, das auf den Soldaten fällt, steht in starkem Kontrast zur Dunkelheit außerhalb des Raums. Das alles lässt eine private Atmosphäre und ein Gefühl von Spannung entstehen. An der Wand hinter Delilah sind eine Statue der Liebesgöttin Venus und ihres Sohns Amor zu sehen. In Wirklichkeit steht eine alte Frau hinter ihr, deren Profil dem ihren stark ähnelt. Die Gegenwart dieser Figur deutet darauf hin, dass Delilah eines Tages ihre eigene Kraft verlieren wird, die Schönheit, die Samson zum Verhängnis wurde.

Peter Paul Rubens (1577–1640)

Samson und Delilah, Öl auf Holz, 1609–1610

„Rubens war bekannt für seinen **extravaganten, sinnlichen Malstil, seine leuchtenden Farben, dynamischen Kompositionen** und **kräftigen Pinselstriche.**“

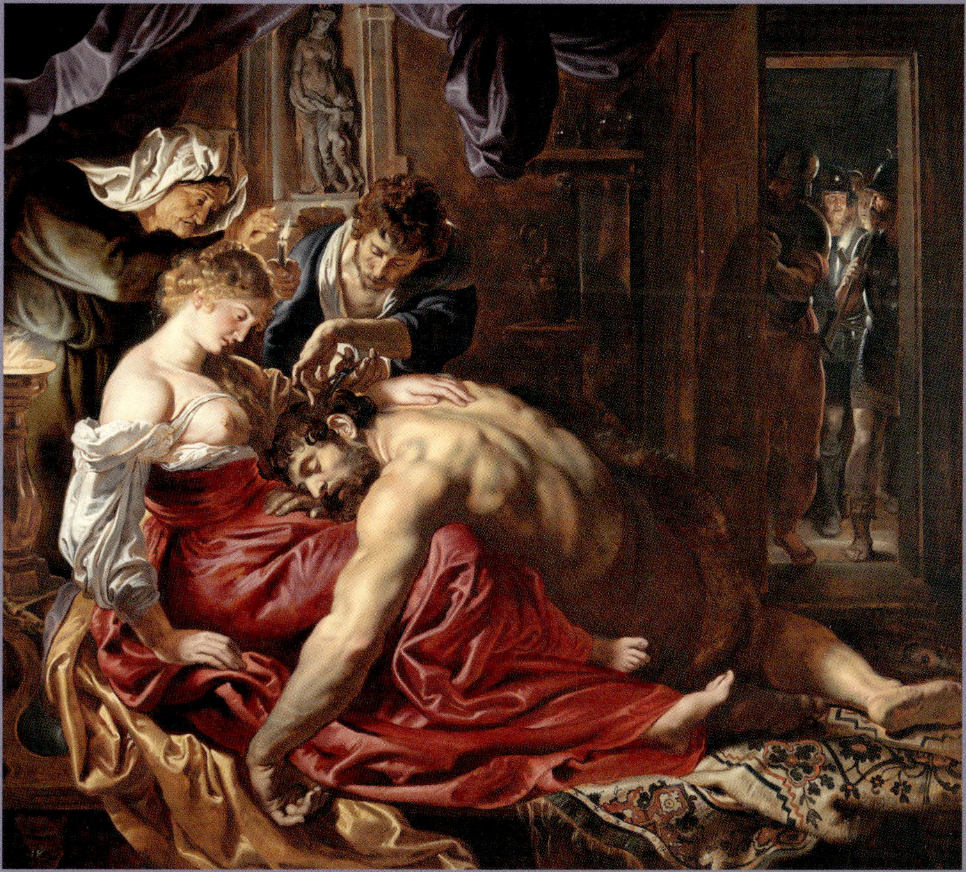

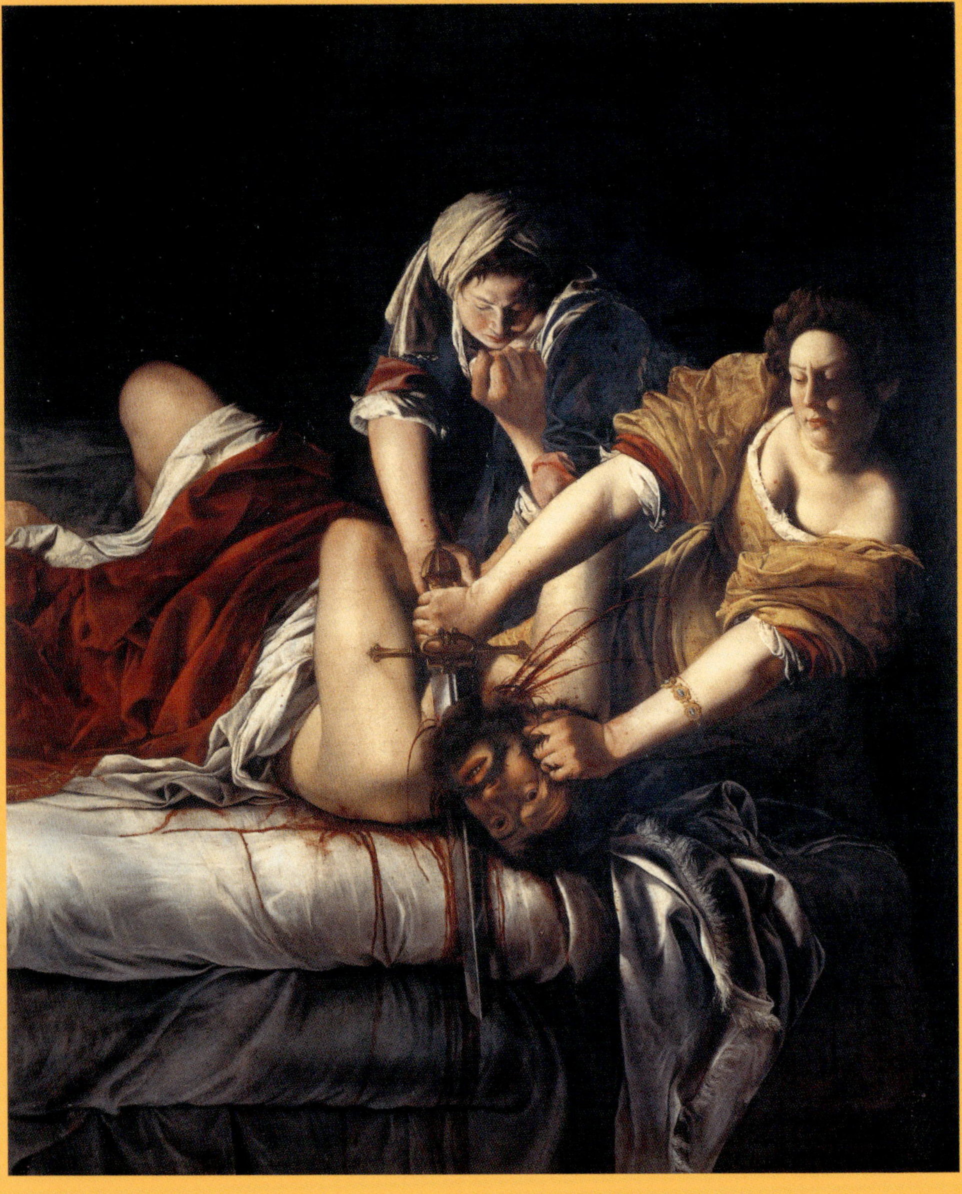

„Es ist eine **brutale, drastische** Szene, die zeigt, welch große **körperliche Anstrengung** es von Judith und ihrer Magd erfordert, den **mächtigen Mann** zu töten.“

Judith enthauptet Holofernes überwindet ein Trauma

Artemisia Gentileschi war die erste weibliche Künstlerin, die in die renommierte Kunstakademie (Accademia dell'Arte del Disegno) in Florenz aufgenommen wurde. Die maßgeblich von Caravaggio beeinflusste Künstlerin erfuhr zu Lebzeiten viel Lob und Anerkennung und sorgte als Haupternährerin für Mann und Kinder. Anders als viele Künstlerinnen jener Zeit, die aus der Not heraus Stillleben produzierten, malte Gentileschi anspruchsvolle religiöse und historische Motive. Dieses Werk half ihr vermutlich, ein furchtbares Trauma zu überwinden: Im Alter von 18 Jahren wurde sie in der Werkstatt ihres Vaters von Agostino Tassi, einem Künstlerkollegen und Freund ihres Vaters, vergewaltigt, und die anschließende Gerichtsverhandlung, bei der die Glaubwürdigkeit ihrer Aussage geprüft werden sollte, war für sie quälend und demütigend. Für die Heldin dieses Gemäldes stand sie sich selbst Modell. Tassi diente ihr als Vorbild für den Holofernes, was nahelegt, dass dieses Werk (von dem sie zwei Versionen malte) ihre Art der Vergeltung war und ein Weg, mit ihrem Leid umzugehen.

Die dramatische Szene geht auf eine Geschichte aus dem Buch Judith im Apokryphenteil der Bibel zurück. Sie erzählt, wie Judith, eine schöne und tugendhafte Israelitin aus Bethulia, das Volk Israel von der Belagerung durch das Heer von Nebukadnezar befreit. Als ihr bewusst wird, dass niemand aus ihrer Heimatstadt sie wird retten können, zieht sie ihre feinsten Kleider an und schleicht sich ins Lager des stolzen assyrischen Feldherrn Holofernes. Von Judiths Schönheit betört, lädt Holofernes sie in sein Zelt ein. Während er sie zu verführen versucht, macht sie ihn betrunken. Gentileschi stellt den Moment dar, als Holofernes aus seiner Benommenheit erwacht, während Judith und ihre Magd Abra ihn enthaupten. Es ist eine brutale, drastische Szene, die zeigt, welch große körperliche Anstrengung es von Judith und ihrer Magd erfordert, den mächtigen Mann zu töten, während dieser, noch immer betrunken und halb bewusstlos, realisiert, dass er niedergedrückt und sein Hals von einem Schwert durchtrennt wird.

Mithilfe dramatischer Verkürzungen lässt Gentileschi es so wirken, als rage Holofernes' Kopf, den Judith mit den Händen herunterdrückt, aus dem Bild heraus. Blut spritzt aus der Wunde auf das weiße Laken. Das wirkungsstarke Chiaroscuro, mit dem die drei Figuren hervorgehoben werden, lässt die schockierende Tat noch brutaler wirken. Es ist ein heldenhafter Kampf, der sich in Judiths konzentriertem Ausdruck, ihren zupackenden Händen, Holofernes' vergeblichem Bemühen, zu atmen und seine Angreifer abzuschütteln, dem Schwert und den blutgetränkten Laken widerspiegelt. Die grausame Tat bildet einen starken Kontrast zu Gentileschis sorgfältiger Ausarbeitung der verschiedenen prächtigen, kostspieligen Stoffe – goldüberzogener Damast, tief burgunderfarbener Samt, weiße Leinenlaken – und der glatten, bleichen Haut der Figuren.

Artemisia Gentileschi (1593–um 1652)

Judith enthauptet Holofernes, Öl auf Leinwand, um 1620

Der Falschspieler mit dem Kreuz-Ass **macht uns zum Komplizen**

Dieses Gemälde des französischen Barockkünstlers Georges de La Tour, das die Gefahren der Verführung durch Wein, Frauen und Spiele abbildet, zeigt ein psychologisches Drama und lädt den Betrachter ein, Teil davon zu werden. La Tour, der einen Großteil seines Arbeitslebens im Herzogtum Lothringen verbrachte, malte vorwiegend theatralische, von Kerzen erhellte Nachtszenen mit ausgeprägtem Chiaroscuro, was den Einfluss Caravaggios belegt. Er nutzte auch eine große Palette satter Farben, mit denen er, wie hier zu sehen, verschiedene Texturen hervorhebt, etwa weiche Haut, schimmernden Satin, funkelndes Kristall, schillernde Perlen, weichen Samt, prächtigen Brokat sowie Federn und Bänder.

Vier Personen haben sich um einen Tisch versammelt und spielen Karten. Der schlichte, schwarze Hintergrund und die Lichteffekte lenken alle Aufmerksamkeit auf die Figuren. Die drei Personen links werfen sich verstohlene Blicke zu und geben einander Zeichen, während die vierte, ein fein gekleideter Mann auf der rechten Seite, nichts davon wahrzunehmen scheint. Die vielen Münzen vor ihm auf dem Tisch lassen vermuten, dass er eine Wette eingehen will. Es ist offensichtlich, dass dieser wohlhabende junge Mann von den drei Betrügern ihm gegenüber mit Wein, weiblichen Reizen und Spielen gezielt verführt wird. Er selbst ahnt nichts davon, dafür aber der Betrachter, der eingeladen wird, an den dubiosen Aktivitäten teilzuhaben.

Die drei intriganten Figuren sind ein junger Mann, eine Magd und eine Kurtisane, die an ihrem teuren Schmuck und dem tiefen Dekolletee zu erkennen ist. Der reiche junge Mann, der Kleider aus Satin, Brokat, Damast und Bändern, einen bestickten Kragen und einen Hut mit einer großen Feder trägt, wirkt entspannt, konzentriert sich auf seine Karten und scheint die Gegenwart seiner neuen Freunde sowie die Aufmerksamkeit der Frau neben ihm zu genießen. Diese wirft der Magd einen Blick zu, die ebenfalls ein tief ausgeschnittenes Dekolletee trägt und gerade ein Glas Wein eingeschenkt hat, um für Ablenkung zu sorgen. Sie ist dabei, das Glas auf dem Tisch abzustellen und gibt damit dem anderen Mann Gelegenheit, den Reichen zu betrügen. Der im Vergleich mit seinem Opfer eher schlicht gekleidete Mann hält seine Karten dem Betrachter entgegen, während er das Kreuz-Ass hinter seinem Rücken unter seinem Gürtel verschwinden lässt. Damit macht er den Betrachter zum Komplizen seines Betrugs. Sein flüchtiger Blick zur Seite, die Handbewegung und die Münzen unter seinem Ellbogen machen deutlich, was er ausheckt.

Das Thema dieses Gemäldes verweist direkt auf Caravaggios *Kartenspieler* (um 1594) und untersucht ein ähnlich unmoralisches Verhalten. Die Moral lautet: Bleib in der katholischen Kirche, sie wird dich beschützen.

Georges de La Tour (1593–1652)

Der Falschspieler mit dem Kreuz-Ass, Öl auf Leinwand, um 1630–1634

„Zu einer Zeit, als die Macht der **katholischen Kirche** durch den **Protestantismus** geschwächt wurde, verdeutlichten solche barocken Bilder die **Gefahr**, Opfer von Skrupellosigkeit zu werden.“

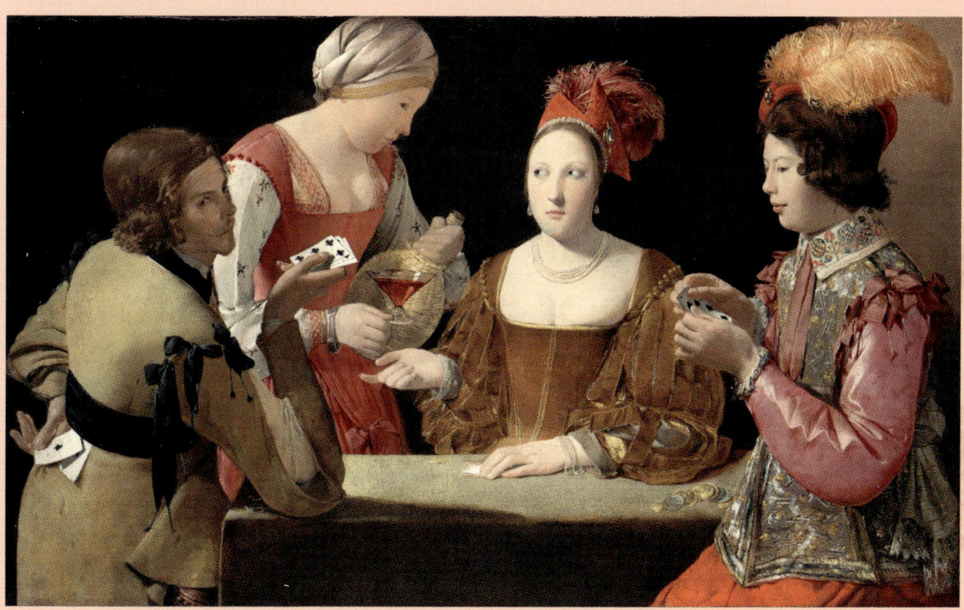

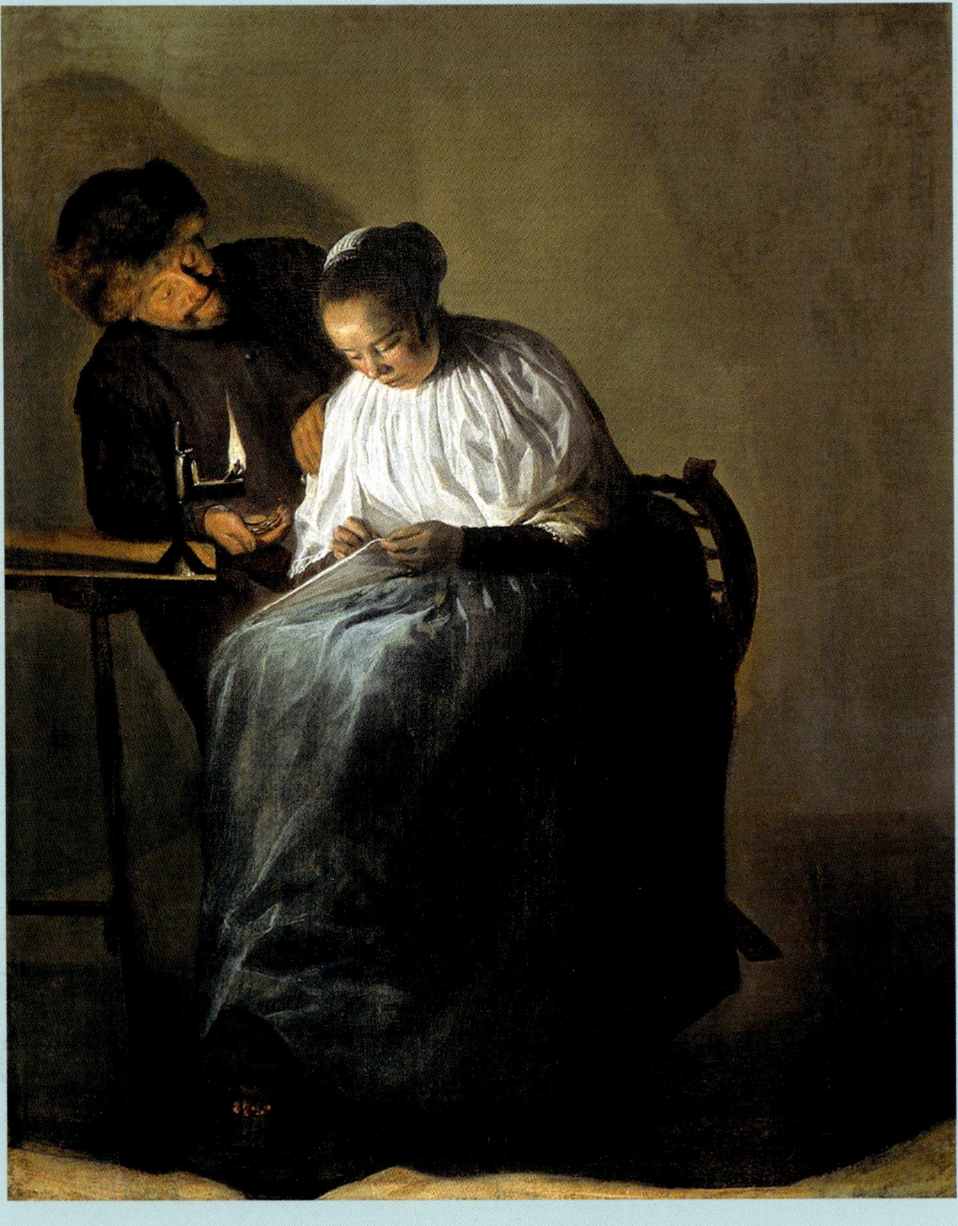

„All diese Elemente erzeugen einen **unheilvollen, uneindeutigen** Eindruck und lassen den Betrachter oder die Betrachterin **unbehaglich** zurück.“

Der Vorschlag porträtiert Tugend und Laster

Eine Frau näht im Licht einer Kerze, während sich ein dunkel gekleideter Mann über sie neigt und ihre Schulter mit der Hand berührt. Mit der anderen Hand bietet er ihr Münzen an, aber sie scheint ihn nicht zu beachten und sich stattdessen intensiv auf ihre Näharbeit zu konzentrieren. Der Raum ist spärlich möbliert, und das dürftige Licht wirft lange Schatten, die ein Gefühl des Unbehagens hervorrufen, insbesondere rund um den Mann, hinter dem sich ein übergroßer Schatten an der Wand abzeichnet und dessen Gesicht teilweise im Dunkeln liegt. Das Gesicht der Frau dagegen ist durch die Reflexion ihrer weißen Bluse und das Kerzenlicht hell erleuchtet. All diese Elemente erzeugen einen unheilvollen, uneindeutigen Eindruck und lassen den Betrachter unbehaglich zurück.

Dieses Gemälde der niederländischen Künstlerin Judith Leyster, die als eine der ersten Frauen in die renommierte St.-Lukas-Gilde in Haarlem aufgenommen wurde, ist ein frühes Genrebild, also ein Bild, das einfache Menschen bei alltäglichen Beschäftigungen zeigt. Leyster war eine Pionierin der Genremalerei. Wenngleich sie zu Lebzeiten recht bekannt war und von ihren Zeitgenossen geschätzt wurde, geriet ihr Werk nach ihrem Tod doch größtenteils in Vergessenheit, bis es 1893 wiederentdeckt wurde. Während dieser dunklen Zeit wurde fast ihr gesamtes Schaffen entweder Frans Hals oder ihrem Ehemann, Jan Miense Molenaer, zugeschrieben. Heute zählt Leyster zu den bedeutenden niederländischen Meistern des Goldenen Zeitalters, das von etwa 1581 bis 1672 währte. Es war eine Zeit der Unabhängigkeit, des Wohlstands und der Entdeckungen, mit großen Erfolgen im Handel, in den Wissenschaften und den Finanzen.

Beeinflusst von Caravaggios Chiaroscuro erzeugt Leyster hier Dramatik, Spannung und Rätsel. Der Titel des Gemäldes leitet sich von einer Interpretation ab, derzufolge hier ein sexuelles Angebot abgebildet wird, das die Frau demonstrativ ignoriert. Diese Interpretation wird im Allgemeinen als Leysters Reaktion darauf gewertet, wie männliche Kollegen ähnliche Themen behandelten, nämlich indem sie Frauen als Verführerinnen und Sirenen darstellten und sie damit erniedrigten. Eine weitere Theorie besagt, dass das Bild, einer niederländischen Tradition folgend, den Beginn einer Romanze darstellt. Zur damaligen niederländischen Brautwerbung gehörte, dass sich die Frau in Bescheidenheit übte und der Mann ihr Geld bot.

Wie dem auch sei, die Frau, die mit einer ehrlichen alltäglichen Hausarbeit beschäftigt ist, wirkt sanftmütig, zurückhaltend und achtbar. Unter ihrem sittsamen, schmucklosen Rock ist ein Fußwärmer zu sehen. Als Leyster dieses Bild malte, wurden Fußwärmer bisweilen als Symbol für verheiratete Frauen benutzt. Gleichzeitig konnten sie aber auch die sexuelle Erregung der Frau symbolisieren. Der Fußwärmer könnte hier auch einfach einen praktischen Nutzen haben: Der Pelzhut des Mannes macht deutlich, dass es in dem Raum kalt ist. Dieses rätselhafte Gemälde scheint Tugend oder Laster abzubilden – vielleicht auch beides.

Judith Leyster (1609–1660)

Der Vorschlag, Öl auf Holz, 1631

37

Reiterporträt von Thomas Franz von Savoyen **allegorisiert die Macht**

Der in Antwerpen geborene Sir Anthonis van Dyck arbeitete zunächst für Peter Paul Rubens. Mit 15 war er bereits ein vollendeter Maler; noch vor seinem 20. Geburtstag wurde er Meister in der Antwerpener Lukasgilde, und schon kurz darauf feierte er als unabhängiger Künstler Erfolge, zunächst im Süden der Niederlande, dann in Italien. Man vermutet, dass van Dyck für Rubens tätig war, da sein Stil Ähnlichkeiten mit dem von Rubens aufweist, aber belegen lässt sich das nicht. 1632 ging er nach London, wo er Hofmaler König Karls I. wurde, der ihn auch zum Ritter schlug. Seine Porträts der Aristokratie, darunter die von Karl und seiner Familie, waren innovativ und wurden europaweit bewundert. Die mit lockerem Pinselstrich gemalten Bilder vermitteln den Eindruck zurückhaltender Macht, Energie und Eleganz und bekräftigen die Autorität der Abgebildeten.

Das Gemälde zeigt Thomas Franz von Savoyen, Prinz von Carignano, italienischer Feldherr und Begründer des Savoyen-Carignano-Zweigs des Hauses Savoyen, das im 19. und frühen 20. Jahrhundert über Sardinien und Italien herrschte. Der Prinz, dessen Haar ihm offen über die Schultern fällt, trägt eine blank polierte Rüstung mit einem teuren, spitzengesäumten Leinenkragen und zeigt seinen Befehlsstab, der auf seinen hohen militärischen Rang verweist. Sein goldenes Ordenszeichen und die breite rote Schärpe machen deutlich, dass er Träger des Annunziaten-Ordens ist, der ihm 1616 von seinem Vater, dem Herzog von Savoyen, verliehen wurde. Dies war der höchste Verdienstorden, den das Königliche Haus von Savoyen verlieh, was bedeutet, dass der Porträtierte einer erlesenen Gesellschaft angehört. Er ist glamourös, aber auch ein Mann der Tat und bereit für den Kampf. Hier sitzt er auf einem großen, glänzenden, muskulösen weißen Pferd. Es bäumt sich gefährlich auf, doch Carignano hält die Zügel ruhig in einer Hand. Damit demonstriert er seine Macht und gibt zu verstehen, dass er seine Länder unter Kontrolle hat, ganz gleich wie schwierig oder herausfordernd die Dinge sich entwickeln. Das Pferd mit der langen, elegant gekräuselten Mähne und dem aufwendig verzierten Zaumzeug bäumt sich vor einer großen klassischen Marmorsäule auf, die mit blassgrüner moirierter Seide behangen ist. Hinter dem Kopf des Pferdes ist ein dunkler, stürmischer Himmel über einer offenen Landschaft zu sehen.

Der Prinz von Carignano war ein militärischer Befehlshaber, der während der spanischen Herrschaft eine Zeit lang für den König von Spanien die südlichen Niederlande regierte. Das Motiv des Reiters, der ein sich aufbäumendes Pferd kontrolliert, als Allegorie der Macht und der Führungsfähigkeit war erst kurz zuvor von Rubens und Diego Velázquez entwickelt worden.

Anthonis van Dyck (1599–1641)

Reiterporträt von Thomas Franz von Savoyen, Prinz von Carignano, Öl auf Leinwand, um 1634–1635

„Die mit **lockerem Pinselstrich** gemalten Porträts vermitteln den Eindruck zurückhaltender **Macht, Energie und Eleganz** und bekräftigen die **Autorität** der Abgebildeten."

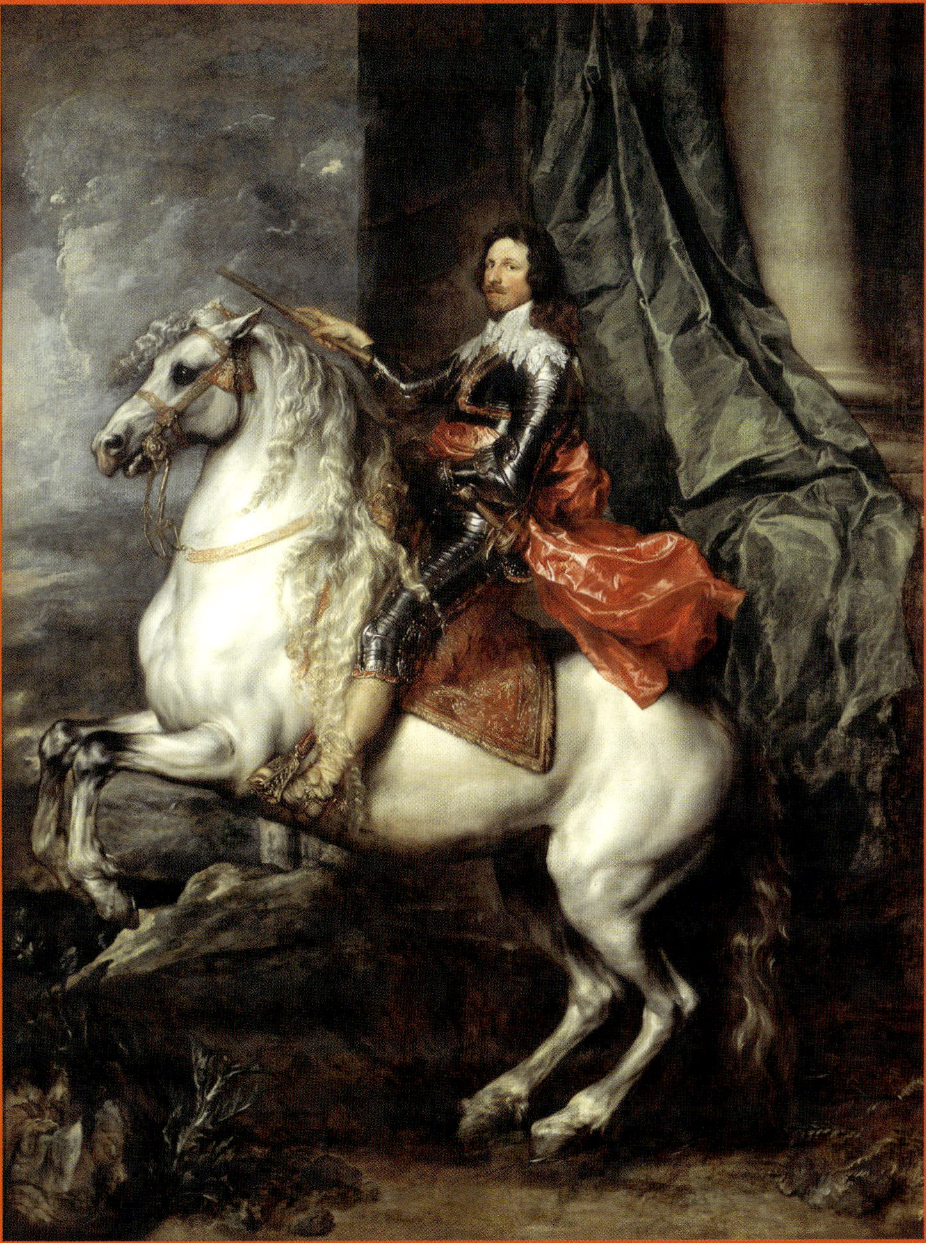

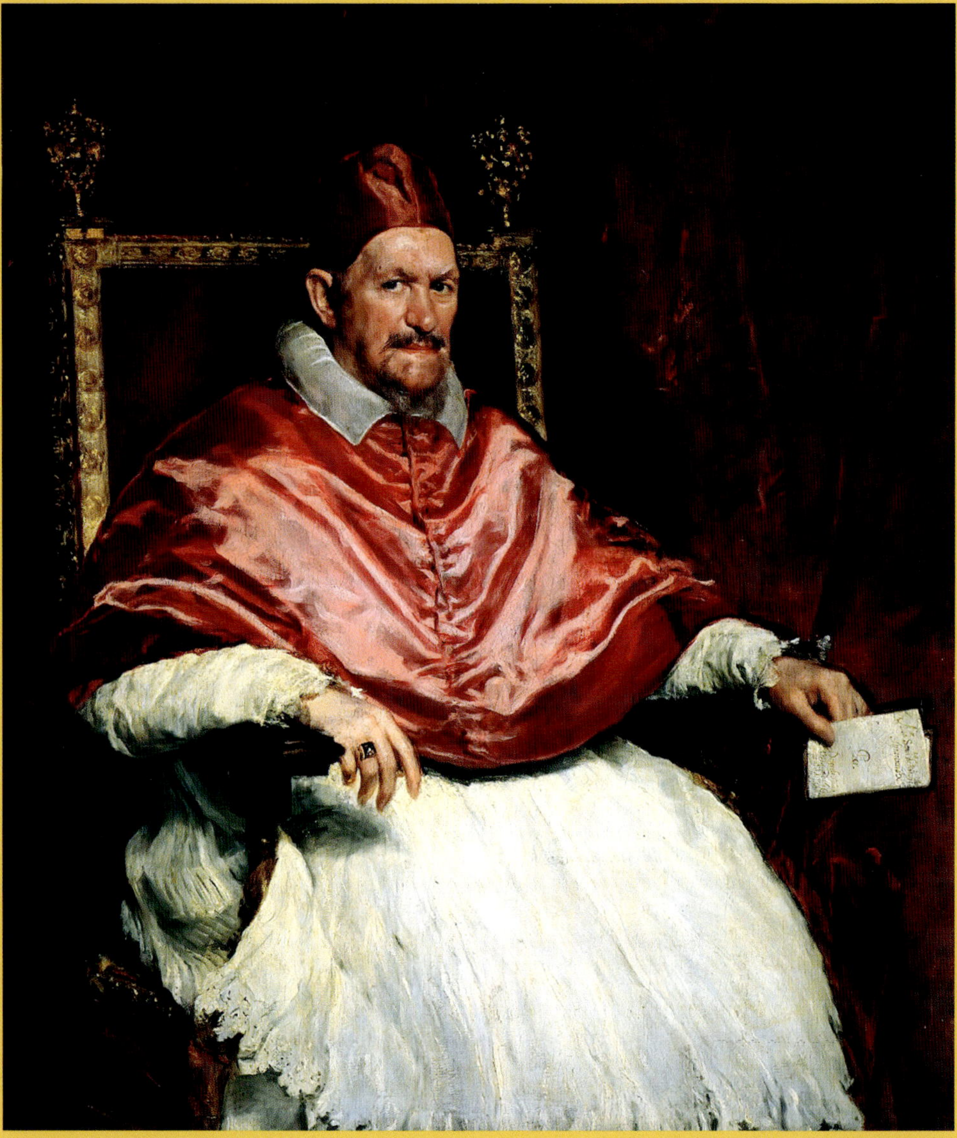

„Zeitgenössischen Berichten zufolge war Innozenz X. **kein schöner Mann**, und obwohl Velázquez dem Papst **gefallen** wollte, **idealisierte** er ihn doch nicht.

Papst Innozenz X. zeigt die päpstliche Macht

Papst Innozenz X., der in Rom in eine der mächtigsten Familien Europas hineingeboren wurde, war intelligent, scharfsinnig und fleißig, wurde von seinen Zeitgenossen aber auch als streng, launisch und intrigant wahrgenommen. Zwar baute er die Macht des Heiligen Stuhls innerhalb Italiens und darüber hinaus aus. Doch seine päpstliche Amtszeit war von Skandalen und Gewalt geprägt, und politisch war er in diverse militärische Konflikte innerhalb Europas verwickelt. Der Idee, sein Porträt von Diego Rodríguez de Silva y Velázquez malen zu lassen, stand er zunächst misstrauisch gegenüber, aber schließlich willigte er ein. Velázquez war der wichtigste Künstler am Hof des spanischen Königs Philipp IV. und des Goldenen Zeitalters in Spanien. Er beeindruckte den Papst mit einigen seiner anderen Porträts.

Wahrscheinlich schuf Velázquez das Porträt im Sommer 1650 während seiner zweiten Italienreise, bei der er für seinen König Kunst sammelte. Ihm lag daran, die Gunst des Papstes zu gewinnen, um Zugang zum renommierten Santiago-Orden zu erhalten. Das gelang ihm schließlich mithilfe dieses Porträts, über das er außerdem Zugang zu den angesehensten Kunstvereinigungen in Rom erhielt: der römischen Kunstakademie (Accademia di San Luca) und der päpstlichen Akademie der schönen Künste (Congregazione dei Virtuosi al Pantheon).

Zeitgenössischen Berichten zufolge war Innozenz X. kein schöner Mann, und obwohl Velázquez dem Papst gefallen wollte, idealisierte er ihn doch nicht. Mit seinen charakteristischen lockeren Pinselstrichen schuf er subtile Licht- und Farbmodulationen, die die unterschiedlichen Oberflächenstrukturen, etwa der Haut, der Kleidung, des Rings, des päpstlichen Stuhls und des Vorhangs im Hintergrund sichtbar machen. Innozenz sitzt in Dreiviertelansicht auf dem reich dekorierten, vergoldeten Papststuhl; hinter ihm ist ein schwerer Vorhang aus rotem Samt zu sehen. Über seinem weißen Leinengewand – oder Alb – trägt er einen roten Seidenumhang und die rote Kopfbedeckung. Mit wachsamem, misstrauischem Blick sieht er aus der Leinwand heraus. Velázquez fing stets mehr ein als nur das physische Erscheinungsbild seines Modells. Mit diesem strengen, aber wahrhaftigen Abbild des Papstes in seinen heiligen Gewändern macht er den Charakter des Mannes sichtbar. Aus seinem Ausdruck sprechen Stolz und Anspannung, aber keine Aggressivität. Innozenz taxiert die Person vor ihm – er war dafür bekannt, wachsam und stets auf der Hut zu sein.

In der linken Hand hält der Papst ein Stück Papier, auf das Velázquez seinen Namen schrieb, so als würde er stolz seine Urheberschaft feststellen. Der Künstler signierte seine Werke oft auf ausgefallene Art. Das gesamte Gemälde ist aus verschiedenen Rottönen aufgebaut – diese Farbe steht traditionell für Macht–, was darauf hindeutet, dass sich der Abgebildete seiner Überlegenheit bewusst ist. Es ist kein schmeichelndes Porträt, aber Innozenz fühlte sich auch nicht beleidigt. Nachdem er es eine Weile betrachtet hatte, erklärte er, es sei „troppo vero", „zu wahr". Um seine Dankbarkeit zu zeigen, schenkte er Velázquez eine teure Goldkette. Velázquez selbst muss mit dem Bild ebenfalls zufrieden gewesen sein, denn er fertigte eine Kopie davon an, die er mit nach Spanien nahm.

Diego Velázquez (1599–1660)

Papst Innozenz X., Öl auf Leinwand, 1650

39

Hof eines Hauses in Delft erweist Frauen Respekt

Pieter de Hooch ging nach einer Lehre in Haarlem nach Delft und von da weiter nach Amsterdam. In Delft begann er Genreszenen zu malen, vor allem Innenräume mit jungen Männern und Frauen, aber auch einige Außenszenen wie diese. Realismus, Details und Einblicke ins Alltagsleben standen im Goldenen Zeitalter der niederländischen Malerei hoch im Kurs, und de Hooch war ein Meister im überzeugenden Malen von Architektur. Dieses Werk nimmt uns mit in einen privaten Hof, wo das Leben ruhig seinen Gang geht.

Der Ort ist vermutlich einem realen Vorbild in Delft nachempfunden. Die ruhige, sonnenbeschienene Szene zeigt einen privaten häuslichen Moment. Die Komposition ist in zwei Hälften geteilt: Links ist ein Torbogen aus Ziegeln und Stein zu sehen, durch den man von einem gepflasterten Hof durch einen Gang auf eine Straße gelangt; rechts sieht man Stufen und eine Holztür. In dem Durchgang steht eine schwarz-rot gekleidete Frau, die dem Betrachter den Rücken zuwendet und auf die Straße hinausblickt. Rechts des Torbogens betritt eine weiß-blau gekleidete Magd den Hof. An der einen Hand hält sie ein Kind, mit der anderen trägt sie einen Teller. Das Kind rafft seine Schürze hoch. Vor den beiden hat jemand einen Eimer und einen Besen auf dem Boden stehenlassen.

Alles wirkt ruhig, als sei das Leben für einen Moment eingefroren worden. Doch trotz der heiteren Atmosphäre gibt die Szene Rätsel auf. Weder weiß man, was das Mädchen in seiner Schürze hält, noch was sich auf dem Teller der Magd befindet. Hinter der Holztür liegt wahrscheinlich eine Spülküche, aber sicher ist das nicht. Die Frau, die uns den Rücken zuwendet, könnte die Mutter des Kindes sein, aber auch das ist nur eine Vermutung. Und auf wen oder was wartet sie? Die baufällige Ziegelwand auf der rechten Seite bildet einen Gegensatz zu der gepflegten Wand über dem Torbogen auf der linken Seite. Warum der Besen und der Eimer stehengelassen wurden, ist ebenfalls ein Geheimnis.

Mit dieser Art Gemälde schmückten wohlhabende niederländische Kaufleute gern die Wände ihrer Häuser. Solche Einblicke in das Leben anderer Menschen machten deutlich, dass Häuser im ganzen Land effizient geführt und die Kinder von anständigen, fleißigen Frauen umsorgt wurden – die Republik der Niederlande war demnach ein ehrenwerter Ort zum Leben. In den 1650er Jahren war das Land eine junge Nation, die gerade ihre Unabhängigkeit von Spanien erlangt hatte und eine wirtschaftliche und wissenschaftliche Blütezeit erlebte. Frauen hatten hier etwas mehr Autorität als in vielen anderen europäischen Ländern jener Zeit. Mädchen erhielten eine bessere Ausbildung, und Frauen, die sich um ihren Haushalt kümmerten, genossen große Autorität und viel Respekt.

Pieter de Hooch (1629–1684)

Hof eines Hauses in Delft, Öl auf Leinwand, 1658

„Solche **Einblicke** in das **Leben anderer Menschen** machten deutlich, dass Häuser im ganzen Land **effizient** geführt und die Kinder von anständigen, **fleißigen Frauen** umsorgt wurden.“

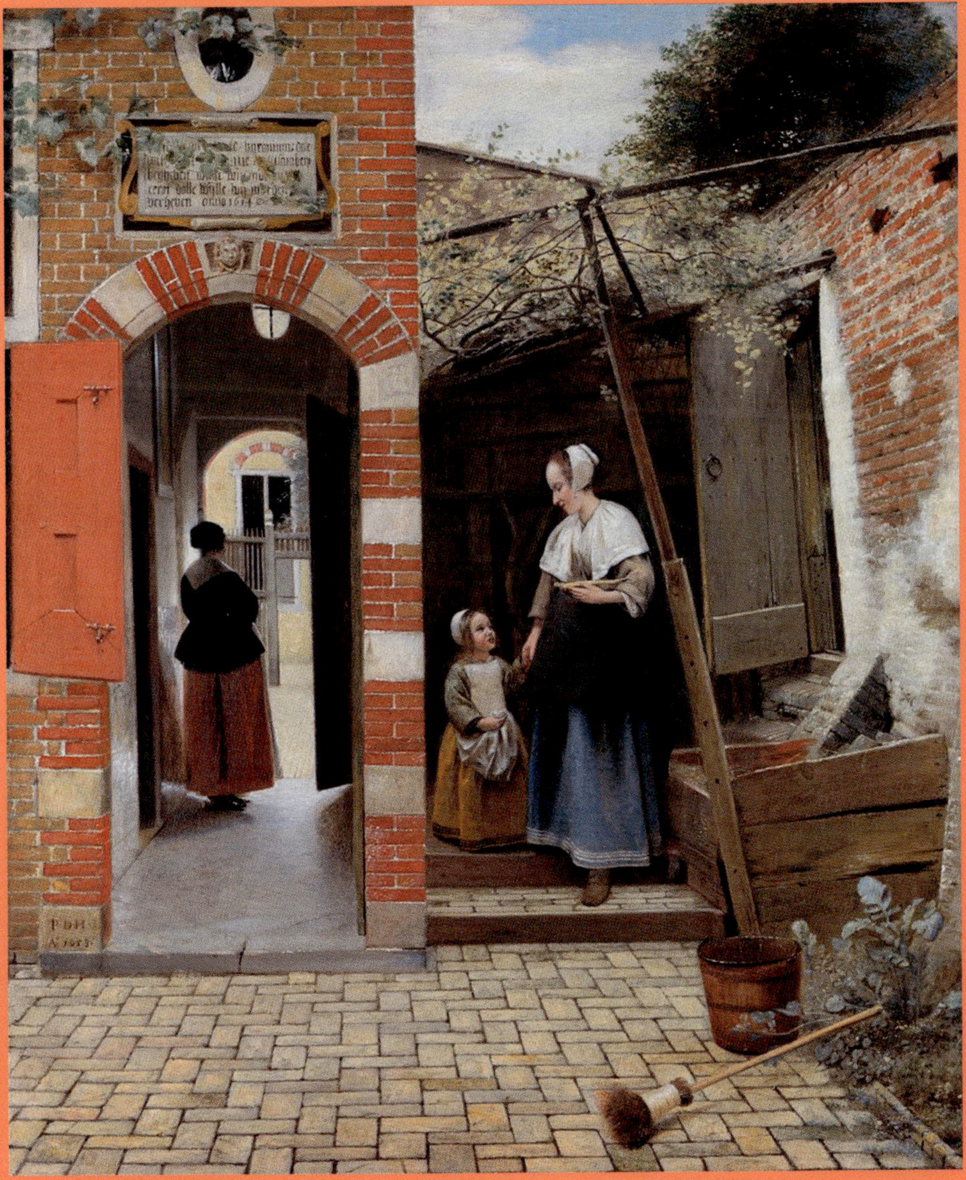

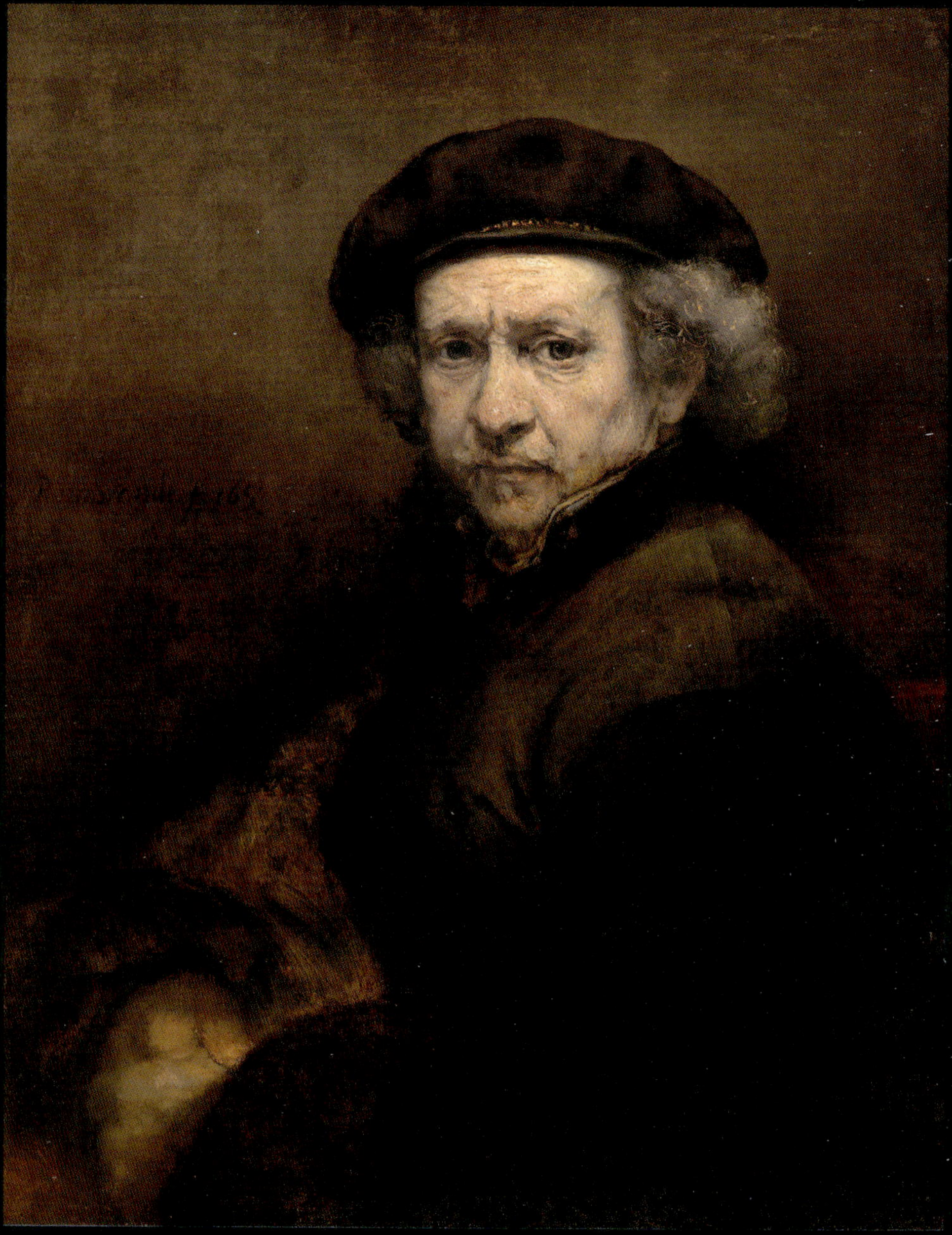

„Rembrandts Gesicht ist von **Alter, Traurigkeit, Unglück und Enttäuschung** gezeichnet, drückt aber auch eine gewisse **Gelassenheit** und **Vertrauen** aus.“

Selbstbildnis mit Barett und Stehkragen preist einen alten Meister

Eingehüllt in einen Pelzmantel mit Stehkragen, ein großes Barett auf dem Kopf, die Hände im Schoß verschränkt, sieht ein Mann mit festem Blick aus der Leinwand heraus. Von der oberen rechten Ecke fällt Licht auf ihn. Dies ist eines von rund 70 Selbstporträts, die Rembrandt van Rijn anfertigte. Als er es schuf, war er 53 Jahre alt. Zu diesem Zeitpunkt hatte er viel von seiner früheren Berühmtheit und seinem Wohlstand eingebüßt und reichlich Kummer und Schmerz erfahren. Drei seiner Kinder hatten das Säuglingsalter nicht überlebt, seine Frau Saskia war 1642 mit nur 30 Jahren verstorben, und er selbst war 1656 bankrott gegangen.

Dieses Selbstbildnis ist daher ein ziemlich mitleiderregendes, aber auch eines von brutaler Ehrlichkeit, in dem der Künstler wahrheitsgemäß abbildete, was er im Spiegel sah. Rembrandts Gesicht ist von Alter, Traurigkeit, Unglück und Enttäuschung gezeichnet, drückt aber auch eine gewisse Gelassenheit und Vertrauen aus: Er ist sich seiner Fähigkeiten und seiner Situation bewusst und fest entschlossen, das Beste daraus zu machen. Rembrandts Pleite hatte verschiedene Gründe: Zum einen war sein Malstil nicht mehr angesagt; zum anderen war er ein begeisterter Kunstsammler, hatte also eine extrem kostspielige Leidenschaft und ganz allgemein die Tendenz, zu viel Geld auszugeben. Rembrandt, der in sich gekehrter war als viele andere Künstler vor ihm, war im ersten Teil seiner Laufbahn sehr erfolgreich gewesen. Er und Saskia bewohnten ein großes Haus in einem angesagten Stadtteil, er hatte eine große Werkstatt und sammelte eifrig Kunst. Doch nachdem Saskia gestorben und er selbst bankrott gegangen war, wurden fast alle seine Besitztümer verkauft. Um ihn vor den Gläubigern zu schützen und seine Finanzen zu überwachen, übernahmen sein Sohn und seine Geliebte die geschäftliche Verantwortung für die Werke, die er fortan produzierte. Rembrandt hielt sein Spiegelbild so authentisch wie möglich fest, um potenziellen Auftraggebern sein Geschick zu beweisen. Er wollte sich als starken, widerstandsfähigen Charakter anpreisen, der in jüngeren Jahren gefeiert worden und nun ein noch außergewöhnlicherer Künstler war.

Ein Großteil des Bildes liegt im Schatten, mit Ausnahme des erleuchteten Gesichts. Dessen Haut ist mit dickem Impasto modelliert, um eine echte Oberflächenstruktur zu erhalten. Rembrandt hatte sich zuerst mit einer hellen Kappe darstellen wollen, ersetzte diese aber durch ein schwarzes Barett, um sein Gesicht zum hellsten und prominentesten Element des Gemäldes zu machen. Bei der Pose scheint er sich mehrere seiner früheren Werke, aber auch Porträts anderer großer Meister, die er bewunderte, zum Vorbild genommen zu haben. Das Selbstbildnis ist eines von nur zweien, in denen er sich nach links wendet. Es ist weniger vollendet als viele andere und gekennzeichnet durch einen breiten Pinselstrich sowie einen dünneren, verschwommenen Farbauftrag in den schattigen Bereichen.

Rembrandt van Rijn (1606–1669)

Selbstbildnis mit Barett und Stehkragen, Öl auf Leinwand, 1659

41

Das Mädchen mit dem Perlenohrring zeigt eine Fantasieschönheit

Das Bild zeigt eine junge Frau mit einem blau-goldenen Turban und einem großen Perlenohrring vor einem dunklen Hintergrund. Sie wendet den Kopf nach links, um den Betrachter über die Schulter hinweg anzusehen – als habe man sie in einem flüchtigen Moment verewigt. Ihre Augen leuchten, und ein leises Lächeln umspielt ihre Lippen. Urheber dieses von Lichteffekten und starkem Realismus geprägten Gemäldes ist Johannes Vermeer, oder Jan Vermeer van Delft. Der heute berühmte Künstler war zu Lebzeiten außerhalb seiner Heimatstadt kaum bekannt. Kurz nach seinem frühen Tod geriet sein Name in Vergessenheit, bis er im 19. Jahrhundert wiederentdeckt wurde. Nur 36 Gemälde von ihm sind bekannt; vorbereitende Zeichnungen oder Skizzen konnten nie entdeckt werden. Vermeer malte kleine Bilder mit teuren Pigmenten, vor allem häusliche Innenansichten der Mittelschicht.

Anders als in den meisten seiner Werke gibt es in diesem keinen Hintergrund, und die junge Frau geht keiner Alltagsbeschäftigung nach. Stattdessen scheint sie geradewegs aus dem Dunkeln zu kommen, um uns anzusehen. Das Gemälde wirkt wie ein Porträt, ist aber ein Tronie (grob übersetzt bedeutet das Wort „Gesicht"). Diese Art Kunstwerk, das bei holländischen und flämischen Künstlern des 17. Jahrhunderts sehr beliebt war, zeigt eine unbekannte Person mit einer interessanten Physiognomie oder in einem besonderen Kostüm. Mithilfe von Tronies demonstrierten Künstler, dass sie Menschen überzeugend darstellen konnten, entweder als ansprechendes, lebensechtes Abbild oder als Charakterstudie, die sich für andere Werke nutzen ließ.

Mit dem exotischen Turban, der mit Ultramarin gemalt ist – dieses Pigment wurde aus dem seltenen Halbedelstein Lapislazuli gewonnen –, gelang Vermeer ein bezauberndes Bild einer jungen Frau. Er arbeitete mit einem Modell, veränderte aber vermutlich dessen Erscheinung oder hob bestimmte Züge hervor. Wer ihm Modell saß, ist nicht bekannt. Manche vermuten, dass es seine älteste Tochter Maria war, die zwölf oder 13 Jahre alt war, als das Gemälde entstand, doch belegen lässt sich das nicht. Allerdings spielt es auch kaum eine Rolle, wer es war, denn für dieses Tronie schuf der Maler eine Fantasieschönheit mit idealisiertem Gesicht.

Vermeer war ein Meister der Lichteffekte. Hier hob er die Lippen der jungen Frau, ihre Mundwinkel, ihre Augen, ihren weißen Kragen und ihren Perlohrring mit wohlüberlegt platzierten winzigen weißen Tupfen hervor. Mit sanften Farben machte er auch die Lichteffekte auf ihrem Turban und der ockerfarbenen Jacke sichtbar. Die Zartheit ihrer Haut fing er mit dickem Impasto in schimmernden Farben und weich auslaufenden dunkleren Tönen ein. Der ungewöhnlich große Perlenohrring, den er sich ausdachte oder einer Perlenimitation nachempfand, gelang ihm mit nur zwei geschickt aufgetragenen Pinselstrichen. Augen und Lippen der Porträtierten glänzen ebenso wie der Schmuck an ihrem Ohr, während ihre Nase eher im Hintergrund bleibt.

Johannes Vermeer (1632–1675)

Das Mädchen mit dem Perlenohrring, Öl auf Leinwand, um 1665

„Der **ungewöhnlich große** Perlenohrring, den er sich ausdachte oder einer Perlenimitation nachempfand, gelang ihm mit nur **zwei geschickt aufgetragenen Pinselstrichen**. Augen und Lippen der Porträtierten glänzen ebenso wie der **Schmuck** an ihrem Ohr.“

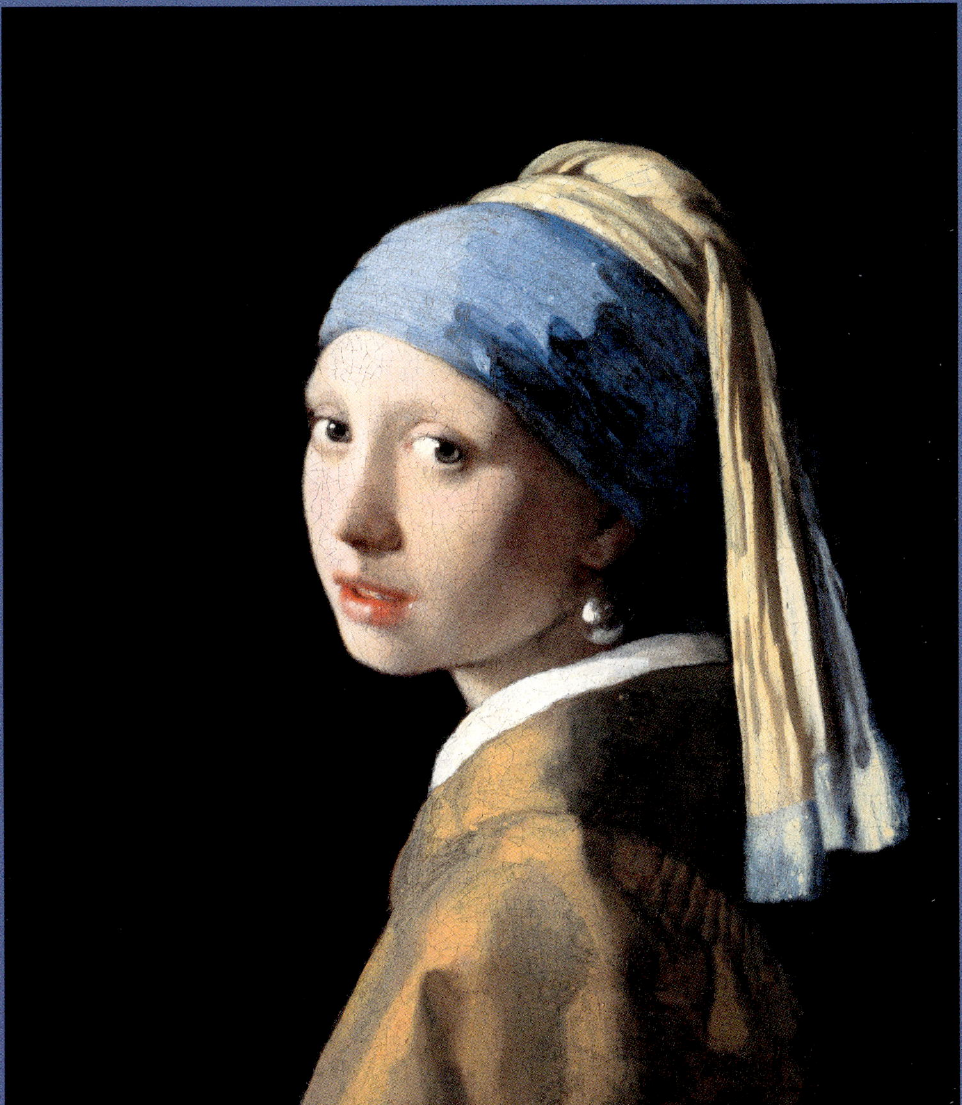

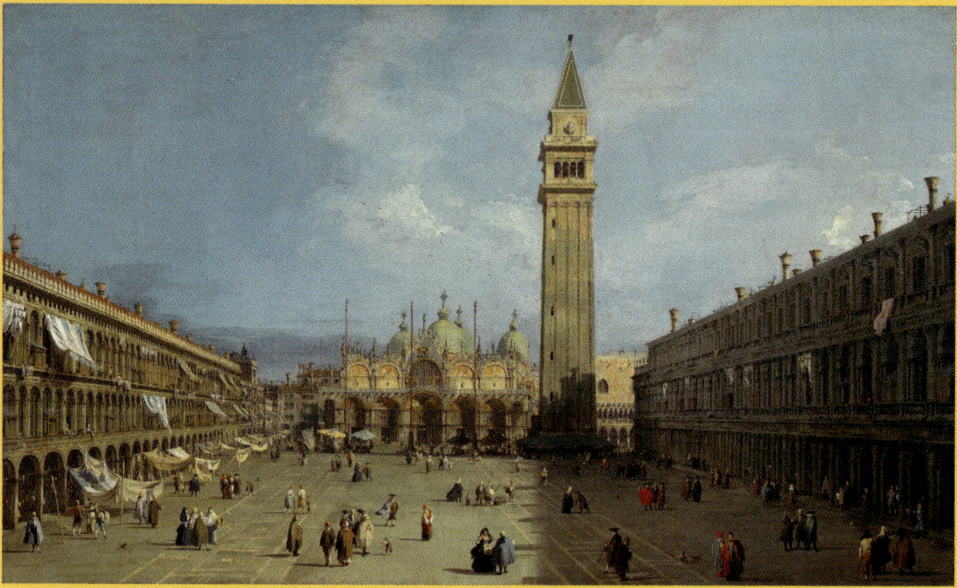

„Mit einer sorgfältigen Mischung aus **topografischer Genauigkeit** und **idealisierten Elementen** gelang ihm eine Szene, die **hübscher, harmonischer** war, als es eine **originalgetreue, unveränderte Wiedergabe** des Blicks gewesen wäre.“

42

Markusplatz ziert das Heim eines Adligen

Die Venedig-Gemälde von Giovanni Antonio Canal, besser bekannt als Canaletto, waren bei Touristen sehr beliebt, insbesondere bei jenen, die die Grand Tour machten. Diese Bildungsreise durch ganz Europa unternahmen im 17. und 18. Jahrhundert vor allem wohlhabende junge Engländer und Engländerinnen. Die Tour wurde zum Statussymbol, und in den 1780er Jahren machten sich jedes Jahr rund 40 000 Touristen auf den Weg. In Begleitung eines Führers brachten die reisenden Adligen zwei bis fünf Jahre damit zu, bedeutende europäische Städte und Baudenkmäler zu besuchen, insbesondere in Italien, und erfuhren dabei viel über die Kultur, Geschichte, Sprache, Architektur und Geografie der jeweiligen Orte. Canalettos bezaubernde Ansichten der einzigartigen Architektur und des besonderen Lichts von Venedig wurden zu gefragten Souvenirs solcher Reisen.

Diese Panorama-Ansicht (oder *veduta*) zeigt einige der berühmtesten Wahrzeichen der Stadt. Canaletto malte sie zwar vor Ort, veränderte aber kleine Aspekte, um die Szene ansprechender zu machen. Zum Beispiel reduzierte er die Anzahl der Fenster im Glockenturm und verlängerte die Höhe der Fahnenstangen. Mit einer sorgfältigen Mischung aus topografischer Genauigkeit und idealisierten Elementen gelang ihm eine Szene, die hübscher und harmonischer war, als es eine originalgetreue, unveränderte Wiedergabe des Blicks gewesen wäre. Mit diesen kleinen Veränderungen rückte er seine Heimatstadt Venedig ins beste Licht. Den Blick auf den Markusplatz malte er immer wieder. In diesem Gemälde bildete er den Markusdom und seinen Campanile (Glockenturm) ab, mit einem kleinen Ausschnitt des Dogenpalastes rechts davon. Links und rechts des Platzes sind die Procuratie Vecchie und die Procuratie Nuove zu sehen. Die Procuratie Vecchie (hier links abgebildet) wurden im frühen 16. Jahrhundert als Ersatz für ein früheres Bauwerk errichtet. Es war das erste große öffentliche Gebäude in Venedig, das in einem rein klassischen Stil erbaut wurde. Auch die Procuratie Nuove auf der gegenüberliegenden Seite entstanden an der Stelle eines baufälligen mittelalterlichen Gebäudes. Beide Bauwerke wurden über Bogengängen mit Räumen im Erdgeschoss errichtet, die als Läden und später auch als Kaffeehäuser vermietet wurden.

Canaletto malte vor allem für den touristischen Handel. Dieses Werk jedoch wurde von einem venezianischen Adligen als Wandschmuck für seinen Palast in Auftrag gegeben, zusammen mit drei weiteren Ansichten der Stadt. Es ist ein privater Blick auf Venedig, für jemanden, der die Stadt kannte und ihre Wahrzeichen und Umgebung liebte. Die perspektivische Genauigkeit und die Details, die alle Werke Canalettos auszeichnen, heizten jahrelang Spekulationen darüber an, ob der Künstler eine Camera obscura genutzt hatte, um diese nahezu fotografische Genauigkeit zu erzielen. Jüngere Forschungen haben jedoch gezeigt, dass er wohl einfach sehr gewissenhaft war und keine technische Hilfe benötigte.

Canaletto (1697–1768)

Markusplatz, Öl auf Leinwand, späte 1720er Jahre

Mr. und Mrs. Andrews schmeichelt einem Kunden

An einem Sommertag posieren Robert und Frances Andrews, ein junges Brautpaar, unter einer Eiche auf ihren Ländereien, die sich bis zu den fernen Hügeln und der Stadt Sudbury erstrecken. Hinten links ragt der eckige Turm der Holy Trinity Church in Long Melford empor, und zwischen den Bäumen ist die Kirche All Saints in Sudbury zu sehen, wo das Paar 1748 heiratete. Der Künstler Thomas Gainsborough wollte seinem Auftraggeber gern schmeicheln. Er malte zwar lieber Landschaften, wusste aber, dass Porträts recht einträglich sein konnten, und nachdem er dieses hier fertiggestellt hatte, wurde er von wohlhabenden Kunden stark nachgefragt.

Das Bild, das Porträt und Landschaftsgemälde vereint, zeigt, wie vollendet Robert seine großen Ländereien verwaltete und wie geschickt Gainsborough naturgetreue Landschaften und wechselndes Wetter malte. Die beiden Männer kannten einander seit Kindertagen. Robert war zwei Jahre älter als Gainsborough, und die beiden hatten zur selben Zeit die Sudbury Grammar School besucht. Zwei Jahre nachdem Gainsborough die Schule verlassen hatte, um sich in London zum Künstler ausbilden zu lassen, ging Robert an die Oxford University und verbrachte anschließend die meiste Zeit mit der Landwirtschaft und der Aufwertung seiner Ländereien nahe dem River Stour in Essex. Frances' Familie, die aus derselben Gegend stammte, hatte Gainsboroughs Vater, ebenfalls ein Künstler, unterstützt, als dieser Konkurs anmelden musste. Als das Ehepaar Andrews Gainsborough mit dem Bild beauftragte, war der Maler 21 Jahre alt; Robert war 23 und Frances 16. Vermutlich wollten Robert und Frances mit dem Porträt auch ihren Wohlstand demonstrieren und ließen sich daher vor ihren Ländereien abbilden.

Gainsborough zeigt Robert als reichen Grundbesitzer mit seiner jungen Frau, doch überraschenderweise wirkt das frisch vermählte Paar recht distanziert. Keiner von beiden sieht den anderen an, sie berühren einander nicht, sondern haben den Blick auf den Künstler gerichtet. Frances sitzt in recht steifer Haltung auf einer grünen schmiedeeisernen Bank; ihr weites hellblaues Kleid legt sich über die Sitzfläche. Neben ihr steht Robert mit einem Dreispitzhut, locker sitzender Jagdjacke, überkreuzten Beinen und einer Flinte mit langem Lauf unter dem Arm. Er wirkt entspannter und lehnt sich gegen die Bank. Der Hund neben ihm blickt zu ihm auf – dies ist die einzige erkennbare Emotion in diesem Bild. Frances scheint einen kleinen Stab auf dem Schoß zu halten, doch ist unklar, worum es sich dabei handelt. Da dieser Teil des Gemäldes unvollendet ist, blieb dies ein Geheimnis, über das viel spekuliert wurde. Eine Theorie besagt, dass Gainsborough hier Platz ließ, um später ein Baby ergänzen zu können. Das erste Kind des Paares wurde 1751 geboren.

1750 besaß Robert knapp 1,215 Hektar Fläche, und ein Großteil der hier abgebildeten Ländereien gehörten ihm. Die parallelen Linien in dem Stoppelfeld deuten darauf hin, dass er für seine Landwirtschaft die neueste Technologie nutzte. Seine Schafe grasen zufrieden auf der Weide, und alles scheint effizient bewirtschaftet zu werden.

Thomas Gainsborough (1727–1788)

Mr. und Mrs. Andrews, Öl auf Leinwand, um 1750

„Gainsborough malte zwar lieber **Landschaften**, wusste aber, dass **Porträts recht einträglich** sein konnten, und nachdem er dieses hier fertiggestellt hatte, wurde er von **wohlhabenden Kunden** stark nachgefragt."

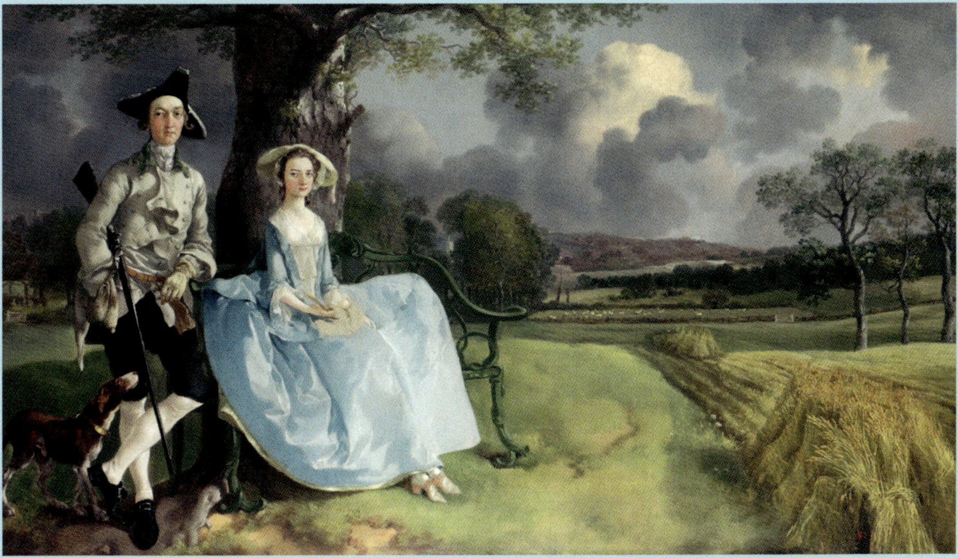

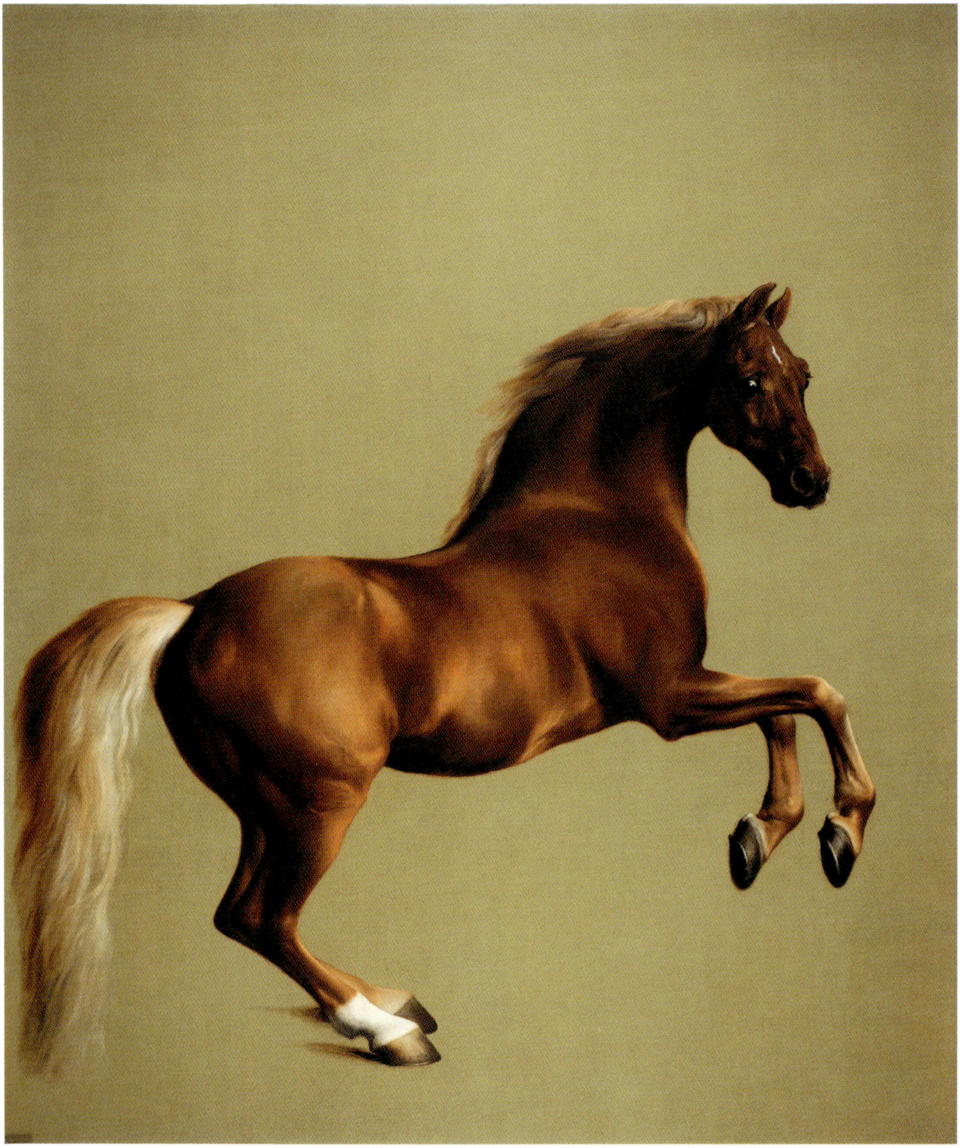

„Whistlejackets Ohren sind aufgestellt, seine Nüstern geweitet, und das Weiße seiner Augen ist zu sehen. Stubbs hat den **lebendigen, stolzen Charakter** des Pferdes ebenso zum Ausdruck gebracht wie seine **äußere Erscheinung**.“

Whistlejacket zeigt die Anmut eines Champions

Dieses Bild wurde von einem der reichsten Männer Englands (der kurzzeitig Premierminister war) in Auftrag gegeben, Charles Watson-Wentworth, 2nd Marquess of Rockingham. Es gehört zu einer Porträtserie, die seine Pferde abbildet. Rockingham war Kunstsammler und züchtete Rennpferde. Der auf Pferde spezialisierte Künstler George Stubbs wohnte mehrere Monate lang in Rockinghams Hauptwohnsitz Wentworth House in Yorkshire, um dieses und vier weitere Pferde zu malen.

Das lebensgroße Gemälde des 13-jährigen Vollbluthengstes Whistlejacket vor einem leeren Hintergrund hatte keine Vorbilder in der Kunst. Pferde wurden in der Regel mit einem Reiter und vor einer Landschaft abgebildet. Stubbs hatte viele Pferdegemälde sowohl mit als auch ohne menschliche Figuren gemalt, aber die meisten seiner Bilder dieses Maßstabs zeigen auch einen Reiter und einen landschaftlichen Hintergrund. In diesem Gemälde richtet sich Whistlejacket zu einer Levade auf, einer Dressurübung, bei der das Pferd seine Vorderhand hebt, die Hinterhand unter den Körper bringt und zwei, drei Sekunden lang auf den Hinterbeinen balanciert. Die Levade, die für gewöhnlich in Verbindung mit einem auf dem Pferd sitzenden Herrscher oder Befehlshaber dargestellt wird, demonstriert traditionell die Erhabenheit oder den hohen Rang des Reiters. Hier jedoch ist Whistlejacket allein und wendet sich uns zu. Diese Pose findet sich auch in mehreren Pferdeporträts von Peter Paul Rubens und Diego Velázquez, wenngleich diese den Fokus auf den Reiter legen. Da Stubbs die Levade nicht nach einem echten Vorbild zeichnen konnte, empfand er sie vermutlich einem dieser Bilder oder einer Skulptur nach. Das einsame Pferd hat weder Sattel noch Zaumzeug. Sein Fell leuchtet in kupfernem Kastanienbraun, während Schwanz und Mähne flachsblond schimmern – genau diese Färbung hatten angeblich die ursprünglichen arabischen Wildpferde. Es ist einzig und allein ein Porträt des reinrassigen Araberhengstes, das sofort die Aufmerksamkeit weckt.

Stubbs hat nicht nur die Anatomie des Pferdes akkurat wiedergegeben, sondern auch sehr genau auf winzige Schönheitsfehler, Adern und das Spiel der Muskeln unter der Haut geachtet. Knapp drei Jahre bevor dieses Gemälde entstand, hatte Whistlejacket seine recht erfolgreiche Rennkarriere beendet. Rockingham wollte, dass Stubbs ihn als „wunderschönes Beispiel eines erlesenen, reinrassigen Araberpferdes“ malte.

Zwischen 1756 und 1758 hatte Stubbs in einem englischen Dorf 18 Monate mit dem Studium toter Pferde zugebracht. In einer Scheune zerlegte er die Tiere und fertigte detaillierte Zeichnungen an. Diese Studien bildeten die Grundlage für eine Reihe von Druckgrafiken, die er vier Jahre nach Entstehung dieses Gemäldes unter dem Titel *The Anatomy of the Horse* herausbrachte. Bei Whistlejackets Haltung nahm er sich jedoch ein paar Freiheiten. Um die dramatische Wirkung des Bildes zu verstärken, zeigte er mehr vom Pferdekörper, als in Wirklichkeit zu sehen gewesen wäre. Whistlejackets Ohren sind aufgestellt, seine Nüstern geweitet, und das Weiße seiner Augen ist zu sehen. Stubbs hat den lebendigen, stolzen Charakter des Pferdes ebenso zum Ausdruck gebracht wie seine äußere Erscheinung.

George Stubbs (1724–1806)

Whistlejacket, Öl auf Leinwand, um 1762

Die Schaukel zeigt die Mätresse eines Auftraggebers

„Ich möchte, dass Sie Madame auf einer Schaukel malen, während ein Bischof ihr Anschwung gibt“ – mit dieser recht ungewöhnlichen Bitte beschrieb der berühmt-berüchtigte französische Höfling und Schürzenjäger Baron de St. Julien, wie er sich das Porträt seiner Geliebten vorstellte. Andere Maler hatten den Auftrag abgelehnt, aber Jean-Honoré Fragonard nahm ihn mit Freuden an: Sein Gemälde wurde zum berühmtesten Werk des französischen Rokokos. Das symbolreiche Bild zeigt einen Moment voll Spontanität und Überschwang, spielt aber gleichzeitig auf eine verbotene Affäre und ein amüsantes Techtelmechtel an.

Fragonards Malstil ist lebhaft, sinnlich und hedonistisch – der Inbegriff des frivolen, überschwänglichen Rokokostils. Der Künstler erhielt zwar den begehrten Prix de Rome, konnte also in Italien Kunst studieren, entschied sich aber gegen eine erfolgreiche akademische Laufbahn und zog es vor, erotische, heitere Bilder zu malen. Hinter dieser unbeschwerten Gartenszene lauern Betrug und Sittenlosigkeit. Eine elegante junge Frau in einem modischen Kleid und mit Schäferinnenhut sitzt auf einer Schaukel. Versteckt in den Büschen unten links lehnt sich ein ebenso elegant gekleideter junger Mann zurück, um die Frau zu betrachten. Mit dem Hut in der Hand und ausgestrecktem Arm deutet er auf ihre Beine, die unter ihrem sich aufblähenden Kleid zu sehen sind. Gleichzeitig betrachtet ein im Schatten der unteren rechten Bildseite verborgener älterer Mann die Frau zärtlich von hinten. Er scheint den jüngeren Mann in den Büschen nicht wahrzunehmen und lächelt, während er die Schaukel mit zwei Seilen bewegt. Beim Hochschwingen wirft die junge Frau ihr linkes Bein sorglos in die Luft, wodurch ihr Pantoffel abrutscht und den Blick auf ihren zierlichen, seidenbestrumpften Fuß freigibt. Die beiden Statuen in der Szene deuten auf das, was hier zu passieren scheint. Der steinerne Putto links außen, der den jungen Mann von oben betrachtet, legt seinen Finger zum Zeichen der Verschwiegenheit an die Lippen, was auf die heimliche Liebesaffäre hindeutet, die er beobachtet. Links des älteren Mannes sind zwei weitere Putten zu sehen. Der eine blickt alarmiert zu der Frau empor, der andere wendet sich mit finsterem Blick ab. Ein kleiner weißer Hund vor dem älteren Mann bellt in Richtung der jungen Frau.

Der junge Mann im Vordergrund ist der Baron selbst. Seine Anweisungen für Fragonard lauteten: „Platziere mich in einer Haltung, aus der ich die Beine des charmanten Mädchens betrachten kann.“ Sie ist also seine Geliebte, während der ältere Mann, den sich der Baron ursprünglich als Bischof gewünscht hatte, ihren gehörnten Ehemann darstellt. In dem Bestreben, dem Baron und seiner Mätresse zu schmeicheln, schenkte Fragonard ihnen auch eine private, bleibende Erinnerung an ihre Affäre.

Jean-Honoré Fragonard (1732–1806)

Die Schaukel, Öl auf Leinwand, um 1767

„In dem Bestreben, dem Baron und seiner Mätresse zu **schmeicheln**, schenkte Fragonard ihnen auch eine **private, bleibende** Erinnerung an ihre **Affäre**."

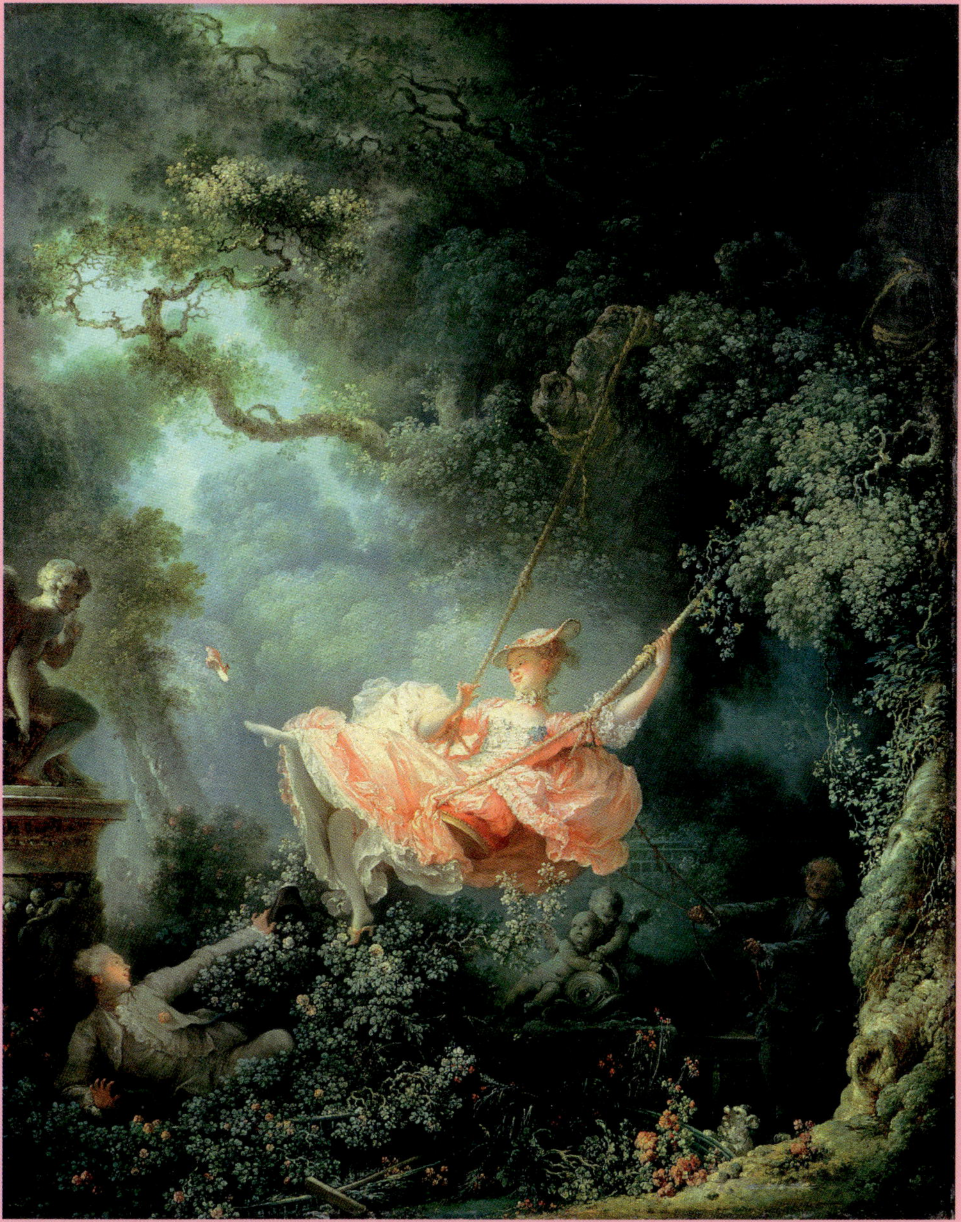

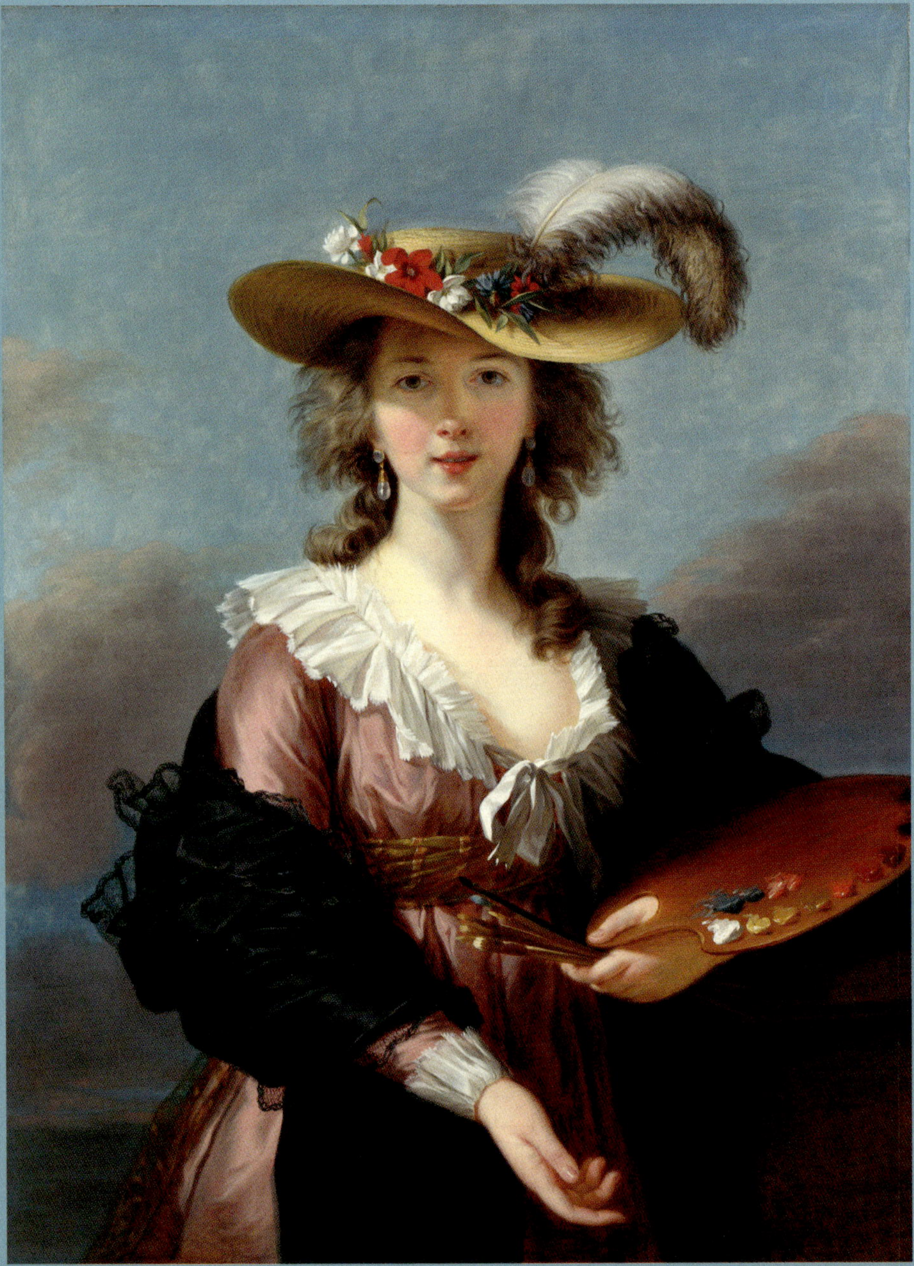

„Trotz seiner scheinbaren **Formlosigkeit** ist das Gemälde **sorgfältig** daraufhin **angelegt**, dem Betrachter eine elegante, feminine **Dame der Gesellschaft** und vollendete **professionelle Künstlerin** zu präsentieren."

46

Selbstbildnis mit Strohhut bekräftigt den sozialen Status

Élisabeth Vigée-Lebrun wuchs als Tochter eines mittelmäßigen Malers in Paris auf. Die meisten Frauen, die damals von ihrer Kunst lebten, hatten ihr Handwerk von ihren Vätern gelernt, denn weder hatten sie Zugang zur Académie Française, noch durften sie eine Lehre machen. Vigée-Lebruns Vater aber starb, als sie zwölf war, und so brachte sie sich das Malen weitgehend selbst bei. Bereits als Jugendliche malte sie professionelle Porträts, und 1774 wurde sie an der Académie de Saint-Luc, einer Pariser Maler- und Bildhauerschule, aufgenommen. Wenige Jahre später wurde sie Mitglied der renommierten Pariser Académie Royale de Peinture et de Sculpture – als eine von nur vier Frauen, denen im 18. Jahrhundert eine Vollmitgliedschaft gewährt wurde.

Nachdem ihre Karriere Fahrt aufgenommen hatte, wurde Königin Marie Antoinette eine ihrer wichtigsten und regelmäßigsten Kundinnen und Vigée-Lebrun eine der bedeutendsten Porträtmalerinnen Europas. Für ihre Gemälde verlangte sie höhere Preise als irgendein anderer Künstler jener Zeit. Nachdem sie 1789 vor der Französischen Revolution geflohen war, lebte und arbeitete sie in den wichtigsten europäischen Hauptstädten, erhielt Aufträge von Adligen, Schauspielern und Schriftstellern und wurde in zehn Städten in die Kunstakademien gewählt.

In diesem Selbstporträt hat sich Vigée-Lebrun im Freien vor einem blauen Himmel abgebildet, der mit ein paar Wolken gesprenkelt ist. Sie trägt einen modischen, mit Blumen und einer Straußenfeder geschmückten Strohhut. Ihr natürliches, ungepudertes Haar – keine Perücke! – kräuselt sich in der leichten Brise, und ihr tiefes Dekolletee enthüllt ihre glatte, weiche Haut. Vigée-Lebrun hatte Gemälde von Peter Paul Rubens studiert und kopiert. Eines davon, das sie sehr bewunderte, regte sie zu diesem Bild an: „Dieses Gemälde ... inspirierte mich zu einem Porträt meiner selbst ... auf der Suche nach demselben Effekt. Ich malte mich mit einem Strohhut mit einer Feder und einer Girlande aus wilden Blumen, wie ich meine Palette halte. Als das Porträt auf dem Salon ausgestellt wurde, mehrte es, das wage ich zu sagen, mein Ansehen.“

Trotz seiner scheinbaren Formlosigkeit ist das Gemälde sorgfältig daraufhin angelegt, dem Betrachter oder der Betrachterin eine elegante, feminine Dame der Gesellschaft und vollendete professionelle Künstlerin zu präsentieren. Was Vigée-Lebrun an Rubens besonders bewunderte und ihm nachzutun versuchte, war die Art, wie er diffuses Tageslicht mit direktem Sonnenlicht kombinierte. Dieses Werk sollte der Eigenwerbung dienen. Mit ihrem nur leicht verschatteten Gesicht blickt Vigée-Lebrun uns mit entspanntem, freundlichem Ausdruck direkt an. In der linken Hand hält sie eine Palette und Pinsel, um zu zeigen, dass sie eine selbstsichere, kompetente Malerin ist. Ihre Haltung und Kleidung dagegen sind die einer jungen, modebewussten Frau. Dies ist eine Kopie, die sie vom Originalporträt anfertigte – offenbar war sie mit ihrem Werk zufrieden.

Élisabeth Vigée-Lebrun (1755–1842)

Selbstbildnis mit Strohhut, Öl auf Leinwand, 1782

47

Der Schwur der Horatier **tritt für den Patriotismus ein**

Im 7. Jahrhundert v. Chr., so erzählt eine römische Legende, wurden die drei Horatier-Brüder auserwählt, stellvertretend für die Stadt Rom gegen die Curatier-Brüder zu kämpfen, die im Namen ihrer Stadt, Alba Longa, antraten. Hier schwören die Horatier-Brüder vor ihrem Vater, die Feinde zu besiegen oder zu sterben. Während sie vom Vater ihre Waffen empfangen, fallen die Schatten der Brüder über die schmerzerfüllten Frauen der Familie.

Die Familien der Horatier und der Curatier waren durch Heirat miteinander verbunden. Die Frau in Weiß mit dem blauen Turban ist Sabina, eine Schwester der Curatier, Frau eines Horatiers und Mutter zweier kleiner Jungen, die die Großmutter unter ihrem blauen Umhang schützend in den Arm nimmt. Sabina lehnt sich an Camilla, die eine Schwester der Horatier und mit einem der Curatier verlobt ist. Die Frauen wissen, dass, was immer nun geschehen mag, sie geliebte Menschen verlieren werden. Der älteste Junge blickt dennoch neugierig zu den tapferen Männern und ihren glänzenden Schwertern.

Das Gemälde unterstreicht die Bedeutung des Patriotismus und der Selbstaufopferung für das eigene Land. Sogar ein kleiner Junge sehnt sich danach, eines Tages für sein Land kämpfen zu dürfen. Nur einer der drei Brüder wird den Kampf überleben, anschließend aber alle drei Curatier-Brüder mit einer Hand töten.

Die in leuchtenden Farben gekleideten Männer sind aus geraden Linien und Winkeln aufgebaut, während sich die Frauen durch geschwungene Formen und weiche Farben auszeichnen. Das Gemälde wurde zum Vorbild für einen neuen Stil, der der Sorglosigkeit und den fließenden Formen des Rokokos den Rücken kehrte. Der Künstler, Jacques-Louis David, wurde sogleich als führender französischer Vertreter dieses Stils bejubelt, der als Klassizismus bekannt wurde. Den Anstoß für diese Kunstströmung gaben die Ausgrabungen in Pompeji und Herculaneum Mitte des 18. Jahrhunderts.

David kam in Paris zur Welt, wo er auch aufwuchs und zum Maler ausgebildet wurde. Nachdem er den renommierten Prix de Rome erhalten hatte, ging er 1780 nach Italien, wo er sich von der klassischen Antike und den klassizistischen Prinzipien des deutschen Malers Anton Raphael Mengs inspirieren ließ. Den Schwur der Horatier schuf er in Rom, wo das Bild 1785 erstmals ausgestellt wurde. Im selben Jahr war es auf dem Pariser Salon zu sehen, wo es begeisterte Reaktionen auslöste.

Obwohl es fast vier Jahre vor der Französischen Revolution entstand, wurde dieses Werk, das die Bedeutung der Loyalität zum eigenen Land so betont, zu einem der prägendsten Bilder jener Zeit. Die strengen Profile, die Waffen und der entschlossene Gesichtsausdruck der drei Brüder verdeutlichen den Schwur, den sie ablegen: Sie sind willens, ihr Leben für Rom zu opfern. Der Fokus dieses Gemäldes liegt auf den Schwertgriffen und dort, wo die Hände der Brüder aufeinandertreffen, während sie ihren Eid ablegen.

Jacques-Louis David (1748–1825)

Der Schwur der Horatier, Öl auf Leinwand, 1784

„Das Gemälde wurde zum Vorbild für einen **neuen Stil**, der der **Sorglosigkeit** und den **fließenden Formen des Rokokos** den Rücken kehrt.“

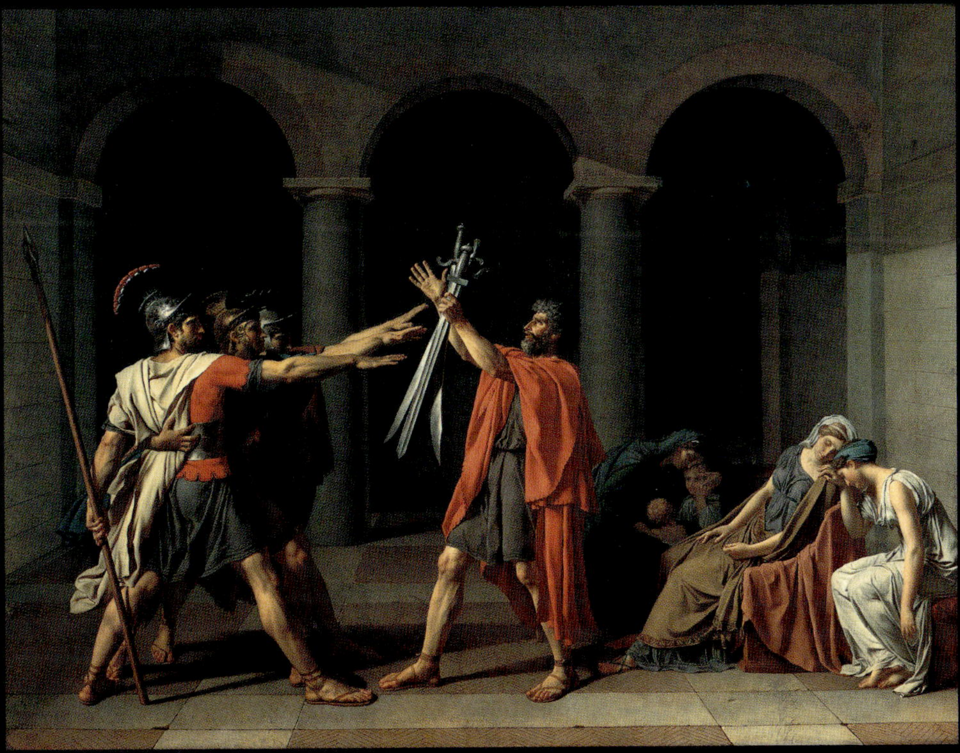

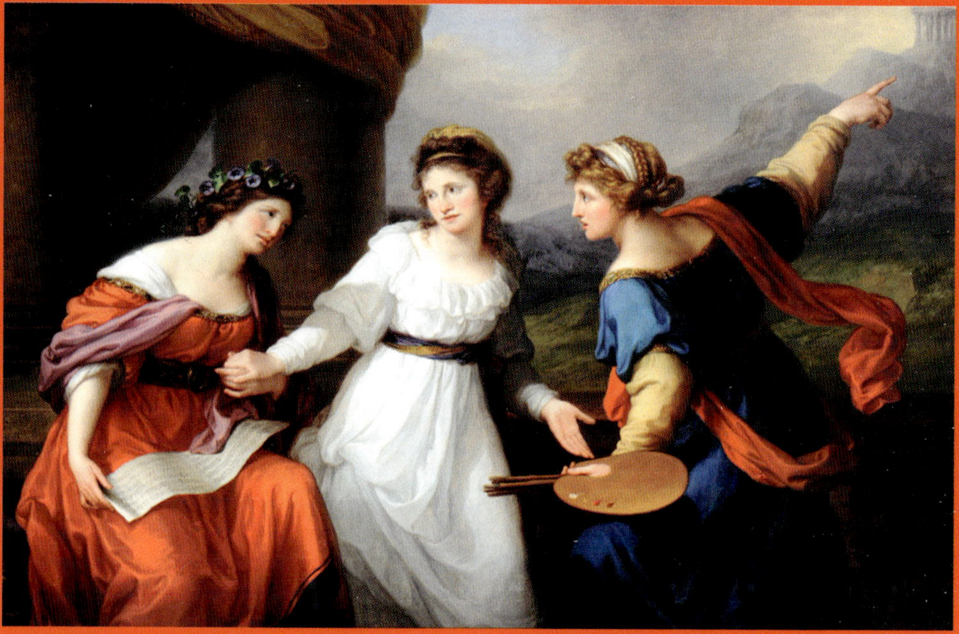

„Für dieses Gemälde einer Künstlerin, die **eigenständig** über eine **unabhängige Laufbahn entscheidet**, gab es in der Kunstgeschichte **keine Vorbilder**."

48

Selbstbildnis am Scheideweg zwischen Musik und Malerei symbolisiert eine Lebensentscheidung

Die in der Schweiz geborene Angelika Kauffmann ließ schon früh eine große Begabung erkennen. Sie ging zunächst bei ihrem Vater, einem Wandermaler, in die Lehre, da die Familie mal in Österreich, mal in der Schweiz, mal in Italien lebte. Als sehr junge Frau machte sie sich in Italien einen Ruf und wurde zum Mitglied der römischen Accademia di San Luca gewählt. 1766 ging sie nach London, wo sie 1768 als eine von nur zwei Frauen Gründungsmitglied der neu etablierten Royal Academy of Arts wurde.

Als angesehene, einflussreiche Künstlerin erhielt Kauffmann Aufträge von Königshäusern und Adligen – für eine Frau jener Zeit war das eher ungewöhnlich. Ihre Position als weibliche Künstlerin nutzte sie geschickt aus und produzierte Drucke ihrer Werke, die sich großer Beliebtheit erfreuten. Schon bald waren Reproduktionen ihrer Bilder in Häusern in ganz Europa zu sehen, etwa auf Möbeln, Geschirr und Fächern. „Die ganze Welt ist verrückt nach Angelika", stellte ein Kupferstecher in den 1780er Jahren fest. Kauffmann bewies, dass eine Künstlerin neben Porträts auch großformatige Historiengemälde malen konnte, ohne ihr Ansehen als Frau zu riskieren oder als unbescheiden zu gelten. 1781 kehrte sie nach Rom zurück, wo ihr Atelier zum Zentrum des kulturellen Lebens der Stadt und sogar zu einem festen Programmpunkt der Grand Tour wurde. Johann Gottfried Herder beschrieb sie in einem Brief an seine Gattin als „vielleicht kultivierteste Frau Europas".

Dieses Selbstporträt, das Kauffmann während ihrer Zeit in Rom malte, zeigt sie als jüngere Frau, die sich zwischen einer Laufbahn als Malerin, einem traditionell von Männern dominierten Feld (die allegorische Figur der Malerei deutet auf einen entfernten Tempel, als Symbol für ihren beschwerlichen Weg), und der traditionell weiblicheren Kunst der Musik entscheiden muss. Kauffmann, die mehrere Sprachen beherrschte, war nämlich auch eine talentierte Sängerin und spielte mehrere Musikinstrumente. Für dieses Gemälde einer weiblichen Künstlerin, die eigenständig über eine unabhängige Laufbahn entscheidet, gab es in der Kunstgeschichte keine Vorbilder. Normalerweise bestimmten Frauen damals nicht selbst über ihre berufliche Laufbahn.

Zu jener Zeit gab es eine allgemeine Faszination für Individualität – ein Interesse am äußeren Erscheinungsbild und Leben von Menschen sowie an ihrer inneren Gedankenwelt und Persönlichkeit, oder anders gesagt dem Unterschied zwischen dem Gesicht und dem Herzen eines Menschen. Hier untersucht Kauffmann die Psychologie der Individualität. Für ihre Komposition wählte sie das klassische Format eines Gemäldes von Annibale Carracci, *Herkules am Scheideweg* (1596), wo sich der Protagonist zwischen dem Weg des Lasters und dem der Tugend entscheiden muss. Auf ähnliche Weise zeigt Kauffmann sich selbst, wie sie der Musik einen zärtlichen Blick zuwirft, aber gleichzeitig eine Handbewegung in Richtung der Palette macht, die ihr die Kunst darbietet. In ihrem leuchtend blauen Kleid mit dem wehenden roten Tuch wirkt diese dynamischer und deutet in die Ferne. Kauffmann entscheidet sich für die Kunst, hält aber weiter die Hand der Musik und zeigt so, dass sie sie nicht vollständig aufgeben will.

Angelika Kauffmann (1741–1807)

Selbstbildnis am Scheideweg zwischen Musik und Malerei, Öl auf Leinwand, 1794

Die nackte Maja/Die bekleidete Maja personifiziert die Sinnlichkeit

Die nackte Maja (*La Maja Desnuda* auf Spanisch) und *Die bekleidete Maja* (*La Maja Vestida*) – so lauten die Titel zweier Gemälde des Künstlers Francisco de Goya, der allgemein als letzter spanischer Meister und erster großer Künstler der Moderne gilt. Es waren turbulente Zeiten, in denen er lebte und arbeitete. Viele seiner Beobachtungen schilderte und kommentierte er in seinen aufschlussreichen, häufig alarmierend wahrhaftigen Gemälden und Druckgrafiken. Goya war auch als Hofmaler für die spanische Königsfamilie tätig, und obgleich er sich wenig Mühe gab, seinen noblen Modellen zu schmeicheln, wurde er doch mit mehreren Auszeichnungen geehrt.

Diese beiden Bilder jedoch geben Rätsel auf. Im Januar 1808 wurden sie in die Inventarliste von Manuel de Godoy, einem Günstling des spanischen Königshauses und zweimaligen Premierminister, aufgenommen und 1814 dem Großen Inquisitor übergeben, zusammen mit drei weiteren „obszönen" Gemälden, von denen zwei ebenfalls Godoy gehörten. In der Inventarliste von 1808 werden die Figuren als *gitanas* (Zigeuner) bezeichnet, sind aber seither auch als *majas* bekannt geworden – der Ausdruck bezeichnete eine Person der spanischen Unterschicht, insbesondere in Madrid, die aufwendige Kleidung trug und für ihr boshaftes Wesen bekannt war.

Auf einem grünen Samtdiwan, der mit einem weißen Laken drapiert ist, rekelt sich eine nackte Frau, die sich an zwei große, spitzengesäumte Kissen lehnt. Das ist *Die nackte Maja*. *Die bekleidete Maja* zeigt genau dieselbe Figur in derselben Pose, allerdings trägt die Frau hier ein zartes, durchscheinendes, weißes Kleid mit einer rosa Schärpe und eine gelbe Jacke mit schwarzem Besatz. Die Gemälde sollten vermutlich in Godoys privater Sammlung hängen, aber dafür gibt es keinen Beleg. Aktbilder waren in der spanischen Kunst eine Seltenheit, was sich vor allem durch den strengen katholischen Glauben in dem Land und die Macht der Inquisition erklärt. Doch Goya malte nicht nur das schockierende Motiv, er stellte es zudem besonders unverblümt dar. Provokativ und sinnlich sieht die nackte Frau den Betrachter schamlos an, die Arme hinter den Kopf gelegt. Obwohl sie weder Göttin noch Prostituierte ist, scheint es sie nicht zu stören, dass man sie betrachtet – was in scharfem Kontrast zu den gesellschaftlichen Erwartungen steht. Als eines der frühesten westlichen Gemälde zeigt das Werk zudem die Schamhaare einer Frau.

Wer hier Modell saß, konnte nie geklärt werden. Die meisten Kunstwissenschaftler*innen glauben, dass es sich entweder um die Herzogin von Alba handelt, mit der Goya in enger Verbindung stand, oder um Pepita Tudó, die 1797 Godoys Geliebte wurde. Im März 1815 sollte sich Goya vor dem Inquisitionstribunal für das Gemälde verantworten, die Identität seines Auftraggebers preisgeben und seine Absichten erklären, aber der Künstler blieb standhaft und ließ sich das Geheimnis nicht entlocken.

Francisco de Goya (1746–1828)

Die nackte Maja, Öl auf Leinwand, um 1797–1800; *Die bekleidete Maja*, Öl auf Leinwand, 1800–1807

„Obwohl sie weder **Göttin** noch **Prostituierte** ist, scheint es sie nicht zu stören, dass man sie **betrachtet** – was in scharfem Kontrast zu den **gesellschaftlichen Erwartungen** steht.“

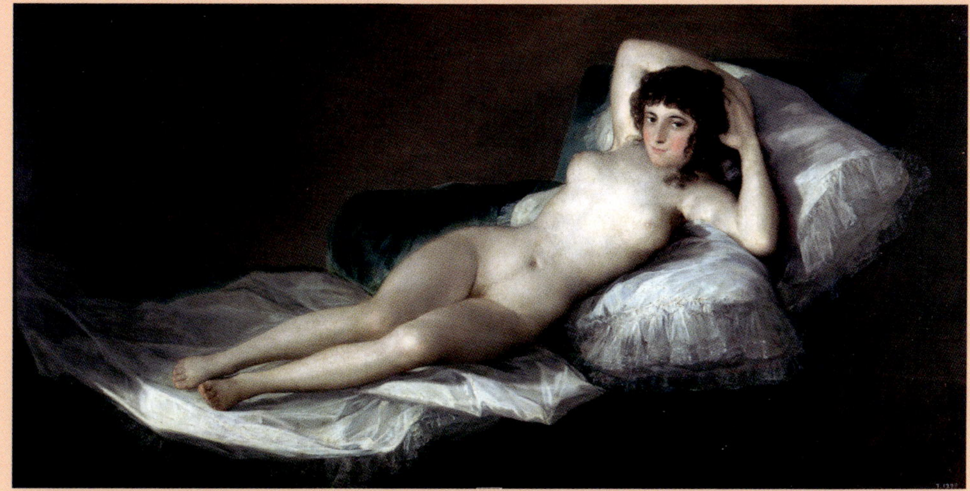

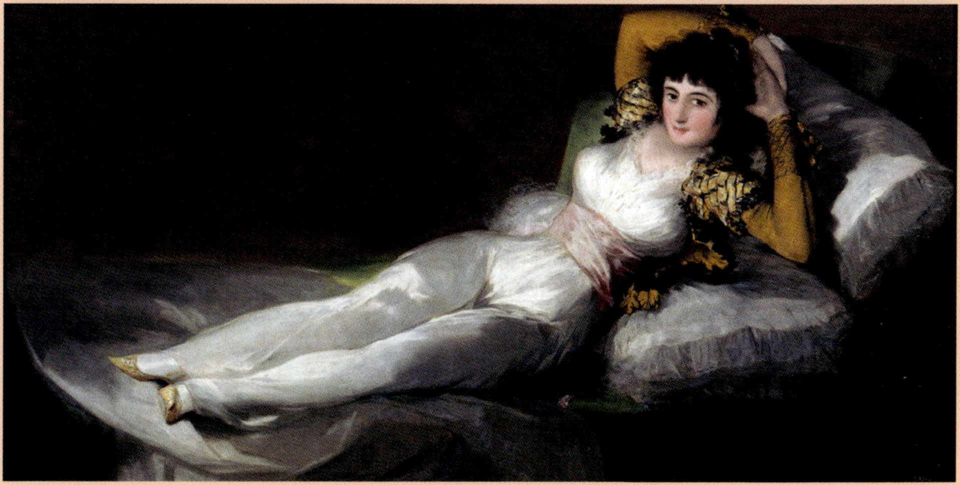

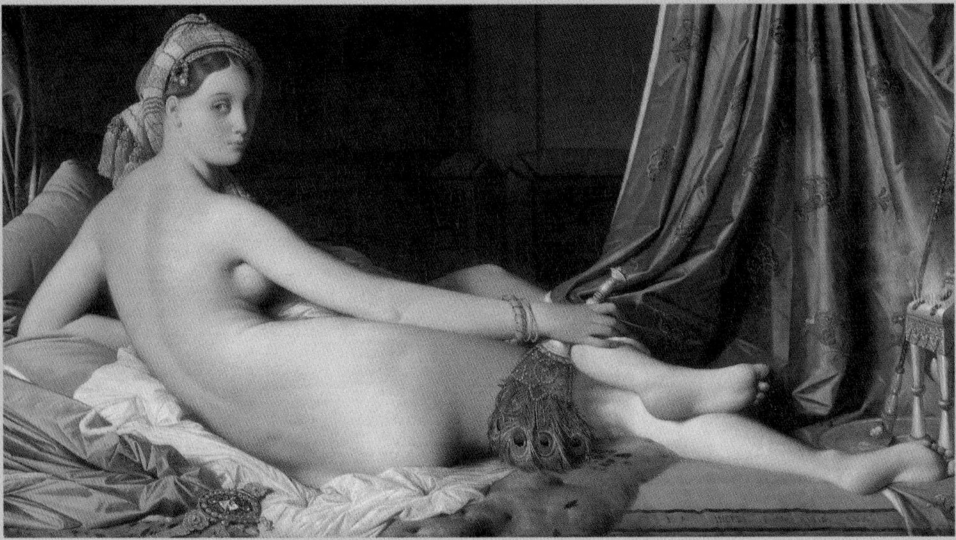

„Ingres glaubte an die **Überlegenheit** der **Linie über die Farbe**, dennoch sind einige seiner berühmtesten Figurenmalereien **anatomisch ungenau**.“

Die große Odaliske verkörpert Verführung

Im Alter von gerade mal elf Jahren begann Jean-Auguste-Dominique Ingres ein Kunststudium an der Académie Royale de Peinture, Sculpture et Architecture in Toulouse; später ging er bei Jacques-Louis David in Paris in die Lehre. Er war ein bedeutender Vertreter der Klassizismus, gleichwohl steckt seine Laufbahn voller Widersprüche. Beeinflusst wurde er von Raffaels und Tizians Malerei der Hochrenaissance sowie von den barocken Gemälden Nicolas Poussins. Ingres glaubte an die Überlegenheit der Linie über die Farbe, dennoch sind einige seiner berühmtesten Figurenmalereien anatomisch ungenau. Zu Lebzeiten galt er als revolutionär, weil mehrere seiner Ideen mit denen von David kollidierten, wurde aber von den meisten auch als führende Persönlichkeit der akademischen Kunst betrachtet. Sein größtes Bestreben war, für seine historischen Gemälde gewürdigt zu werden. Erfolgreicher aber war er mit seinen kleineren, privateren Porträts und Badenden, oder „Odalisken". Mit 21 erhielt er den Prix de Rome, doch da der Regierung die finanziellen Mittel fehlten, blieb er fünf Jahre lang in Paris und sicherte seinen Lebensunterhalt mit Porträtmalerei.

Die große Odaliske – das Wort Odaliske kommt von der türkischen Bezeichnung für „Konkubine im Harem" – wurde von Caroline Murat, Napoleon Bonapartes Schwester und Ehefrau des Marschalls Joachim Murat, König von Neapel, in Auftrag gegeben. Möglicherweise sollte es zusammen mit einem weiteren Aktbild von Ingres aufgehängt werden, *La Dormeuse de Naples*, das heute verschollen ist. Ingres' zweitwichtigster weiblicher Akt bildet eher die männliche Vorstellung von Weiblichkeit als eine echte Frau ab. Die Odaliske liegt auf ihren linken Unterarm gestützt in einem aufwendigen Interieur, für das sich Ingres von der Tradition der großen venezianischen Meister inspirieren ließ, insbesondere von Tizians *Venus von Urbino* (1538). Die entblößte Frau verdreht ihren Körper in einer sehnsüchtigen, sinnlichen Haltung und blickt den Betrachter über die Schulter hinweg verführerisch an. Ihre rechte Hand lenkt den Blick auf den üppigen Seidenvorhang; die dicken Samtkissen und der verknitterte Stoff deuten auf Opulenz und Behaglichkeit. Das kühle Blau des Vorhangs mit dem roten Blumenmuster verstärkt das diffuse Licht auf ihrer Haut. Ingres platzierte die Frau bewusst in einer exotischen Umgebung und schmückte sie mit Turban, Perlen, Armbändern und einem Pfauenfedernfächer. Am Rand der Komposition ergänzte er außerdem eine Hookah (Haschisch- oder Opiumpfeife), um ein Gefühl verbotener Begierde und allgemeine europäische Vorstellungen vom Orient zu transportieren.

Durch den dunklen Hintergrund wird die Odaliske stärker hervorgehoben. Den Torso der Frau verlängerte Ingres auf signifikante Weise, um geschwungene Konturen zu erzeugen und zu verdeutlichen, dass es sich um eine erfundene Figur an einem Fantasieort handelte. Da er ein sehr begabter Zeichner war und ein profundes anatomisches Wissen besaß, dienten diese Verzerrungen ganz klar rein stilistischen Zwecken, doch das verstanden damals weder die Französische Akademie noch die Kunstkritiker. Sie verurteilten das Gemälde in der Annahme, dass Ingres die menschliche Anatomie bewusst und aus Überheblichkeit missachtet habe.

Jean-Auguste-Dominique Ingres (1780–1867)

Die große Odaliske, Öl auf Leinwand, 1814

Wanderer über dem Nebelmeer zeigt die Bedeutungslosigkeit des Menschen

Ein einsamer Mann mit einer dunkelgrünen Jacke, ebensolchen Stiefeln und einem Spazierstock in der Hand steht mit dem Rücken zum Betrachter auf zerklüfteten Felsen und blickt in eine dramatische Landschaft. Die sogenannte Rückenfigur ist ein bekanntes kompositorisches Instrument, das es dem Betrachter oder der Betrachterin ermöglicht, die Szene durch die Augen der anonym bleibenden Figur zu sehen.

Der in Greifswald an der Ostsee geborene Caspar David Friedrich gilt als bedeutendster deutscher Künstler der Romantik. Am bekanntesten ist er für seine ergreifenden allegorischen Landschaften, die durch Elemente wie Nebel, Dunst, unheilvolles Licht, winterliche Bäume und gotische Ruinen geprägt und häufig mehrdeutig und spirituell aufgeladen sind. Nach dem frühen Tod seiner Mutter und seines Bruders entwickelte Friedrich einen recht düsteren, nachdenklichen Blick auf die Welt. Sein Hauptinteresse galt der Naturbetrachtung, und in vielen seiner Landschaften sind rätselhafte Figuren zu sehen. Die Romantik zeichnete sich unter anderem durch eine Neubetrachtung der natürlichen Welt in ihrer ganzen Pracht und Macht aus; ihre Wirkung auf den Menschen spielte dabei häufig eine wichtige Rolle. In diesem Bild schuf Friedrich nicht nur eine naturgetreue Szenerie, sondern scheint auch seine innersten Gedanken ergründet und nach spirituellem Trost gesucht zu haben. „Der Maler soll nicht bloß malen, was er vor sich sieht, sondern auch, was er in sich sieht", schrieb er. Und: „Schließe dein leibliches Auge, damit du mit dem geistigen Auge siehest dein Bild."

Durch die Rückenansicht des Mannes, der gegen den weißen Nebel fast wie eine Silhouette wirkt, entsteht ein Gefühl von Ehrfurcht und düsterer Vorahnung. Mit vom Wind zerzaustem Haar, die linke Hand auf das linke Knie gelegt, steht er hoch oben und blickt auf die verwirbelten weißen Wolken und den Dunst hinunter. Er scheint sich in einem Moment tiefer Versunkenheit und Nachdenklichkeit zu befinden; vielleicht macht er auch gerade eine spirituelle oder religiöse Erfahrung. Daher wird das Gemälde oft als Metapher für eine ungeklärte Zukunft gedeutet. Wie viele von Friedrichs Gemälden scheint es zudem die Bedeutungslosigkeit des Menschen angesichts der Stärke und Kraft der Natur darzustellen.

Aufgrund der Rückenfigur sehen wir die Welt durch die Augen des Mannes und teilen sein persönliches Erlebnis. Vor ihm erstreckt sich die weite, bedrohliche Landschaft. Felsen ragen aus dem Nebel, und in der Ferne sind Berge zu sehen, auch sie in Nebel gehüllt. Viele Aspekte der Landschaft verweisen auf das Elbsandsteingebirge, einen Gebirgszug an der Grenze zwischen Sachsen und dem tschechischen Böhmen. Bevor er dieses Bild malte, reiste Friedrich dorthin und skizzierte detailliert, was er sah. Im Atelier kombinierte und veränderte er anschließend Aspekte seiner Skizzen und schuf diesen atemberaubenden Fantasieblick.

Caspar David Friedrich (1774–1840)

Wanderer über dem Nebelmeer, Öl auf Leinwand, um 1818

„Friedrichs Hauptinteresse galt der **Naturbetrachtung**, und in vielen seiner Landschaften sind **rätselhafte Figuren** zu sehen.“

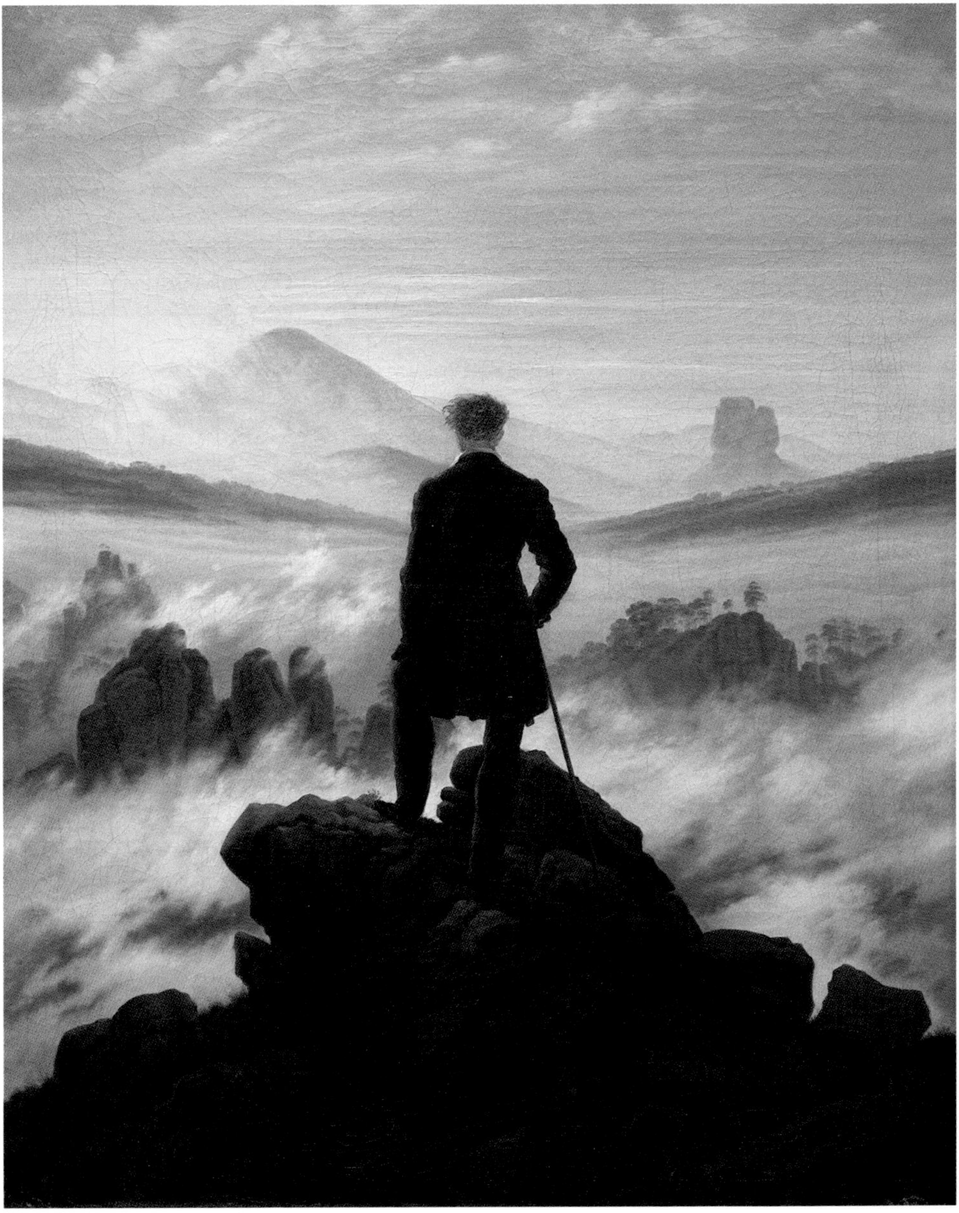

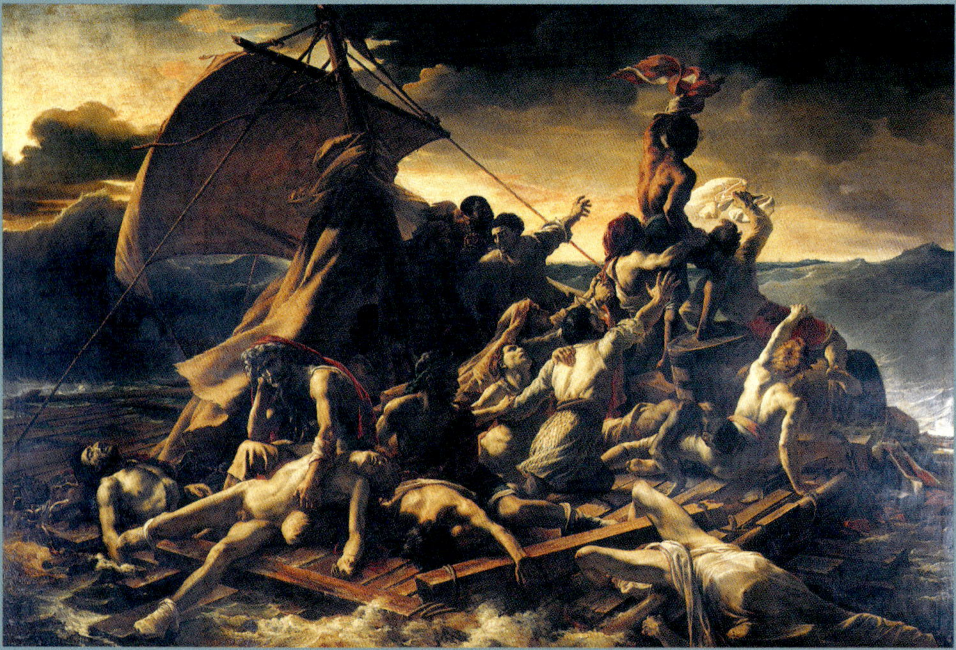

„Mit seiner **verstörenden** Darstellung **menschlichen Leids** bildet dieses riesige Gemälde ein Ereignis ab, das vom Schiffbruch der Fregatte *Medusa* 1816 ausgelöst wurde und einen **großen Politskandal** heraufbeschwor."

Das Floß der Medusa bildet einen Skandal nach

Mit seiner verstörenden Darstellung menschlichen Leids bildet dieses riesige Gemälde ein Ereignis ab, das vom Schiffbruch der Fregatte *Medusa* 1816 ausgelöst wurde und für einen politischen Skandal sorgte. Das Werk selbst war ebenfalls sehr umstritten und sorgte beim Pariser Salon für Furore.

Im Frühsommer 1816 segelte die französische Fregatte *Medusa* im Auftrag der Regierung nach Saint-Louis im Senegal. Kapitän des Schiffes war ein Offizier, der seit mehr als 20 Jahren kein Schiff mehr befehligt hatte. Wegen seiner Navigationsfehler lief das Schiff 80 Kilometer vor Mauretanien auf einer Sandbank auf Grund. Alle Bemühungen, es wieder seetüchtig zu machen, scheiterten. In den Rettungsbooten war Platz für 250 Personen, doch an Bord der *Medusa* befanden sich mehr als 400 Passagiere und Besatzungsmitglieder. Also wurde auf die Schnelle ein Floß gebaut, das die verbleibenden Passagiere aufnehmen und mit den Rettungsbooten vertäut werden sollte. Doch aus Angst um ihr eigenes Leben kappten die Passagiere der Rettungsboote nach wenigen Meilen die Taue und ließen das Floß und seine Besatzung hilflos und ohne Proviant zurück.

Fiebrig, dehydriert und krank vor Hunger bekämpften sich die verzweifelten Menschen auf dem Floß gegenseitig, töteten die Meuterer und die Schwächsten und – das war das Skandalöseste – aßen das Fleisch ihrer toten Kameraden. Es wurden keine Suchboote ausgeschickt, aber nach knapp 14 Tagen auf See wurde das Floß zufällig von einem Schiff namens *Argus* entdeckt und die Besatzung gerettet. Zu diesem Zeitpunkt waren nur noch 15 Männer am Leben – fünf von ihnen starben kurz darauf. Als die Brutalität und der Kannibalismus ans Licht kamen, entwickelte sich der Vorfall zu einem großen öffentlichen Skandal.

Dieses monumentale Gemälde zeigt jenen Moment, als die Überlebenden nach 13 Tagen auf dem offenen Meer in der Ferne ein Schiff erspähen. Das in blassen Fleischtönen, dunklen Farben und starkem Chiaroscuro gehaltene Bild offenbart die Dramatik und Tragik der Situation. Die Geschichte faszinierte den französischen Maler Théodore Géricault, der umfangreiche Recherchen anstellte, zahlreiche vorbereitende Skizzen anfertigte und mehr als ein Jahr lang an dem Gemälde arbeitete. Er befragte zwei Überlebende und konstruierte ein maßstabsgetreues Modell des Floßes. Für die Figuren standen Freunde ihm Modell, und in Krankenhäusern und Leichenhallen studierte er die Farbe und Beschaffenheit verwesenden Fleisches; zudem füllte er seine Wohnung mit Körperteilen, darunter auch ein abgetrennter Kopf aus einer psychiatrischen Anstalt. In dem fertigen Werk wird das Floß von den Wellen gefährlich hin und her geworfen, und die wenigen Überlebenden darauf sind verzweifelt. Inmitten toter Körper hält ein Mann den Leichnam seines Sohnes auf dem Schoß; andere haben gerade das Schiff entdeckt. Einer steht auf einem leeren Fass und schwenkt verzweifelt sein Taschentuch, um auf sich aufmerksam zu machen.

Als das Gemälde 1819 erstmals im Pariser Salon ausgestellt wurde, stieß es gleichermaßen auf Gefallen und Ablehnung, erhielt sowohl Lob (und eine Goldmedaille) als auch Kritik. Es machte Géricault, dessen Laufbahn nur zwölf Jahre währte, zu einer Legende.

Théodore Géricault (1791–1824)

Das Floß der Medusa, Öl auf Leinwand, 1819

53

Totempfahl **stellt eine Verbindung zu den Toten her**

Geschnitzte Totempfähle wurden von indigenen Völkern im Pazifischen Nordwesten – also im kanadischen British Columbia und im US-amerikanischen südlichen Alaska – geschaffen. Sie repräsentierten die soziale Stellung, Errungenschaften, Geschichte und Überzeugungen einer Familie oder eines Clans, bildeten Legenden, Abstammungslinien und denkwürdige Ereignisse ab, markierten Gräber und Hauseingänge und ermöglichten die Kommunikation mit toten Familien- oder Clanmitgliedern. Jeder Totempfahl wurde daher mit bedeutenden Symbolen oder den Emblemen der jeweiligen Familien oder Clans und ihrer Vorfahren geschmückt.

Das Volk der Tlingit, das ein riesiges Gebiet bewohnte, war in Clans unterteilt, die sich wiederum in Untergruppen auffächerten. Jahrhundertelang handelten und kämpften sie mit anderen Stämmen in der Gegend. Ihre komplexen philosophischen und religiösen Systeme weisen Ähnlichkeiten und Unterschiede auf. Alle Stämme praktizierten den Schamanismus, den Glauben an das Übernatürliche. Schamanen heilten Krankheiten, nahmen Einfluss auf das Wetter, halfen bei der Jagd, sagten die Zukunft voraus und beschützten Menschen vor Hexerei. Zwar hatte jeder Stamm seine eigenen Schöpfungsmythen, Legenden und Geschichten und verehrte eigene Gottheiten, doch alle waren überzeugt, dass Schamanen mit den Geistern der Wälder und des Wassers in Kontakt treten konnten. Ebenso glaubten sie alle, ihre Vorfahren anrufen zu können, um über sie die Schutzgeister um Hilfe und Unterstützung zu bitten. Totempfähle fungierten dabei häufig als Bindeglied.

Wie die einzelnen Stämme ihre Totempfähle verzierten, hing davon ab, welche Tiere und Symbole sie jeweils verwendeten, aber es gab auch gemeinsame Figuren. Tiere standen für verschiedene Eigenschaften. Der Wolf zum Beispiel ist ein natürlicher, hochintelligenter Anführer mit ausgeprägtem Familiensinn. Ein Wolf auf einem Totempfahl symbolisiert daher Führerschaft, Intelligenz und starke Familienbande. Ein Adler steht für Mut, Führerschaft und Ansehen; ein Fuchs für Durchtriebenheit, Heimlichkeit und weiblichen Mut.

Dieser aus einem einzigen Zedernstamm geschnitzte Totempfahl ist von spiritueller Kraft und historischen Glaubensvorstellungen durchdrungen. Er stammt aus dem 19. Jahrhundert. Damals verwendeten die Tlingit Metallwerkzeuge, mit denen sie komplizierte, präzise Schnitzereien schufen. Die Tlingit-Kultur legt großen Wert auf Familie, Respekt, Großzügigkeit, gute Manieren und Spiritualität. Dieser Totempfahl sollte außerhalb eines Bohlen- oder Gemeinschaftshauses der Tlingit aufgestellt werden. Er symbolisiert Schutzgeister oder Helfer, und jedes Tier und jedes Symbol, die auf ihm zu sehen sind, haben eine ganz bestimmte Bedeutung. Der Totempfahl ist aus drei Abschnitten aufgebaut, die von unten nach oben gelesen werden müssen, wobei die Position jeder einzelnen Figur von Bedeutung ist. Der unterste Abschnitt ist der wichtigste, da die hier dargestellten Symbole und Bilder am prominentesten und besten sichtbar sind. Der oberste Abschnitt zeigt Fabelwesen und Monster. Die Bilder sollten keine naturgetreuen Darstellungen sein, sondern menschliche und tierische Gesichter lediglich repräsentieren.

Unbekannter Künstler

Totempfahl, bemaltes Zedernholz, 1820–1840

„Die Bilder sollten **keine naturgetreuen Darstellungen** sein, sondern menschliche und tierische Gesichter lediglich **repräsentieren**.“

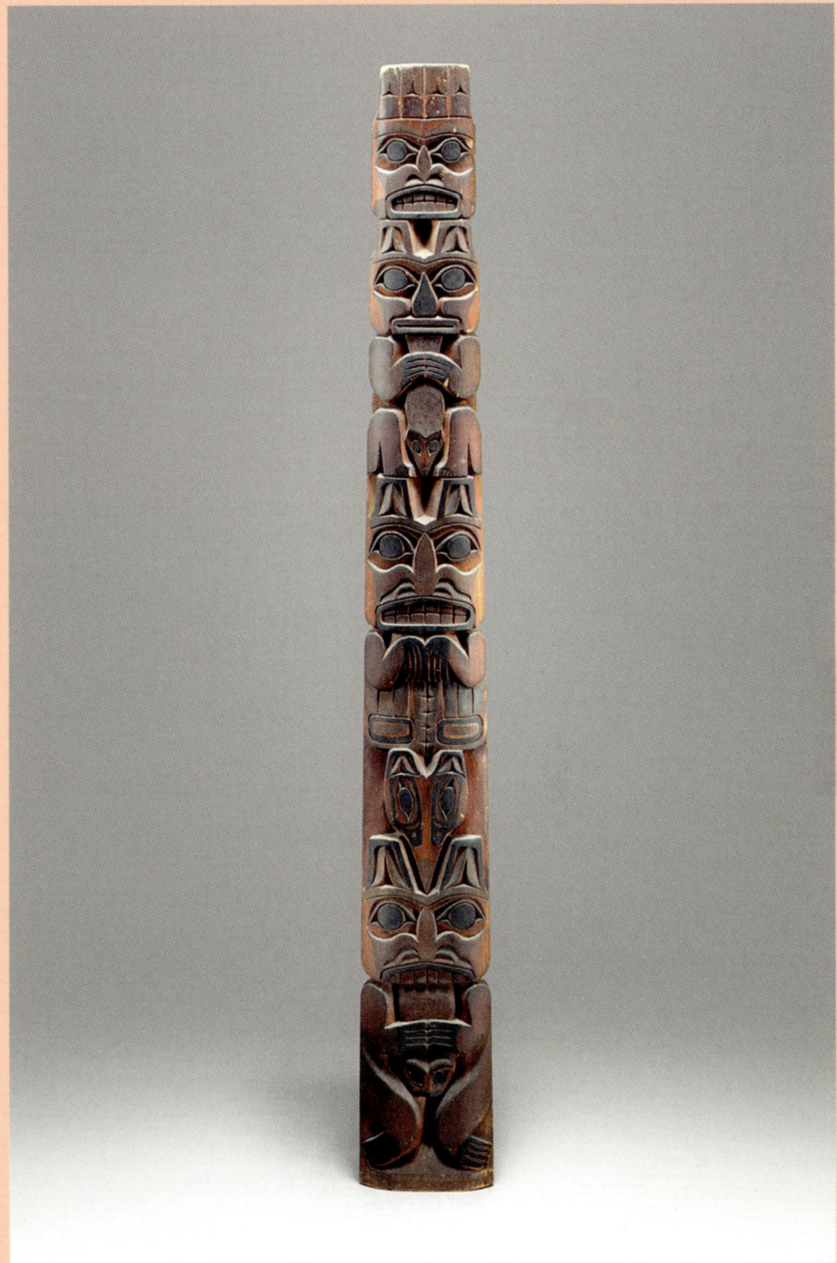

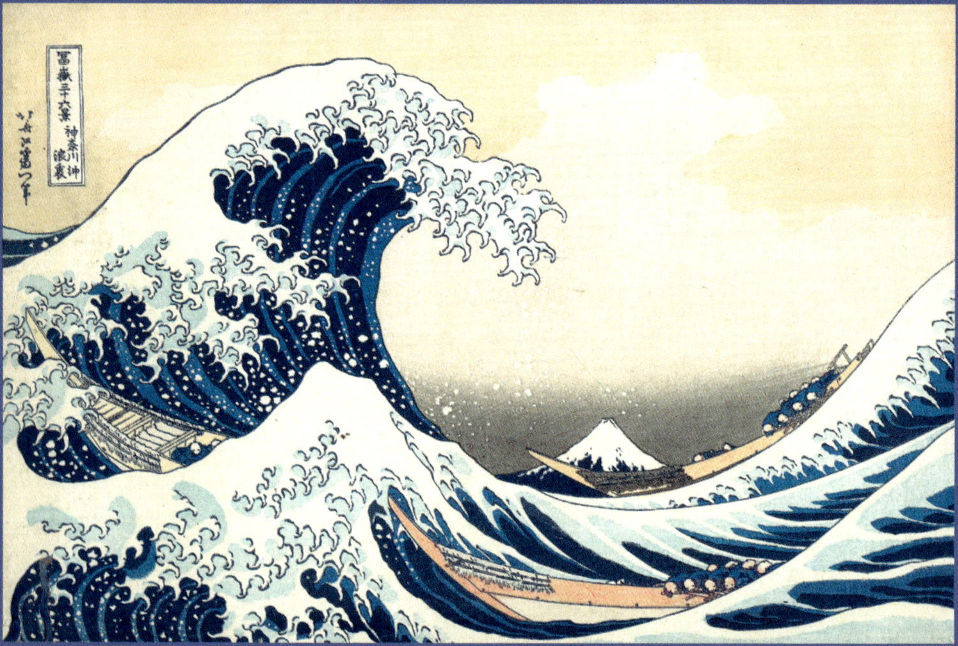

„Im **Vordergrund** nimmt eine kleinere Welle die Form des Fuji auf; aufgrund der **perspektivischen Effekte** wirkt sie **größer** als der entfernte Berg selbst.“

54

Die große Welle vor Kanagawa zeigt die Macht der Natur

Dieser Farbholzschnitt des japanischen *Ukiyo-e*-Künstlers Katsushika Hokusai wurde in der späten Edo-Zeit als erster seiner Serie *36 Ansichten des Berges Fuji* veröffentlicht. Hokusai war auch Maler, aber Farbholzschnitte waren im Japan des 19. Jahrhunderts die beliebteste Kunstform. *Ukiyo-e* („Bilder der fließenden Welt") bezeichnet ein Kunstgenre, das in Japan vom 17. bis zum 20. Jahrhundert produziert wurde.

Der Berg Fuji ist Japans heiligster Berg. Um dies zu betonen und die große Kraft der Natur zu veranschaulichen, in deren Angesicht die menschliche Existenz sehr zerbrechlich wirkt, bildete Hokusai den Berg zu verschiedenen Jahres- und Tageszeiten, unter wechselnden Wetterbedingungen und aus unterschiedlichen Blickwinkeln ab. Bevor er diese Serie schuf, war der in Edo (dem heutigen Tokio) geborene Künstler bereits landesweit bekannt.

Eine riesige Welle droht drei *oshiokuribune* (Schnellboote) zu verschlingen, die ihren Fisch von den Halbinseln Izu und Bōsō zu den Märkten in der Bucht von Edo transportieren. In jedem Boot sitzen acht Ruderer, die sich an ihre Ruder klammern, sowie jeweils zwei Passagiere im vorderen Teil. Die winzigen Boote und Figuren verdeutlichen die Größe der Welle. Der Berg Fuji ist nur im Hintergrund innerhalb eines Wellenbogens erkennbar; auf ihn deuten die filigranen Schaumkronen. Die Dramatik der Szene entsteht dadurch, dass die enorme Welle jeden Moment herunterzukrachen droht. Wellen waren seit dem 16. Jahrhundert ein beliebtes Motiv in der japanischen Kunst. Eindrucksvolle Wellenbilder finden sich auf faltbaren Wandschirmen, den *ariso byōbu* („Wandschirme mit rauer See").

Die Welle beherrscht die Komposition und erzeugt eine Spannung. Im Vordergrund nimmt eine kleinere Welle die Form des Fuji auf; aufgrund der perspektivischen Effekte wirkt sie größer als der entfernte Berg selbst. Am Himmel um den Fuji hängen Sturmwolken, die den schneebedeckten Berggipfel hervorheben. Die Druckgrafik zeigt beispielhaft, wie präzise Hokusai bei seinen Holzschnitten vorging und mit welch eingeschränkter Farbpalette er arbeitete: drei verschiedene Blautöne für das Wasser (eine Kombination aus traditionellem Indigo und Preußischblau, ein kürzlich erfundenes Pigment); ein Gelb für die Boote; Dunkelgrau für den Himmel hinter dem Fuji und das Boot darunter; Hellgrau für den Himmel über dem Berg und das Boot im Vordergrund, und Rosa für die Wolken am Himmel.

Zu der Zeit, als dieser Farbholzschnitt entstand, gab es in Japan keinen kulturellen Austausch mit anderen Ländern, außer durch den Handel mit China, Korea und Holland, der aber streng kontrolliert wurde. Knapp 30 Jahre später, 1859, öffnete das Land seine Häfen, und so gelangten japanische Farbholzdrucke auch nach Europa. Ihr Stil nahm starken Einfluss auf Künstler wie Vincent van Gogh, James Abbott McNeill Whistler und Claude Monet, aber auch auf Designströmungen wie den Jugendstil.

Katsushika Hokusai (1760–1849)

Die große Welle vor Kanagawa, Farbholzschnitt, um 1829–1833

Regen, Dampf und Geschwindigkeit zeigt die Modernisierung

Eine Dampflok rast in strömendem Regen über eine Brücke. Das von Isambard Kingdom Brunel entworfene Maidenhead-Viadukt, das die Themse auf der Great Western Railway (GWR)-Linie westlich von London überquert, wurde 1838 fertiggestellt. In dem Gemälde zieht die starke Dampflok offene Güterwaggons, in denen Passagiere für wenig Geld reisen konnten. Damals fuhr eine Dampflok auf dem Great Western Railway mit durchschnittlich 53 km/h, aber auf langen ebenen Strecken wie dieser konnte sie erstaunliche 97 km/h erreichen.

Der in London geborene Künstler Joseph Mallord William Turner lebte in turbulenten Zeiten. Ein Großteil seines Lebens befand sich Großbritannien im Krieg, während weltweit Revolutionen und Unabhängigkeitskämpfe stattfanden. Turner erlebte den Übergang vom Segel- zum Dampfschiff und von menschlicher Kraft zur Mechanisierung, während wissenschaftliche Fortschritte und politische Reformen die Gesellschaft veränderten. Viele Künstler beobachteten diese Veränderungen mit Schrecken. Turner jedoch akzeptierte sie, ja begrüßte sie als Herausforderungen. Eine Beobachterin erzählte, wie sie als junge Frau in einer stürmischen Nacht im Juni 1843 auf dem GWR unterwegs war, als ein Mitreisender „mit wunderschönen Augen" sich bei einem Halt in Bristol fast zehn Minuten lang aus dem Fenster lehnte. Als sie *Regen, Dampf und Geschwindigkeit* in der Royal Academy sah, wo das Gemälde erstmals ausgestellt wurde, war sie überzeugt, dass es sich bei diesem Fahrgast um Turner gehandelt haben müsse.

Unten rechts in der Komposition läuft ein Hase über das Gleis. Vermutlich symbolisiert er die Geschwindigkeit, vielleicht auch die Grenzen der Technologie. Er könnte aber auch darauf hindeuten, dass die menschengemachte Technologie die natürliche Welt zerstört. Da der Hase mit leichtem Pinselstrich auf getrocknete Farbe gemalt wurde, ist er heute nur schwer zu erkennen; die Farbe ist im Laufe der Zeit transparent geworden. Um die Dramatik des fahrenden Zuges hervorzuheben, reduzierte Turner das Doppelgleis über die Brücke auf eine schmale Linie. Regen und Sonnenlicht fallen auf die Wälder und Felder links und rechts der Brücke, und der Dampf wird durch drei kleine Wolken dargestellt, die aus dem Schornstein der Lok aufsteigen. Links erkennt man einen Fluss mit einem kleinen Boot, und kaum sichtbar außen rechts führt ein Mann ein Pferd, das einen Pflug zieht. Das Boot wie der Pflug sind Beispiele für die relativ langsame, nicht mechanisierte Arbeit der Vorindustriezeit, die Turner der Moderne gegenüberstellt.

Alle Elemente in dem Gemälde verschwimmen miteinander – mit Ausnahme des Zuges, der auftaucht und auf uns zurast. Turner schuf eine diagonale Fluchtlinie vom Vordergrund zum Fluchtpunkt im Zentrum des Bildes, während die Verkürzung des Viadukts zum Horizont die Geschwindigkeit andeutet, mit der die Lokomotive durch den strömenden Regen rast und plötzlich in Sicht kommt.

Joseph Mallord William Turner (1775–1851)

Regen, Dampf und Geschwindigkeit, Öl auf Leinwand, 1844

„Alle Elemente in dem Gemälde **verschwimmen miteinander** – mit Ausnahme des Zuges, der **auftaucht** und **auf uns zurast**."

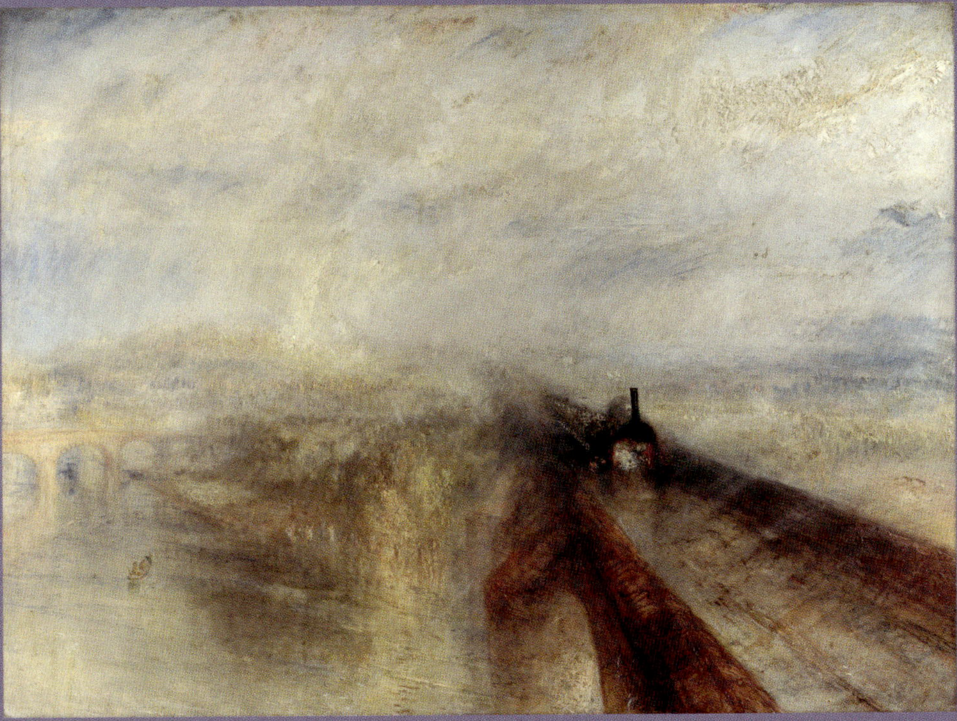

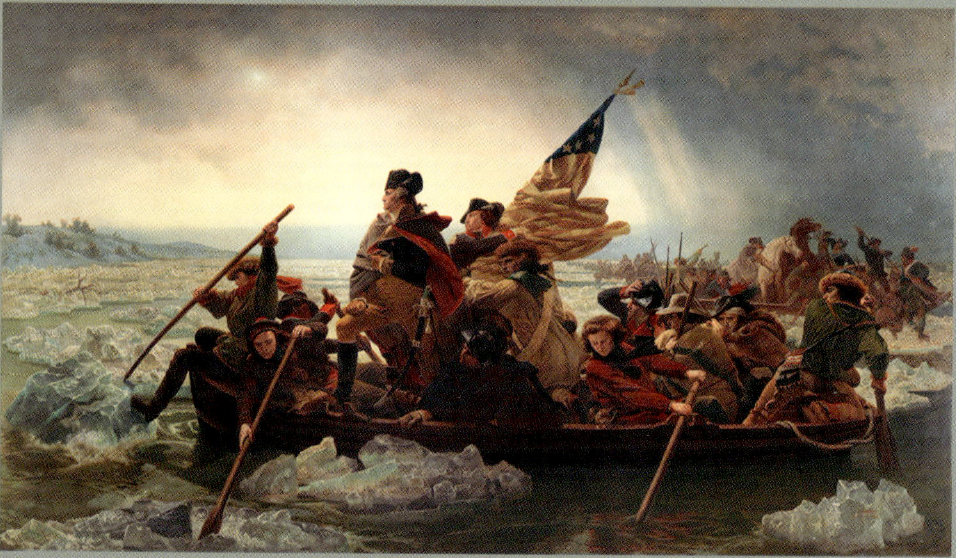

„Leutze füllte die Boote mit **verschiedenen Typen von Soldaten unterschiedlicher Nationalität**, um einen **Querschnitt** durch die amerikanischen Kolonien zu geben.“

56

Washington überquert den Delaware ruft zur Revolution

Die Revolutionen von 1848 waren eine Reihe europaweiter politischer Aufstände. Die im Wesentlichen demokratischen und liberalen Bewegungen zielten vor allem darauf, die europäischen Monarchien zu demontieren und durch unabhängige Nationalstaaten zu ersetzen. Die Proteste nahmen in Frankreich ihren Ausgang und weiteten sich auf ganz Europa und letztlich mehr als 50 Länder aus. Da es jedoch zwischen den revolutionären Gruppen keine Absprachen und keine Zusammenarbeit gab, wurden die meisten Aufstände schnell niedergeschlagen. In manchen Ländern kam es dennoch zu dauerhaften Reformen, etwa in Frankreich, den Niederlanden, Italien und Deutschland.

Der in Württemberg geborene Emanuel Gottlieb Leutze lebte, seit er neun Jahre alt war, in den Vereinigten Staaten. Als Erwachsener kehrte er in sein Geburtsland zurück und beschloss angesichts der Revolutionen von 1848, ein Bild zu malen, das die liberalen Reformer Europas inspirieren sollte, nach dem Vorbild der amerikanischen Revolutionäre zu handeln, die mit Wagemut und Entschlossenheit ihr Ziel erreicht hatten. Mithilfe amerikanischer Touristen und Kunststudenten, die ihm Modell saßen, schuf er 1850 die erste Fassung des Gemäldes. Kurz nach seiner Fertigstellung wurde das Bild jedoch durch einen Brand in seinem Atelier zerstört. Noch im selben Jahr gab der Pariser Kunsthändler Adolphe Goupil eine größere Version bei Leutze in Auftrag. Mehr als 50.000 Besucher sahen das Gemälde, das im Oktober 1851 in New York ausgestellt wurde.

Es ist die fantasievolle Darstellung eines der berühmtesten Angriffe George Washingtons während des amerikanischen Unabhängigkeitskrieges. Nach vielen Rückschlägen führte er die Kolonialarmee in der Nacht vom 25. Dezember 1776 über den Delaware River, um die hessischen Einheiten anzugreifen, die ihr Lager außerhalb von Trenton, New Jersey, aufgeschlagen hatten. (Die hessischen Soldaten waren von der britischen Krone in Sold genommen worden.) Washingtons Überraschungsangriff führte zum Erfolg: Am Tag darauf wurden die hessischen Streitkräfte besiegt. Sein kühner Schachzug gab den amerikanischen Soldaten neue Hoffnung und bildete einen Wendepunkt in diesem Krieg.

Das große Format des Gemäldes verweist auf die Bedeutung des Ereignisses. Leutze füllte die Boote mit verschiedenen Typen von Soldaten unterschiedlicher Nationalität, um einen Querschnitt durch die amerikanischen Kolonien zu geben. Weitere Figuren sind ein afrikanischer Amerikaner, ein Schotte, zwei Farmer mit breitkrempigen Hüten und ein amerikanischer Ureinwohner. Trotz des bedrohlich eisigen Wassers stehen Washington und sein Offizier stolz in Uniform am Bug des Bootes, das dem Sieg entgegenfährt. Der Offizier hält eine frühe Version der „Stars und Stripes"-Flagge umklammert (die aktuelle Version gab es damals noch nicht). Historisch genauer wäre die Grand Union Flag gewesen, die Washington im Januar 1776 in Somerville, Massachusetts, als erste Nationalflagge hisste. Es ist unwahrscheinlich, dass irgendjemand in dem Boot so gestanden hat wie Washington hier, doch um das noble Profil des Helden zu betonen, hat Leutze sogar den Himmel hell erleuchtet, obwohl die Männer eigentlich im Schutz der Dunkelheit unterwegs waren.

Emanuel Leutze (1816–1868)

Washington überquert den Delaware, Öl auf Leinwand, 1851

Die Ährenleserinnen **fühlt mit den Armen**

Mit den Recherchen und der Planung für dieses Bild brachte Jean-François Millet zehn Jahre zu. Als er es 1857 auf dem Pariser Salon zeigte, schlug ihm die Kritik der Mittel- und Oberschicht entgegen, die Sorge hatten, das Bild würde die Bauern glorifizieren. Damals waren die Armen den Reichen zahlenmäßig weit überlegen, und in dem revolutionären Klima ging die allgemeine Angst vor der wachsenden sozialistischen Bewegung um.

Die Frauen in dem Gemälde verkörpern die ländliche Arbeiterklasse. Ährenleserinnen durften den bezahlten Erntehelfern in den Feldern hinterhergehen und alles auflesen, was an Weizen liegengeblieben war. Hier stehen sie vornübergebeugt und suchen den Boden ab. Die Haltung der Frauen verdeutlicht die Beschwerlichkeit des ständigen Hinunterbeugens, Auflesens und Wiederaufrichtens. Die Szene im Hintergrund zeigt, wie viel einfacher dagegen das Leben der Erntehelfer ist, die für eine weniger anstrengende Tätigkeit entlohnt werden. Sie stehen aufrecht beisammen und plaudern kameradschaftlich miteinander, während die Ährenleserinnen zu erschöpft und zu sehr mit ihrer Aufgabe beschäftigt sind, um sich zu unterhalten.

Seit alters her war das Ährenlesen in der armen Landbevölkerung verbreitet. Ihrer Aufgabe entsprechend tragen die Frauen Kattunschürzen mit tiefen Taschen, in die sie vereinzelte Weizenkörner füllen. Ihr Haar ist unter Kopftüchern versteckt. Millet hat sie dennoch als fleißig und würdevoll dargestellt. Er wollte nicht ihr hartes Leben betonen, sondern ihr ehrliches Bemühen abbilden. Sein Mitgefühl für die hart arbeitenden Armen rührte von seinem eigenen bäuerlichen Hintergrund her. Zwar hatte er eine traditionelle Ausbildung erhalten und zunächst als Historien- und Porträtmaler gearbeitet. Doch nach der Französischen Revolution von 1848 zog er in das Dorf Barbizon im Wald von Fontainebleau und begann, das ländliche Leben abzubilden. Er war Mitbegründer der Malerschule von Barbizon, wurde zusammen mit Gustave Courbet als Vertreter des Realismus bekannt und spielte beim Übergang von der traditionellen zur modernen Malerei eine maßgebliche Rolle.

Die Malerei des Realismus nahm Probleme der Moderne, etwa die sozialen Bedingungen, ländliche Armut und das Leben der gewöhnlichen Menschen, in den Blick, während der konventionellen, akademischen Kunstwelt derart weltliche Themen als unangemessen galten. Dennoch wurde dieses Gemälde beim jährlich stattfindenden Pariser Salon angenommen – damals quasi die einzige Möglichkeit, wie ein französischer Künstler zu Ruhm kommen konnte. Millet nutzte das weiche, goldene Licht der untergehenden Sonne, um die plastischen Qualitäten der Ährenleserinnen mit dunklen Schatten hervorzuheben; mit den gebeugten, geschwungenen Formen betonte er die Beschwerlichkeit ihrer Arbeit. Im Gegensatz von Üppigkeit und Kargheit sowie von Licht und Schatten werden die Klassenunterschiede sichtbar. Das Bild ist ein Kommentar auf die Klassenunterschiede in Frankreich und insbesondere die Chancenlosigkeit der unteren Schichten, ihre Lebensbedingungen zu verbessern.

Jean-François Millet (1814–1875)

Die Ährenleserinnen, Öl auf Leinwand, 1857

„Die Malerei des **Realismus** nahm Probleme der **Moderne**, etwa die **sozialen Bedingungen, ländliche Armut** und das Leben der **gewöhnlichen Menschen**, in den Blick.“

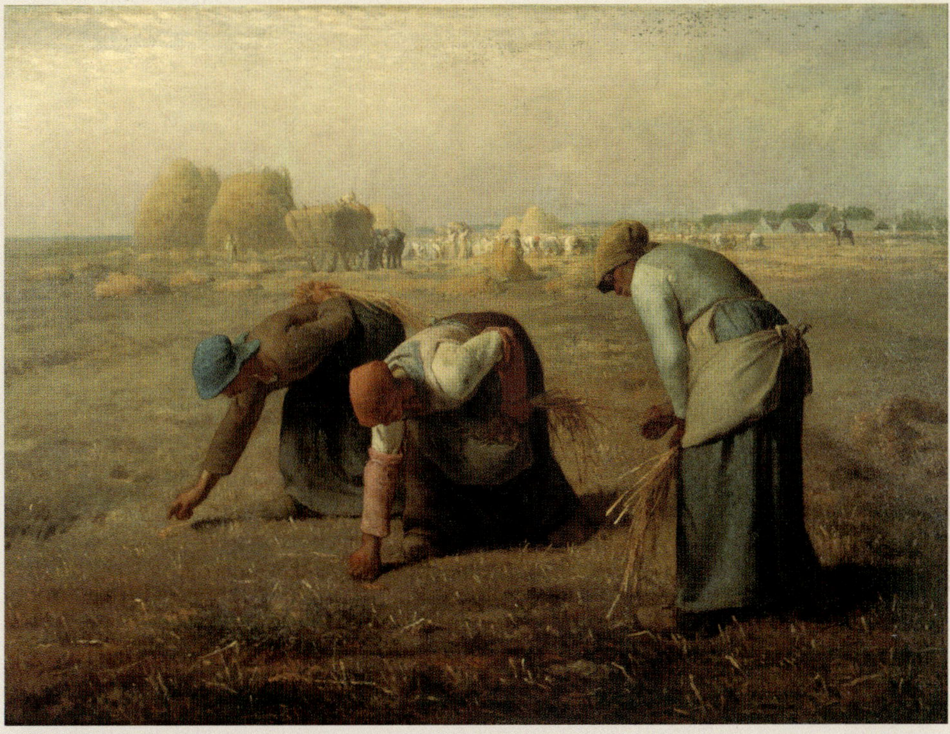

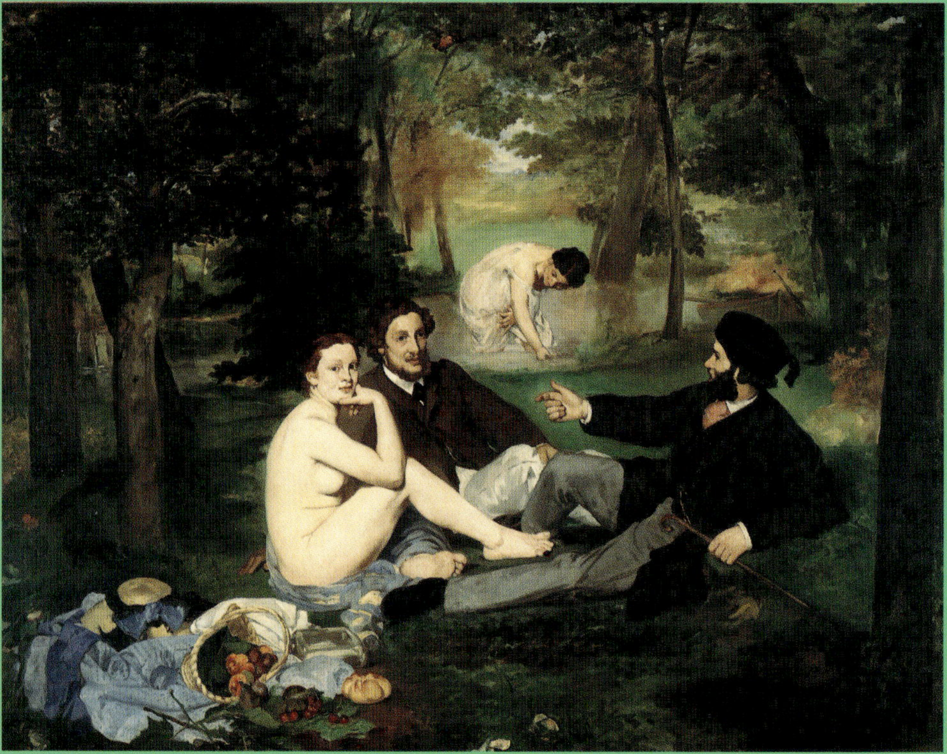

„Ungeachtet **traditioneller Malmethoden** hinterließ er **sichtbare Pinselstriche** und **leere Flecke** auf der Leinwand, und obwohl die Szene im Freien angesiedelt ist, ließ er das Gefühl entstehen, es handele sich um eine künstliche, im Atelier erzeugte Beleuchtung."

Das Frühstück im Grünen bricht mit einer künstlerischen Tradition

Eine nackte Frau scheint mit zwei vollständig bekleideten Männern im Freien zu picknicken. Hinter ihnen badet eine weitere, spärlich bekleidete Frau in einem Fluss. Die Männer unterhalten sich und scheinen die nackte Frau neben ihnen, die den Betrachter direkt anblickt, zu ignorieren.

Dieses Bild, das die Jury des Pariser Salons 1863 ablehnte, wurde im selben Jahr auf dem Salon des Refusés ausgestellt, einer Parallelveranstaltung für all jene, denen der Zugang zum offiziellen Salon verwehrt worden war. *Le Bain*, wie das Gemälde damals hieß, löste bei den Besuchern Empörung, Feindseligkeit und Heiterkeit aus – der Skandal trug dem Maler, Édouard Manet, große öffentliche Aufmerksamkeit ein.

Das Werk brach mit fast jeder künstlerischen Tradition. Eine nackte Frau, die mit zwei voll bekleideten Männern zusammensitzt, stellte für jeden anständigen Betrachter und jede Betrachterin eine Beleidigung dar. Die moderne Garderobe der Männer machte die Hoffnung, das Bild könne eine Allegorie sein, zunichte. Folglich handelte es sich bei den Frauen auch nicht um Göttinnen (was man hätte akzeptieren können), sondern um Modelle (was inakzeptabel war) oder sogar Prostituierte. Manets Techniken wirkten auf den Betrachter ebenso geschmacklos. Ungeachtet traditioneller Malmethoden hinterließ er sichtbare Pinselstriche und leere Flecke auf der Leinwand, und obwohl die Szene im Freien angesiedelt ist, ließ er das Gefühl entstehen, es handele sich um eine künstliche, im Atelier erzeugte Beleuchtung. Da die Schatten fehlen und Manet auch sonst wenig unternimmt, um den Eindruck räumlicher Tiefe zu erwecken, wirken die Figuren flach. Sein Farbauftrag ist skizzenhaft, und es gibt keine subtilen Übergänge zwischen Hell und Dunkel. Nur das Stillleben aus Früchten, Brot und den Kleidern der Frau im Vordergrund ist konventionell gemalt. Verwirrend ist die Perspektive: Die Badende im Hintergrund ist zu groß dargestellt, sowohl im Verhältnis zu dem Boot rechts von ihr als auch zu den anderen Figuren. Ihre Form ist so klar umrissen, dass kein Gefühl von Entfernung entsteht, vielmehr scheint sie zu schweben. Doch bei alldem darf man nicht übersehen, dass Manet mit diesem Gemälde auf zwei berühmte Bilder im Louvre Bezug nahm, die er zu Studentenzeiten kopiert hatte: *Das ländliche Konzert* (1509) von Tizian, das damals Giorgione zugeschrieben wurde, und *Das Urteil des Paris* (um 1510–1520), ein Stich von Marcantonio Raimondi nach einer Zeichnung von Raffael.

Das Aktmodell war Victorine Meurent, mit der Manet regelmäßig arbeitete. Ihr direkter Blick zum Betrachter offenbart ihre mangelnde Bescheidenheit, und ihr Körper ist so scharf beleuchtet, dass kein noch so subtiler Schatten die Wirkung ihrer Nacktheit abfedert. Die männliche Figur rechts ist eine Kombination aus Manets zwei Brüdern, Eugène und Gustave; für den anderen Mann nahm er seinen Schwager, den holländischen Bildhauer Ferdinand Leenhoff, zum Vorbild. Obendrein war das große Leinwandformat traditionell historischen, religiösen oder mythologischen Motiven vorbehalten und wurde nicht für so weltliche (und schockierende) Darstellungen wie diese genutzt.

Édouard Manet (1832–1883)

Das Frühstück im Grünen, Öl auf Leinwand, 1863

Die Schläferinnen fordert die bürgerliche Moral heraus

Dieses Gemälde, das wahlweise als *Die Schläferinnen* oder *Trägheit und Wollust* bekannt ist, bildet die Fantasie des osmanisch-ägyptischen Staatsmanns, Diplomaten und Kunstsammlers Halil Şerif Paşa ab, der ab 1860 in Paris lebte. Er gab das Werk für seine Gemäldesammlung in Auftrag, die Bilder vieler zeitgenössischer Künstler umfasste. Besonders interessiert war er an der realistischen, sinnlichen Darstellung von Fleisch. Das Werk zeigt zwei nackte Frauen, die verschlungen auf einem Bett liegen. Der Schluss liegt nahe, dass es sich um zwei lesbische Frauen handelt, die gerade Geschlechtsverkehr hatten. Sechs Jahre nachdem das Gemälde in Halils Privatsammlung Eingang gefunden hatte, wurde es in Paris von einem Kunsthändler ausgestellt, aber als so skandalös erachtet, dass es Gegenstand einer polizeilichen Untersuchung wurde. Danach durfte es mehr als 100 Jahre lang, bis 1988, nicht mehr öffentlich gezeigt werden.

Der Künstler, Gustave Courbet, verweigerte sich dem Idealismus, der Genauigkeit des weithin anerkannten akademischen Malstils und der Theatralik der Romantik. Seine weltlichen, unsentimentalen Gemälde, die sich nicht um Konventionen scheren und häufig sehr provokant daherkommen, trugen dazu bei, den Realismus zu etablieren. Viele seiner Werke behandelten gesellschaftliche Probleme wie die Arbeitsbedingungen der Armen. Courbets spontane Pinselstriche deuten darauf hin, dass er seine Objekte aus direkter Anschauung malte, statt sie für seine Zwecke anzupassen oder zu idealisieren. Er arbeitete schnell und trug die Farbe häufig mit einem Palettenmesser auf. In den späten 1860er Jahren wurde seine Malweise noch unorthodoxer und löste weitere Kontroversen aus, nämlich als er anfing, erotische Akte wie diesen zu malen. Zwar wurde dieses spezielle Gemälde nicht auf dem Salon ausgestellt. Doch Courbet brüskierte die an die geschmeidigen, alabasterhäutigen Göttinnen der akademischen Malerei gewöhnten Betrachter mit anderen fleischlichen Akten.

Trotz der schockierenden Darstellung stellte Courbet ganz klar die Schönheit des weiblichen Körpers in den Vordergrund. Dem Wunsch seines Auftraggebers entsprechend schuf er ein erotisches Gemälde zweier Frauen, einer dunkelhaarigen mit honigfarbener Haut und einer rotblonden mit blasser Haut. Die weißen Laken unter ihnen sind verknittert, und um sie herum liegen weibliche Accessoires wie Perlen und Haarkämme verteilt. Schauplatz ist ein Schlafzimmer mit einem dunkelblauen Samtvorhang und einem ornamentierten Tisch mit einer Blumenvase im Hintergrund. Im Vordergrund stehen auf einem kleinen Tisch ein goldblauer Dekanter aus geschliffenem Glas, ein dazu passendes Trinkglas und eine Kristallvase. Eines der Modelle war Joanna Hiffernan, die Geliebte von Courbets Künstlerkollegen James Abbott McNeill Whistler.

Das große Format des Gemäldes, sein Realismus und die Klarheit seines Stils tragen zu seiner Wirkung bei. Da es sich bei den beiden Modellen ganz klar um „echte" Frauen und nicht um Göttinnen handelt und diese Frauen mit großer Wahrscheinlichkeit nach dem Geschlechtsakt eingeschlafen sind, wurde das Bild als erotisch, sinnlich und schockierend wahrgenommen. Es fängt nicht nur Halils Fantasie ein, sondern ist auch ein Angriff auf bürgerliche Konventionen und Moral.

Gustave Courbet (1819–1877)

Die Schläferinnen, Öl auf Leinwand, 1866

„Trotz der **schockierenden Darstellung** stellte Courbet ganz klar die Schönheit des **weiblichen Körpers** in den **Vordergrund**."

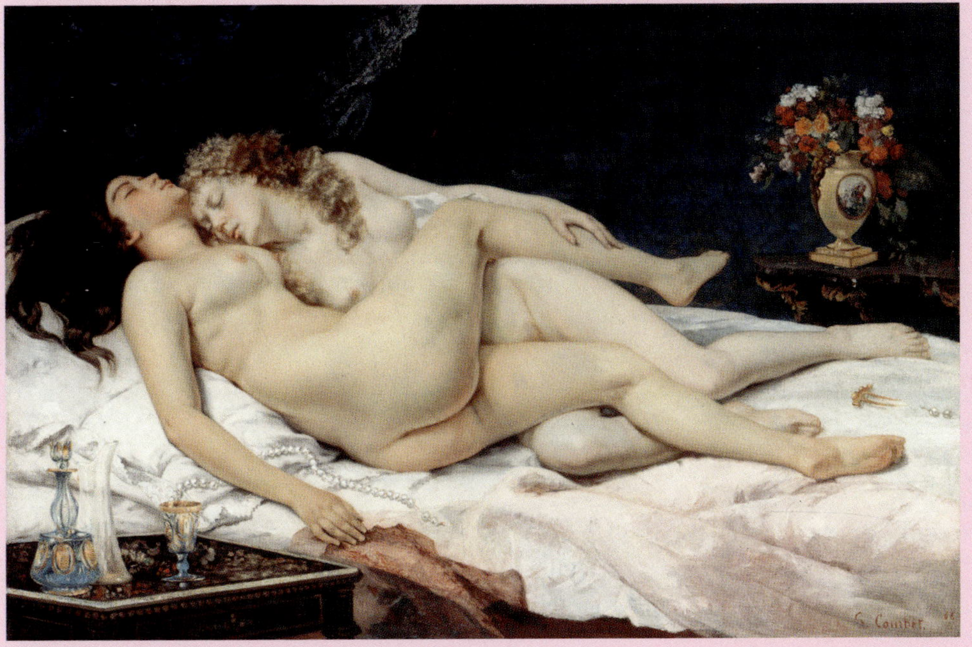

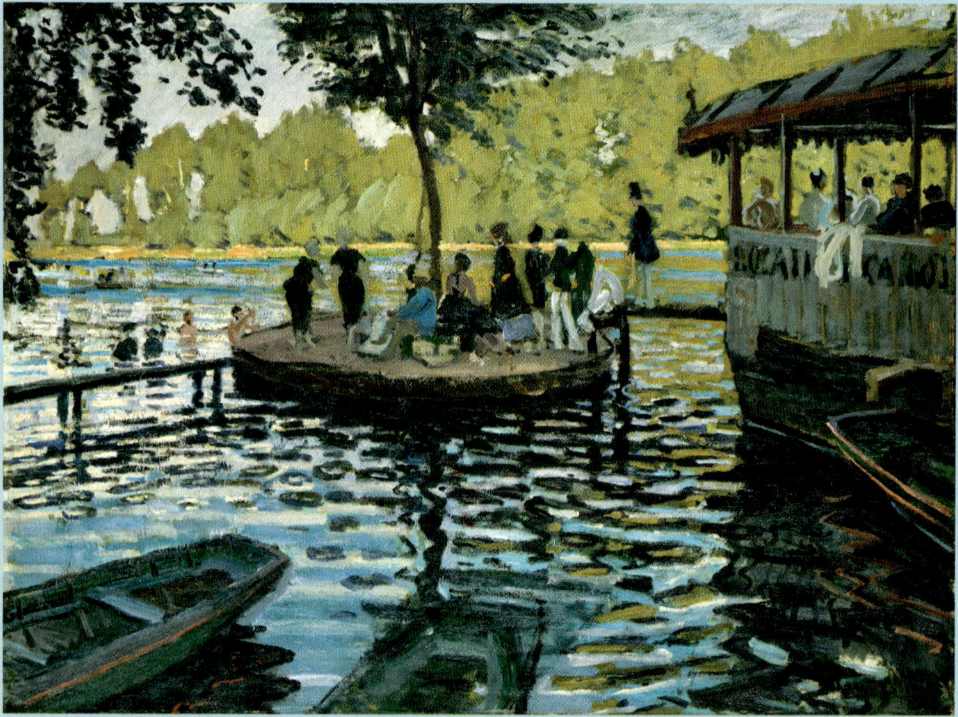

„Obwohl dieses Bild **vordergründig** eine Darstellung der Mittelklasse ist, die ihre Freizeit genießt, ist doch das **eigentliche Thema** das **Licht**."

La Grenouillère studiert das Licht

Als Claude Monet *La Grenouillère* malte, gab es den Begriff Impressionismus noch nicht. Im Sommer 1869 hatten er und Pierre-Auguste Renoir ihre Staffeleien an einem beliebten Badeort und Bootsanleger an der Seine nahe Bougival aufgestellt, wo Monet damals lebte und arbeitete. Hierher strömten an den Wochenenden Pariser Ausflügler, die in ländlicher Umgebung entspannen wollten.

Die Szene zeigt die kleine, im Volksmund „Camembert" genannte Insel und den Steg zu La Grenouillère, einem schwimmenden Restaurant mit Bootsvermietung. Entgegen der Tradition malte Monet zunehmend im Freien, direkt vor seinem Motiv. Hatte er zunächst nur seine Entwürfe im Freien angefertigt und die Bilder dann im Atelier ausgeführt, so malte er seit seiner Zeit in und um Le Havre häufig die kompletten Werke im Freien, *en plein air*. Seine Gemälde waren daher mit schnelleren, kleineren und besser sichtbaren Pinselstrichen gemalt als herkömmliche Werke und wollten den objektiven Eindruck eines Motivs unter bestimmten Lichtverhältnissen darstellen. Um seine Bilder zu beschreiben, benutzte Monet bestimmte Ausdrücke, etwa *impression* und *enveloppe* („Umhüllung", was beschreibt, wie ein Objekt von Licht umgeben ist). Er malte schnell und arbeitete mit Farbtupfern, die er *taches* nannte. Diese breiten, kurzen Pinselstriche wurden durch die kurz zuvor erfundenen Metallklemmen ermöglicht, mit denen sich flache Pinsel herstellen ließen. Mit flachen Pinseln war es einfacher, Farbe schnell auf die Leinwand aufzutragen. Hier zum Beispiel bildete Monet das bewegte Wasser mit schnellen, gebrochenen, horizontalen Pinselstrichen ab, und stellte das Laub des Baums im Zentrum mit kleinen Farbakzenten dar. Sogar die Figuren sind aus flüchtigen, flachen Pinselstrichen aufgebaut, und während sie zu Aspekten eines Gesamtbildes aus Licht und Schatten werden, verlieren sie ihre Individualität. Alles entstand aus dem, was Monet als Licht – oder Abwesenheit von Licht – wahrnahm.

Die Freilichtmalerei wurde zur Grundlage des Impressionismus. Wenngleich die Bezeichnung erst mehrere Jahre nach Entstehung dieses Bildes aufkam – der Name ist vom Titel eines anderen Monet-Gemäldes abgeleitet –, wird doch an diesem Beispiel deutlich, welches Ziel Monet mit seinem Stil verfolgte: Er wollte die flüchtigen Eigenschaften von Licht, Farbe und Atmosphäre in dem vergänglichen Moment, den er vor sich sah, im Bild festhalten. Monet wird häufig als führender Vertreter des Impressionismus bezeichnet. Er war einer der ersten, die den Pinsel lockerer führten als gemeinhin üblich. Angeregt von Gustave Courbet war er bestrebt, die Realität objektiv abzubilden, und obwohl dieses Bild vordergründig eine Darstellung der Mittelschicht ist, die ihre Freizeit genießt, ist doch das eigentliche Thema das Licht.

Claude Monet (1840–1926)

La Grenouillère, Öl auf Leinwand, 1869

Stillleben mit Äpfeln und Orangen dekonstruiert die Natur

Paul Cézanne, der häufig als „Vater der modernen Kunst" bezeichnet wird, war vermutlich der einflussreichste Einzelkünstler innerhalb der Kunstströmungen des frühen 20. Jahrhunderts. Die meiste Zeit seines Lebens wurde er missverstanden. Erst nach seinem Tod erfuhr er große Bewunderung, wurde als Postimpressionist beschrieben und – zusammen mit anderen Künstlern – dafür gewürdigt, den Fauvismus, Kubismus, Expressionismus und sogar die abstrakte Kunst inspiriert zu haben. Besonders auf Henri Matisse und Pablo Picasso übte er starken Einfluss aus. Obwohl er mit den Impressionisten malte, war ihm nie daran gelegen, oberflächliche Erscheinungen einzufangen, wie sie es taten. Stattdessen versuchte er stets, ihre frische Herangehensweise mit etwas Monumentalerem zu verbinden, das den Bogen zur Substanz der alten Meister schlug. Mehr als viele andere Künstler seiner Zeit malte Cézanne über seine gesamte Laufbahn hinweg immer wieder Stillleben, mit denen er die räumlichen Verhältnisse untersuchte. Dies ist eines von sechs Bildern, die zwar alle unterschiedlich sind, aber das gleiche Motiv abbilden: einen Vorhang, einen geblümten Krug, einen verknitterten weißen Stoff und Früchte.

Cézanne verbrachte einen Großteil seiner Karriere damit herauszuarbeiten, wie sich Struktur und feste, dreidimensionale Körper auf flachen, zweidimensionalen Oberflächen darstellen lassen. Während die Impressionisten schnell arbeiteten, malte er extrem langsam und bildete mit winzigen, einer bestimmten Richtung folgenden Pinselstrichen immer wieder dasselbe oder ähnliche Motive ab. Er entwickelte eine komplett eigenständige Bildsprache und verzichtete auf konventionelle Methoden der Perspektivdarstellung und Tonmodulierung. Stattdessen nutzte er subtil variierte Farben und bildete Objekte aus verschiedenen Blickwinkeln gleichzeitig ab, um wiederzugeben, wie unser Auge die Dinge natürlicherweise wahrnimmt. Das Ergebnis waren verdrehte, schiefe Formen, wie in dieser Komposition mit ihren scheinbar prekär ausbalancierten Objekten zu sehen. Stillleben waren für Cézanne besonders praktisch, weil er sie in seinem Atelier arrangieren und so lange wie nötig stehenlassen konnte, während er sie aus unterschiedlichen Winkeln und unter verschiedenen Lichtverhältnissen zeichnete und malte. Er vertiefte sich komplett in sein Motiv und war bestrebt, die Natur harmonischer und wahrhaftiger darzustellen, als es jahrhundertelang geschehen war. Sein Verständnis und seine Wahrnehmung der festen Körper vor ihm mit seinem Sinn für Harmonie und Farbe zu verbinden, bedeutete für ihn einen steten Kampf. Aus diesem Grund und wegen seiner introvertierten Persönlichkeit wurde er von vielen Zeitgenossen verspottet, und tatsächlich wirkt seine Perspektive häufig seltsam und unstimmig.

Dieses Stillleben ist farbenfroh und originell. Es wirkt nicht natürlich, nicht so, als hätte der Künstler das Arrangement einfach auf einem Tisch bei sich zu Hause vorgefunden, sondern eher, als hätte er es sorgfältig geplant und arrangiert. Gruppen von Objekten werden visuell durch das weiße Tuch zusammengehalten, das auch die Festigkeit aller hier abgebildeten Dinge betont. Das Weiß des Tuches und die in mutigen Farben erstrahlenden Früchte und der Krug werden von den zurückgenommenen Farben des dahinter abgebildeten Stoffes in den Vordergrund gerückt.

Paul Cézanne (1839–1906)

Stillleben mit Äpfeln und Orangen, Öl auf Leinwand, 1876

„Cézanne vertiefte sich komplett in sein Motiv und war bestrebt, die **Natur harmonischer und wahrhaftiger darzustellen**, als es jahrhundertelang geschehen war."

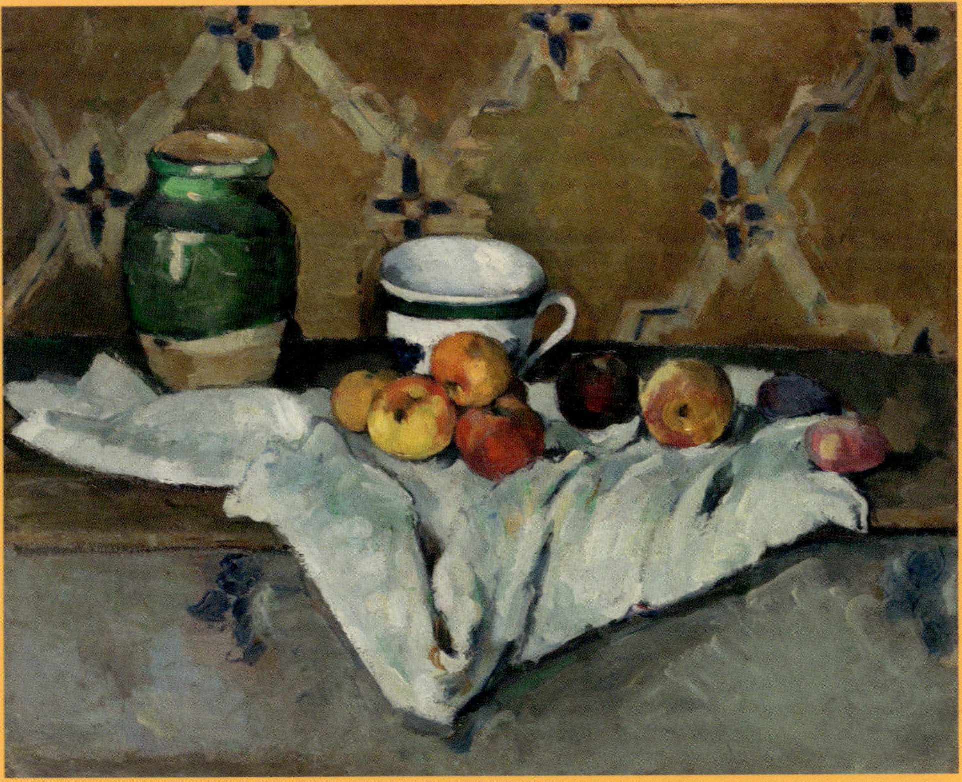

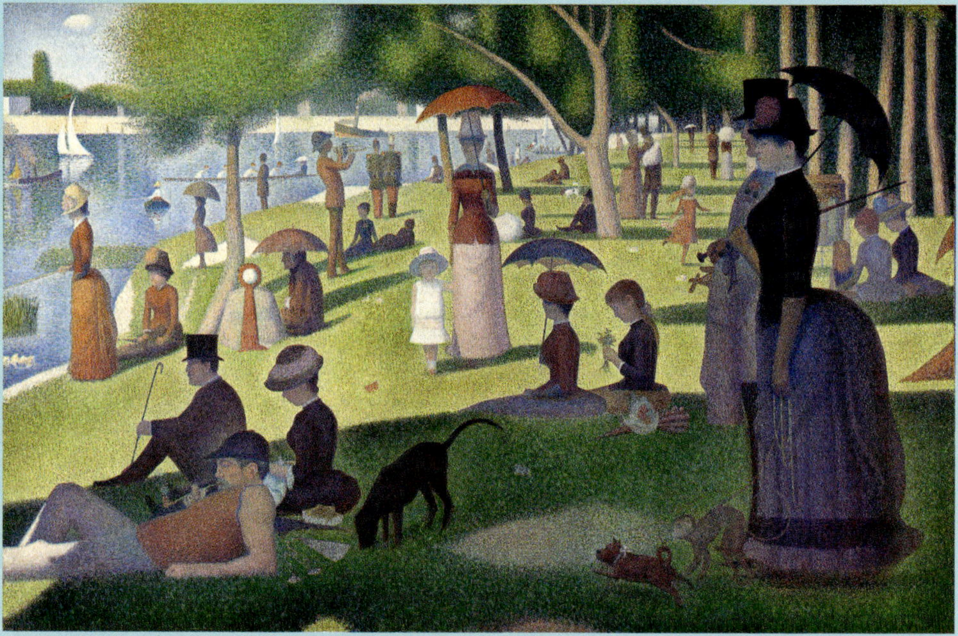

„Die **winzigen Farbtupfer** verschmelzen im Auge des Betrachters. Seurat nannte diese Art des Malens *divisionnisme*, **Divisionismus**."

62

La Grande Jatte hebt die Farben hervor

Als dieses Gemälde im Mai 1886 auf dem letzten Impressionisten-Salon erstmals gezeigt wurde, sorgte es für eine Sensation: Es war eines der ersten Bilder, die auf pointillistische Art gemalt wurden. Dargestellt sind Pariser Ausflügler auf einer kleinen Seine-Insel.

Der Pariser Künstler Georges Seurat hatte 1884 begonnen, an diesem riesigen Gemälde zu arbeiten, das ihn in der Kunstwelt als Vorreiter eines neuen Malstils bekannt machte, der als Neoimpressionismus bezeichnet wurde. Anders als die Impressionisten malte Seurat nicht intuitiv und spontan, sondern studierte seine Objekte aus der Nähe, machte viele vorbereitende Skizzen und Zeichnungen und baute sein Bild dann aus sorgfältig platzierten Farbpunkten auf. Statt die Farben auf einer Palette oder mit Pinselstrichen auf der Leinwand zu vermischen, folgte er den Theorien des amerikanischen Physikers Ogden N. Rood (der behauptete, dass Farben, die sich im Auge statt auf der Leinwand mischen, viel kräftiger leuchten) und dem Gesetz der Simultankontraste des französischen Chemikers Michel-Eugène Chevreul (das besagt, dass nebeneinander platzierte Komplementärfarben, also Rot und Grün, Orange und Blau und Violett und Gelb, einander lebhafter erscheinen lassen). Seurat wandte diese wissenschaftlichen Erkenntnisse beherzt auf seine Kunst an.

Dieses Werk führte erstmals vor Augen, dass sich kräftiger leuchtende Effekte erzielen ließen, wenn man reine Farben nebeneinander tupfte und nicht wie üblich Farben mischte und diese dann mit Pinselstrichen auftrug. Seurat brachte viele Stunden damit zu, dieses sorgfältig geplante Gemälde mithilfe dieser aufwendigen Technik zu malen. Zwischen Mai 1884 und März 1885 sowie von Oktober 1885 bis Mai 1886 trug er winzige Farbtupfer auf die Leinwand auf. Vor allem konzentrierte er sich auf Farbe, Licht und Form und schuf eine Komposition, die manch einen an die Panathenäen-Prozession auf dem Athener Parthenonfries erinnerte. Obwohl dies ein ungewöhnliches Motiv für eine so große Leinwand war, ließ die Methode, mit der der Künstler seine Figuren in der Art klassischer Statuen abbildete, es monumentaler erscheinen als einen flüchtigen Moment.

Die winzigen Farbtupfer verschmelzen im Auge des Betrachters. Seurat nannte diese Art des Malens *divisionnisme*, Divisionismus; heute ist sie besser bekannt als Pointillismus. Dass er den wissenschaftlichen Farbtheorien anhing, lässt sich im gesamten Gemälde beobachten. Die hellgrünen Flächen sonnenbeschienenen Grases zum Beispiel bestehen aus gelben, orangen und blauen Punkten, während sich die schattigen Flächen vornehmlich aus Blau, Gelb und Rot zusammensetzen. Im Schatten orangefarbener Objekte taucht Blau auf, in dem von roten Objekten Grün. Die wissenschaftliche Objektivität ersetzte hier die emotionale Subjektivität der meisten anderen Gemälde jener Zeit. Als das Bild erstmals ausgestellt wurde, kritisierte man es denn auch als zu mechanisch für den zeitgenössischen Geschmack.

Georges Seurat (1859–1891)

Ein Sonntagnachmittag auf der Insel La Grande Jatte, Öl auf Leinwand, 1884–1886

63

Van Goghs Stuhl bildet Besitztümer ab

Vincent van Gogh arbeitete nur zehn Jahre seines Lebens als Künstler, schuf aber in dieser Zeit mehr als 2000 Werke. Erfolgreich war er mit seiner Kunst allerdings nicht. Sein Leben war geprägt von Krankheit, Armut und Tragödien. Dennoch half er, die Fundamente der modernen Kunst zu legen und ist heute einer der bekanntesten und beliebtesten Künstler weltweit.

Diesen scheinbar einfachen Stuhl malte Van Gogh als Symbol für etwas, das ihm gehörte und zugleich, um seinem Optimismus hinsichtlich der Zukunft Ausdruck zu verleihen. Gelb war seine Lieblingsfarbe – die Farbe der Sonne und der Sonnenblumen –, und dieses überwiegend gelbe Bild mit den kontrastierenden blauen und lila Schatten steht für Hoffnung. Er malte es, während er im südfranzösischen Arles lebte. Damals war gerade sein Künstlerkollege Paul Gauguin bei ihm zu Besuch, und Van Gogh glaubte, dies sei der Beginn einer aufregenden, produktiven Künstlerkolonie.

Gauguin war seit Oktober in Arles, und als Van Gogh Anfang Dezember diesen Stuhl malte, schuf er zeitgleich auch ein Bild vom Stuhl seines Freundes. Auf gewisse Weise repräsentierten diese Bilder also die beiden Männer. Für jedes Bild wählte er besondere Farben aus, die das jeweilige Modell charakterisierten. Während er seinen eigenen Stuhl überwiegend gelb malte, ist der von Gauguin im Wesentlichen dunkelrot. Auf Van Goghs Stuhl liegen eine Pfeife und Tabak, auf dem von Gauguin liegen Bücher.

Van Gogh wurde in den Niederlanden geboren und lebte später an verschiedenen Orten, etwa in Belgien, Frankreich und England, wo er sich in verschiedenen Berufen ausprobierte. Sein Frühwerk, das in den Niederlanden und Belgien entstand, ist von dunklen Farben geprägt und knüpft an die holländische Malerei des 17. Jahrhunderts an. Als er dann nach Paris ging und sich mit den Impressionisten anfreundete, hellte sich seine Palette auf. Er begann, vereinfachte, asymmetrische Kompositionen zu malen, die von den japanischen Farbholzdrucken beeinflusst waren, die er damals sammelte. Gauguin ermutigte ihn, aus der Fantasie heraus zu malen, aber Van Gogh fand das schwierig. Dieses Gemälde des Stuhls schuf er aus der direkten Beobachtung und ergänzte es um Elemente aus seiner Fantasie. Der Stuhl selbst sowie die Pfeife und der Tabak darauf repräsentieren seinen Besitzer, der nur Weniges sein Eigen nennen konnte. Sein Stuhl, seine Farben, seine Pfeife und sein Tabak waren für ihn das Wichtigste – und nahezu alles war er besaß. In der Ecke sind ein paar keimende Zwiebeln zu sehen, die er wegen ihrer Farbe und Form, vielleicht aber auch wegen des positiven Verweises auf neues Leben mit aufnahm.

Während Gauguins Besuch (der Künstlerkollege reiste noch im selben Monat ab, sehr zu Van Goghs Bedauern) perfektionierte Van Gogh jene Technik, die ihn nach seinem Tod berühmt machte. Er verwendete leuchtende Töne und Konturen in kontrastierenden Farben, eine Flachheit, die den Regeln der Linearperspektive nicht streng gehorchte, sowie dickes, flüssiges Impasto.

Vincent van Gogh (1853–1890)

Van Goghs Stuhl, Öl auf Leinwand, 1888

„Diesen scheinbar **einfachen Stuhl** malte Van Gogh als **Symbol** für etwas, das ihm **gehörte** und zugleich, um seinem **Optimismus** hinsichtlich der Zukunft Ausdruck zu verleihen.“

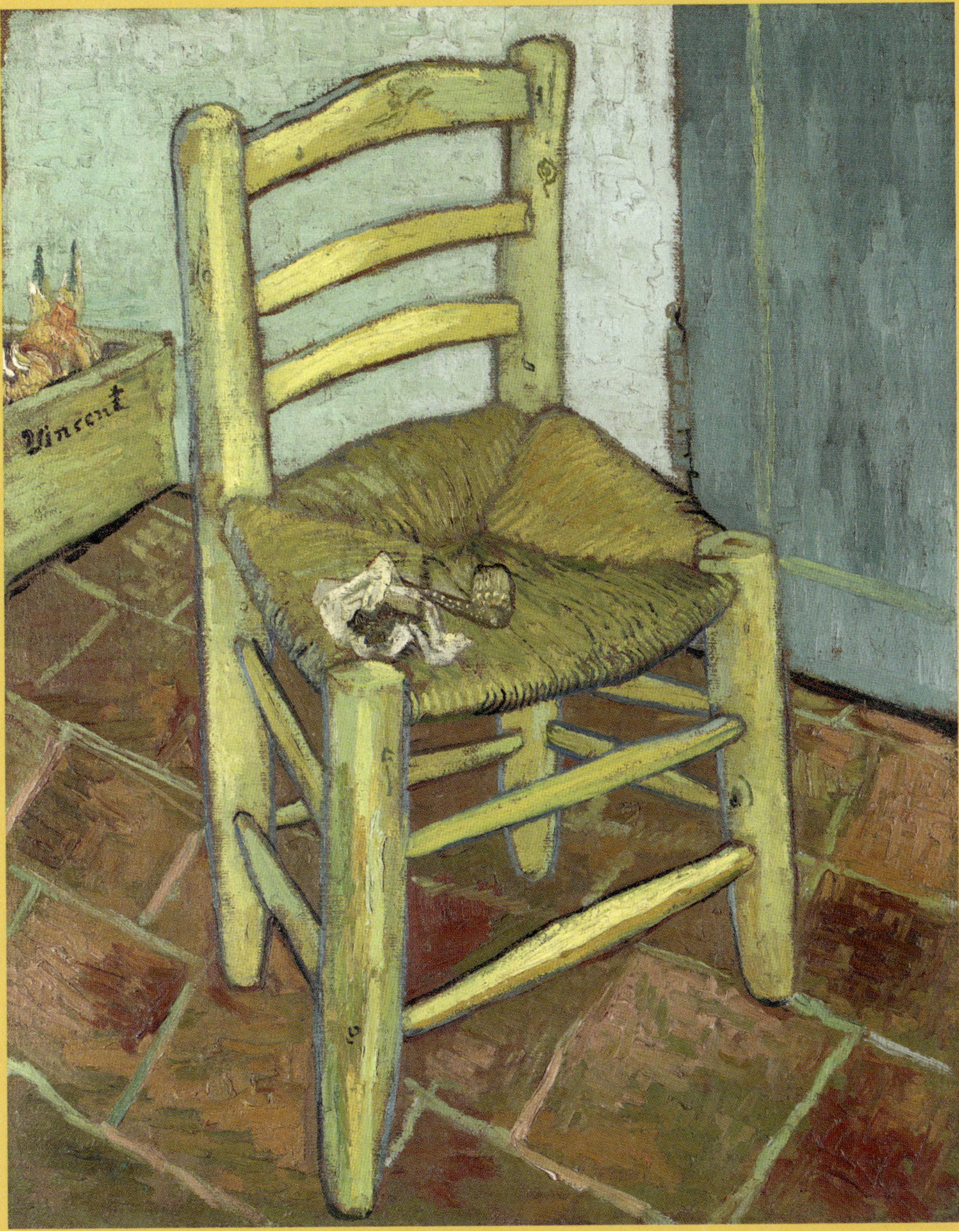

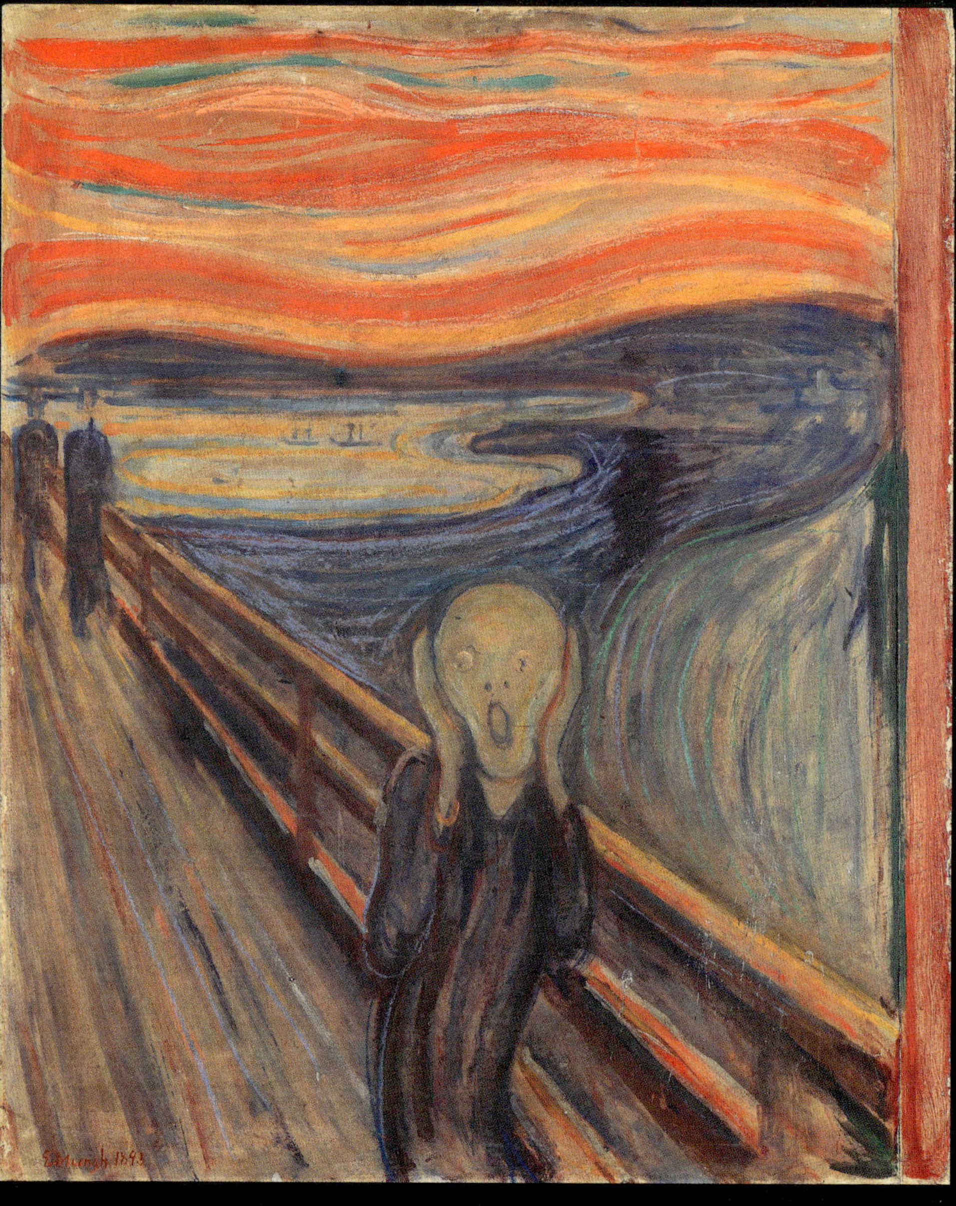

„Das Leben des norwegischen Malers Edvard Munch stand im Zeichen von **Krankheit und Tod**. Viele dieser leidvollen Erfahrungen brachte Munch als Erwachsener in **seinen Gemälden** und **Druckgrafiken** zum **Ausdruck**."

64

Der Schrei funktioniert wie eine Therapie

Das Leben des norwegischen Malers Edvard Munch stand im Zeichen von Krankheit und Tod. Der frühe Pionier des Expressionismus war fünf Jahre alt, als seine Mutter an Tuberkulose starb, und 13, als seine ältere Schwester Sophie, die für ihn wie eine Mutter war, derselben Krankheit zum Opfer fiel. Sein Vater wurde depressiv und verfiel in religiösen Wahn. Eine weitere Schwester litt unter Schüben geistiger Umnachtung. Viele dieser leidvollen Erfahrungen brachte Munch als Erwachsener in seinen Gemälden und Druckgrafiken zum Ausdruck.

Von diesem Bild schuf der Künstler mehrere Versionen: zwei gemalte, zwei in Pastellfarben und eine Lithografie. Schauplatz ist der Kristianiafjord (heute Oslofjord), von Ekeberg aus gesehen. Mit den unnatürlich grellen Farben in den gemalten Versionen bildete Munch vermutlich ein Naturphänomen ab: Nach dem Ausbruch des Krakatau in Indonesien sorgte der Vulkanstaub rund um die Welt monatelang für außergewöhnliche Sonnenuntergänge.

In dem Bild verlieh Munch seinen innersten Gefühlen und Ängsten Ausdruck, wie er später beschrieb: „Ich ging mit zwei Freunden spazieren. Da sank die Sonne. Auf einmal ward der Himmel rot wie Blut, und ich fühlte einen Hauch von Wehmut ... Ich stand still und lehnte mich an das Geländer. Über dem blauschwarzen Fjord und über der Stadt lag der Himmel wie Blut und wie Feuerzungen. Meine Freunde gingen weiter, und ich stand allein, bebend vor Angst. Mir war, als ginge ein mächtiger, unendlicher Schrei durch die Natur.“

Die Komposition ist auf maximale Spannung angelegt. Die dramatische Kombination aus geraden und geschwungenen Linien, grellen Farben und der verdrehten, schreienden Figur im Vordergrund lässt ein Gefühl von Grauen und Furcht entstehen. Mit dem vereinfachten, an einen Totenkopf erinnernden Gesicht, das kaum ein besonderes Merkmal trägt und nur durch zwei Punkte für die Nasenlöcher und die Augen, einen offenen Mund und zwei dünne Hände zu beiden Seiten dargestellt ist, gehört die schreiende, Angst und Grauen verkörpernde Figur zu den unverkennbarsten in der Geschichte der Kunst. Die verstörenden Farben und die Nebeneinanderstellung geschwungener und gerader Linien und Formen lenken das Auge rund um das Bild und hin zu der Figur. Die Spannung wird verstärkt von zwei noch gesichtsloseren Figuren, die über die Brücke gehen, und der starken Perspektive, die von den fliehenden Linien der Brücke selbst erzeugt wird.

Munch war einer der Ersten, die in ihrer Kunst Gefühle von Angst und Furcht ausdrückten. Dieses Bild ist ein radikaler, zeitloser Ausdruck menschlicher Verzweiflung. Es war Munchs Art, seine Gefühle und Erlebnisse an jenem Tag zu analysieren, eine Art Eigentherapie. Die stürzende Perspektive, die den Blick zu den Figuren in der Ferne und über den geschwungenen Fjord lenkt, offenbart gleichzeitig, wie intensiv Munch mit diesem visuellen Ausdruck seiner Halluzinationen und seiner krankhaften Angst vor dem Tod sein aufgewühltes Inneres erkundete.

Edvard Munch (1863–1944)

Der Schrei, Tempera und Pastell auf Karton, 1893

65

Woher kommen wir? symbolisiert die Lebensphasen

Paul Gauguin fand zu Lebzeiten als Künstler keine Anerkennung, wird aber heute für seinen experimentellen Gebrauch von Farbe, seine flachen, dekorativen Formen und seine dunklen Umrisslinien gewürdigt, die den Expressionismus und andere künstlerische Ideen inspirierten. Sein starkes Gespür für Muster und nicht-naturalistische Farben hob sich ganz bewusst von dem vorherrschenden impressionistischen Ansatz ab. Der Künstler, der als Postimpressionist klassifiziert wird, ist heute auch im Hinblick auf seine Lebensweise umstritten.

Gegen Ende seines Lebens verbrachte Gauguin zehn Jahre in Französisch-Polynesien, wo auch dieses Werk – das größte aus dieser Periode – entstand. Erst nach seinem Tod erfuhr es Bewunderung und beeinflusste viele andere Künstler, darunter Pablo Picasso und Henri Matisse. Der Maler, Bildhauer, Druckgrafiker, Keramiker und Schriftsteller Gauguin hatte zunächst als Börsenmakler gearbeitet, diesen Job dann aber aufgegeben und seine Frau und die fünf Kinder verlassen, um seine Künstlerträume zu verwirklichen.

Dieses monumentale Gemälde schuf er auf Tahiti. Im Hintergrund sind Elemente der Insel zu sehen. Die Komposition des Bildes erinnert an traditionelle religiöse Fresken oder Ikonen, die häufig vor einem goldenen Hintergrund abgebildet werden, der hier von den leuchtend gelben Flecken in den zwei oberen Ecken des Gemäldes angedeutet wird. Die Figuren sind zudem bewusst nicht proportional zueinander angelegt, was den Eindruck vermittelt, als würden sie schweben und wären nicht Teil der realen, alltäglichen Welt. Nachdem Gauguin das Bild im Februar 1898 vollendet hatte, schrieb er an seinen Freund George-Daniel de Monfreid, der seine Karriere von Paris aus managte: „Ich glaube, dass diese Leinwand nicht nur alle meine vorherigen übertrifft, sondern [auch], dass ich niemals etwas Besseres oder Ähnliches machen werde ... Zwei violett gekleidete Figuren vertrauen einander ihre Gedanken an. Eine bewusst unproportionale riesige hockende Figur streckt die Arme in die Höhe und blickt die beiden, die es wagen, über ihr Schicksal nachzudenken, erstaunt an ... Zu guter Letzt vervollständigt eine alte Frau die Geschichte! Der seltsame weiße Vogel, der zu ihren Füßen hockt und eine Eidechse in den Klauen hält, symbolisiert die Vergänglichkeit der Wörter ... Ich habe ein philosophisches Werk über ein dem Evangelium ähnliches Thema vollendet."

Den östlichen Lesegewohnheiten entsprechend soll das Bild von rechts nach links betrachtet werden. Das schlafende Baby außen rechts steht für den Beginn des menschlichen Lebenszyklus – oder die Frage „Woher kommen wir?" im Titel des Gemäldes. Die überlebensgroße, eine Frucht pflückende Figur in der Mitte – oder „Wer sind wir?" – repräsentiert einen Erwachsenen und erinnert an den Garten Eden. Denselben Teil des Titels verkörpert auch ein junges, neben zwei Katzen sitzendes Mädchen, das eine Mango isst. Eine Götzenstatue steht für „das Jenseits". Außen links veranschaulicht eine alte kauernde Frau die Frage „Wohin gehen wir?". Sie sitzt auf einem Schatten und wartet auf den Tod.

Paul Gauguin (1848–1903)

Woher kommen wir? Wer sind wir? Wohin gehen wir?, Öl auf Leinwand, 1897–1898

„Ich glaube, dass diese Leinwand nicht nur alle meine vorherigen **übertrifft**, sondern [auch], dass ich **niemals etwas Besseres** oder Ähnliches machen werde.“

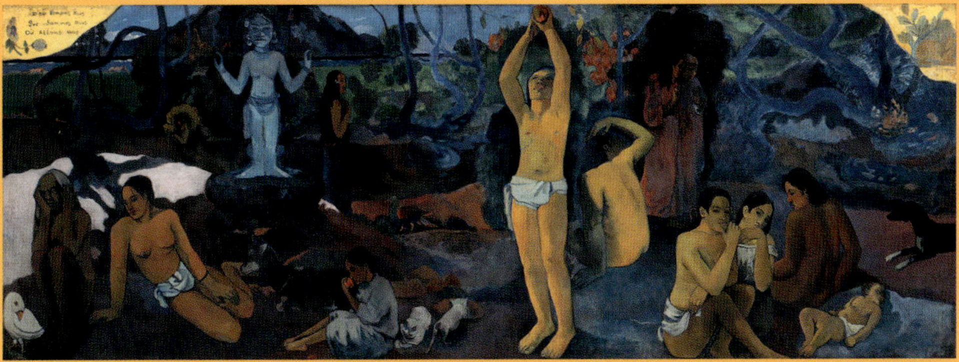

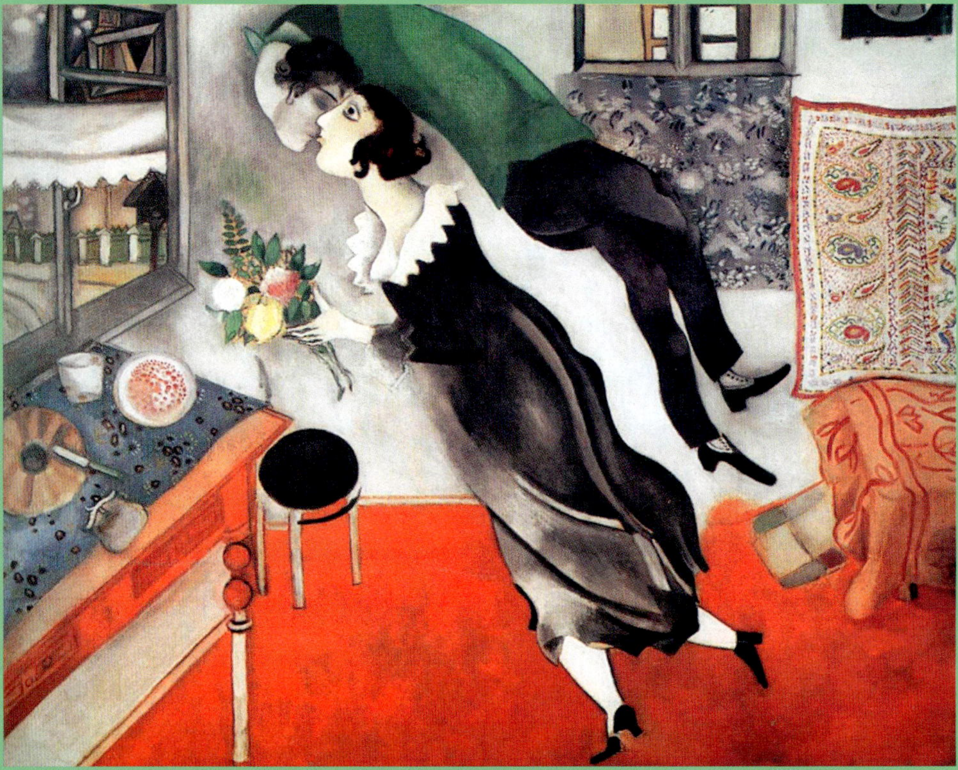

„Dieses Gemälde voller **Intimität, Zuneigung und Wärme** drückt **Freude** aus und preist die **Liebe**."

66

Der Geburtstag **preist die eheliche Liebe**

Marc Chagall kam im weißrussischen Witebsk, damals Teil des russischen Kaiserreichs, zur Welt und wuchs in einem strenggläubigen jüdischen Haushalt mit neun Geschwistern auf. Sein biografischer Hintergrund wurde zu einem wichtigen Element seiner farbenfrohen, poetischen Kunst, die Gemälde, Kirchenfenster, Druckgrafiken, Keramik, Wandteppiche und Illustrationen umfasst. Chagall war zwischen Paris, Sankt Petersburg und Berlin unterwegs und schloss Freundschaft mit verschiedenen Avantgarde-Künstlern. Sein Werk entwickelte sich unter dem Einfluss des Kubismus, Fauvismus und Expressionismus sowie der farbigen Volkskunst, die ihn als Kind umgeben hatte. In den 1930er Jahren war er international erfolgreich und erhielt viele prestigeträchtige öffentliche Aufträge.

Bei einem Aufenthalt im heimatlichen Witebsk lernte der Künstler seine große Liebe kennen: Bella Rosenfeld. Ihr erstes Treffen beschrieb er folgendermaßen: „Ihre Stille ist meine, ihre Augen sind meine. Es ist, als würde sie alles über meine Kindheit, meine Gegenwart, meine Zukunft wissen, als könnte sie durch mich durchsehen.“ Bellas Eltern standen der Verbindung ablehnend gegenüber – Chagall war damals noch ein mittelloser Maler. Er selbst hatte Sorge, dass sie ihn nicht würde heiraten wollen – sie war jung und kam aus einer reichen Familie, und er war ihr gesellschaftlich nicht gleichgestellt. Nachdem sie eingewilligt hatte, malte er dieses Bild, das ihre glückliche Liebe zum Ausdruck bringt. Die beiden heirateten 1915, drei Wochen nach seinem Geburtstag.

Das Werk zeigt ein Porträt von Chagall und eines von Bella, dargestellt in seinem naiven, vereinfachten farbenfrohen Stil und unter Missachtung der Regeln der Linearperspektive. In einem Wohnzimmer schwebt Chagall über Bella. Sein Kopf ist nach unten und hinten verdreht, damit er Bella auf den Mund küssen kann. Diese trägt ein einfaches schwarzes Kleid, hält einen Blumenstrauß in der Hand und hebt mit ihren Füßen von dem leuchtend roten Teppich ab, um Chagall in der Luft begegnen zu können. 35 Jahre nach ihrem ersten Treffen beschrieb Bella in ihren Memoiren, wie es ihr – mit großer Anstrengung – gelang, Chagalls Geburtsdatum herauszufinden, sie ihn dann an jenem Tag besuchte und Essen, Blumen und bestickte Tücher mitbrachte. Die Tücher drapierten sie in dem Raum, und dann begann Chagall dieses Bild zu malen, als Ausdruck ihrer Liebe. „Rote, blaue, weiße und schwarze Spritzer“, schrieb Bella. „Plötzlich reißt du mich von der Erde hoch, du selbst stößt dich mit einem Fuß nach oben ab. Du steigst empor, streckst deine Glieder, schwebst zur Decke. Dein Kopf dreht sich und du sorgst dafür, dass meiner sich dreht. Du flüsterst in mein Ohr.“

Dieses Gemälde voller Intimität, Zuneigung und Wärme drückt Freude aus und preist die Liebe. Bella war Chagalls Muse, und die lebhaften, intensiven Farben offenbaren sein Glück – die Liebe war in seinen Gemälden stets die Hauptquelle aller Farben. Chagall und Bella waren 29 Jahre verheiratet, bis Bella 1944 an einer Infektion starb.

Marc Chagall (1887–1985)

Der Geburtstag, Öl auf Karton, 1915

67

Fountain hinterfragt das Wesen von Kunst

Marcel Duchamp gilt als Vater der Konzeptkunst. Er stellte den herkömmlichen Kunstbegriff radikal in Frage und lenkte damit den Weg der Kunst in eine andere Richtung. Zusammen mit Pablo Picasso war er einer der einflussreichsten Künstler des 20. Jahrhunderts. Ironisch, geistreich und scharfsinnig verweigerte er sich der konventionellen Kunst und produzierte in seiner kurzen Künstlerlaufbahn nur eine kleine Anzahl von Werken. Unter dem Einfluss von Paul Cézanne, Francis Picabia und anderen begann er seine Karriere in einem Stil, der Futurismus und Kubismus verschmolz, wurde dann provokanter und wirkte mit *Fountain* maßgeblich auf die Zukunft der Kunst ein. Um 1913 begann Duchamp, sich von der Malerei abzuwenden und stattdessen sogenannte Readymades zu produzieren. Diese Objekte waren ursprünglich für andere Zwecke hergestellt worden. Duchamp nahm kleine Veränderungen an ihnen vor und versuchte dann, sie an Orten auszustellen, an denen man Kunst zu sehen erwartete.

Dieses spezielle Readymade ist eines von Duchamps berühmtesten Werken. Es wurde zu einer Ikone der Kunst des 20. Jahrhunderts. Der Künstler signierte das gewöhnliche Urinal mit dem Pseudonym „R. Mutt" und dem Datum 1917 und nannte es *Fountain*. So reichte er es für die Jahresausstellung der neuen, von ihm mitbegründeten American Society of Independent Artists ein. Eine der Richtlinien der Gesellschaft sah vor, dass Einreichungen von Mitgliedern angenommen werden mussten. Doch beim Anblick von Duchamps *Fountain* reagierten die anderen Society-Mitglieder entsetzt und bestanden darauf, dass diese Sanitärware unpassend war und nicht als Kunstwerk gelten konnte. Das Werk wurde mit der Begründung abgelehnt, dass es das Produkt eines Installateurs und nicht das eines Künstlers sei und daher unanständig und ein Plagiat.

Kurz nach Eröffnung der Ausstellung nahm Duchamp das Urinal, das hinter einer Trennwand verstaut worden war, wieder an sich und ließ es von dem berühmten Fotografen und Galeriebesitzer Alfred Stieglitz fotografieren. In einem Artikel, der damals in einer Zeitschrift erschien und möglicherweise von Duchamp selbst stammt, heißt es: „Mr. Mutts Fountain ist nicht unmoralisch, das ist absurd, nicht mehr als eine Badewanne unmoralisch ist. Es ist ein Sanitärartikel, wie man ihn jeden Tag im Schaufenster von Installateuren sieht. Ob Mister Mutt das Objekt mit eigenen Händen erschaffen hat oder nicht, ist unwichtig. Er hat es AUSGEWÄHLT. Er nahm einen alltäglichen Gegenstand und platzierte ihn so, dass seine nützliche Bedeutung hinter dem neuen Titel und dem anderen Blickwinkel verschwand – er schuf einen neuen Gedanken zu dem Objekt." Duchamp bewies, dass sich ein Kunstwerk nicht darüber definieren lässt, ob es von einem Künstler eigenhändig produziert oder durch Umformen von Materialien erschaffen wurde. Zudem zeigte er, dass Institutionen wie Galerien und Museen eine große Rolle spielen, wenn es darum geht, festzustellen – und damit zu beeinflussen – was Kunst ausmacht.

Marcel Duchamp (1887–1968)

Fountain, Keramikurinal (Replik; Original verschollen), 1917

„Duchamp bewies, dass sich ein **Kunstwerk** nicht darüber definieren lässt, ob es von einem **Künstler eigenhändig** produziert oder durch **Umformen von Materialien** erschaffen wurde.“

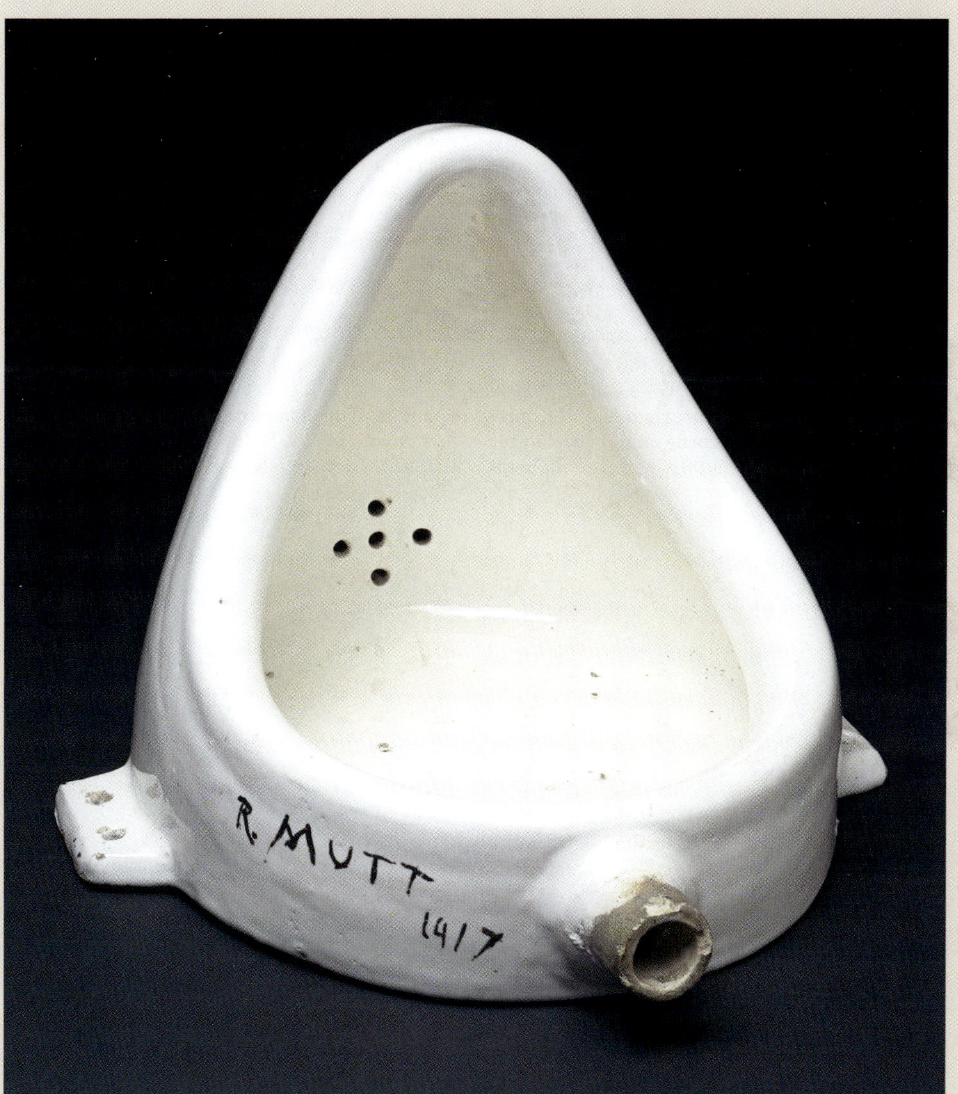

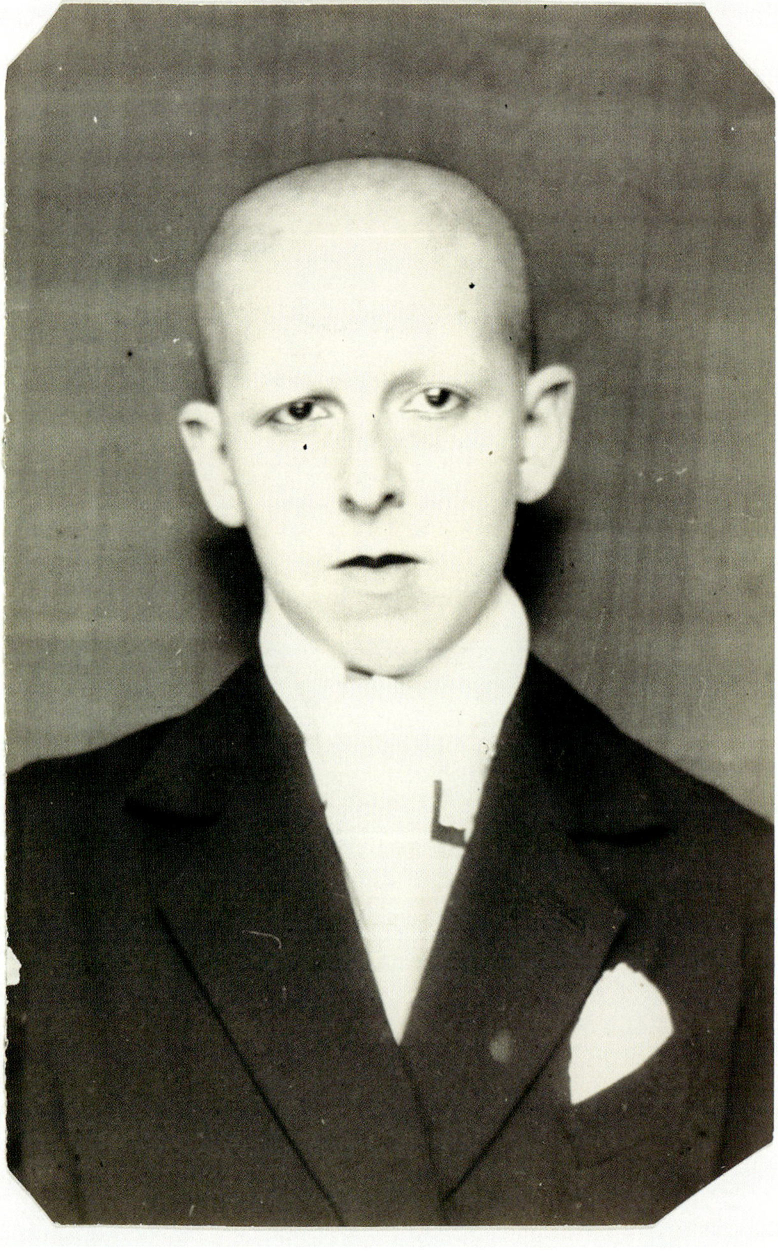

„Nur wenige verstanden ihre **Ansichten** und ihre **Unfähigkeit**, **sich anzupassen**, aber sie **kämpfte** ihr Leben lang **gegen Konventionen**."

Ohne Titel hinterfragt Geschlechtervorstellungen

Die als Lucy Renée Mathilde Schwob geborene Claude Cahun wuchs im französischen Nantes auf und wurde aufgrund der antisemitischen Stimmung in ihrem Heimatland auf eine Privatschule in England geschickt. Mit 18 kehrte sie nach Frankreich zurück und begann während ihres Studiums an der Sorbonne fotografische Selbstporträts zu produzieren. Später arbeitete sie auch als Bildhauerin und Schriftstellerin. In der Überzeugung, dass die geschlechtliche Identität austauschbar sei, nahm sie 1917 den geschlechtsneutralen Namen Claude Cahun an und hinterfragte Zeit ihres Lebens traditionelle Gender- und Identitätskonzepte. Nur wenige verstanden ihre Ansichten und ihre Unfähigkeit, sich anzupassen, dennoch kämpfte sie ihr Leben lang gegen Konventionen und schrieb: „Männlich? Weiblich? Das hängt von der Situation ab. Neutrum ist die einzige Rolle, die mir immer entspricht."

Obwohl Cahun eine große Bandbreite an Werken schuf, ist sie doch am besten bekannt für ihre sorgfältig inszenierten Selbstporträts und surrealistischen Szenen, die sie in den 1920er Jahren zu produzieren begann. Der Mitbegründer des Surrealismus, André Breton, nannte sie „einen der neugierigsten Geister unserer Zeit". Ähnlich Cindy Shermans Methoden im späteren 20. Jahrhundert schlüpfte Cahun in die Rollen verschiedener Charaktere und verkleidete sich zum Beispiel als Gewichtheber, Pilot, Vampir, Soldat und Puppe. Für dieses Bild rasierte sie sich den Kopf, zog Männerkleidung an und blickte dem Betrachter in die Augen, um die gesellschaftlichen Vorstellungen von Sexualität, Geschlecht und Schönheit herauszufordern.

Als Cahun 15 war, heiratete ihr geschiedener Vater die verwitwete Mutter der etwa gleichaltrigen Suzanne Alberte Malherbe; die beiden Mädchen wurden unzertrennlich. Als Erwachsene änderte Malherbe, die als Illustratorin, Designerin und Fotografin tätig war, ihren Namen in Marcel Moore. Sie und Cahun lebten und arbeiteten zeitlebens zusammen. Zwischen 1920 und 1937 lebten die beiden Frauen in Paris, wo sie mit den Surrealisten in Kontakt kamen. Sie nahmen an mehreren surrealistischen Ausstellungen teil und arbeiteten häufig gemeinsam an ihren Werken.

Wahrscheinlich hat Moore viele von Cahuns Selbstporträts fotografiert, so auch dieses Werk. Viele davon waren gar nicht zum Ausstellen gedacht, sondern für Cahun eine Möglichkeit, Gendervorstellungen zu ergründen – das, was Betrachter erwarteten und akzeptierten. 1937 ließen sich Cahun und Moore auf der Kanalinsel Jersey nieder, und nachdem Frankreich gefallen und von den Deutschen besetzt worden war, gingen sie in den aktiven Widerstand und machten Propaganda. Sie produzierten anti-deutsche Flugblätter mit Auszügen aus BBC-Berichten über Nazi-Verbrechen, die sie zu Gedichten zusammenklebten. Verkleidet besuchten sie außerdem verschiedene deutsche Militärveranstaltungen auf Jersey. 1944 wurden sie verhaftet und zum Tode verurteilt, doch im Jahr darauf wurde die Insel von der deutschen Besatzung befreit und das Urteil nie vollstreckt.

Claude Cahun (1894–1954)

Ohne Titel, Gelatinesilberdruck, 1922

69

Großstadt beleuchtet die Korruption

Die Kunstbewegung der Neuen Sachlichkeit entwickelte sich im Deutschland der 1920er Jahre. Benannt wurde sie nach der gleichnamigen Ausstellung in Mannheim 1925. Die Künstler, die am stärksten mit dieser Strömung in Verbindung gebracht werden, sind Otto Dix, George Grosz und Max Beckmann. Die Neue Sachlichkeit zeichnet sich nicht durch einen bestimmten Stil aus, aber die meisten beteiligten Künstler empörten sich über die offensichtliche Korruption und den Hedonismus, die das Deutsche Reich nach seiner Niederlage im Ersten Weltkrieg prägten, sowie über die Ineffizienz der Weimarer Republik, die das Land nun regierte. Die Kunst der Neuen Sachlichkeit bringt außerdem eine allgemeine Geringschätzung der menschlichen Natur zum Ausdruck.

Aufgrund der Reparationszahlungen, die dem Deutschen Reich auferlegt wurden, weil es den Ersten Weltkrieg angezettelt und verloren hatte, ging es der Weimarer Republik wirtschaftlich und sozial gar nicht gut. Durch die schwache Wirtschaft löste sich die deutsche Mittelschicht nahezu vollständig auf, sodass nur die extrem Reichen und die extrem Armen übrigblieben. Arbeitslosigkeit, Hunger und Unterernährung breiteten sich aus; viele Menschen verloren ihr Einkommen und ihr Zuhause. Auf den Straßen in den Städten wimmelte es von Bettlern und Kriegsverletzten.

Otto Dix, der ein guter Zeichner, Kupferstecher, Aquarell- und Ölmaler war, schuf mitleidlose satirische visuelle Kommentare auf die Gewalt, den Tod, die käufliche Liebe und die Korruption, die er um sich herum beobachtete, sowie auf die Erbarmungslosigkeit des Krieges. Dieses Gemälde ist ein Triptychon, das traditionell mit Andachts- und Altarbildern in Verbindung gebracht wird. Mit der Wahl dieses Formats betonte Dix den drastischen Kontrast zu biblischen Motiven: Sein Bild spottet über die Gesellschaft der Weimarer Republik und betont den Sittenverfall. Zu sehen sind drei Nachtszenen in einer gewöhnlichen Stadt der Weimarer Republik während der 1920er Jahre. Auf der mittleren Tafel tanzen mehrere fein gekleidete reiche Menschen zur Musik einer Jazzband. Die Frauen tragen teure, modische Kleidung und spiegeln sich in dem polierten Parkett. Sie haben Spaß und verschwenden keinen Gedanken an andere, schon gar nicht an jene, denen es schlechter geht als ihnen. Auf der linken Tafel stolzieren mehrere Prostituierte am Eingang desselben Tanzlokals vorbei. Verächtlich blicken sie auf zwei Männer: Einer liegt auf dem Boden, der andere ist ein Kriegsinvalide. Ein Hund bellt die Männer an. Auf der rechten Tafel spaziert eine Gruppe Edelprostituierter in Pelzen an einem weiteren Kriegsversehrten vorbei und würdigt ihn keines Blickes. Die Verachtung für die Kriegsveteranen, die diese Frauen zum Ausdruck bringen, ist aggressiv und schockierend, aber alle haben zu kämpfen: Die Männer leiden Hunger, und die Frauen müssen sich als Prostituierte verdingen, um ihren Lebensunterhalt zu bestreiten.

Mehrere Charaktere in diesem Werk sind echten Vorbildern aus Dresden nachempfunden, etwa dem Architekten Wilhelm Kreis, dem Maler Gert Wollheim, dem Leiter der sächsischen Staatskanzlei, Alfred Schulze, und der Frau des Künstlers, Martha Dix.

Otto Dix (1891–1969)

Großstadt, Mischtechnik auf Holz, 1927–1928

„Otto Dix schuf **mitleidlose** satirische **visuelle Kommentare** auf die Gewalt, den Tod, die käufliche Liebe und die Korruption, die er um sich herum beobachtete, sowie auf die **Erbarmungslosigkeit des Krieges**."

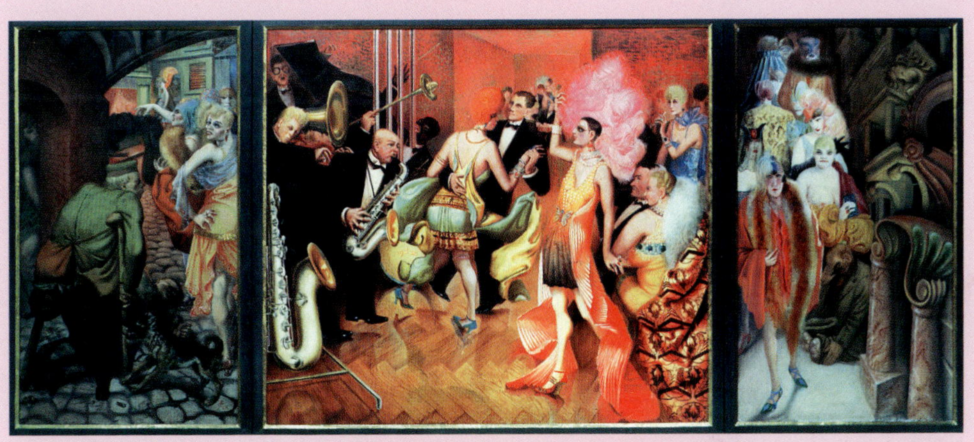

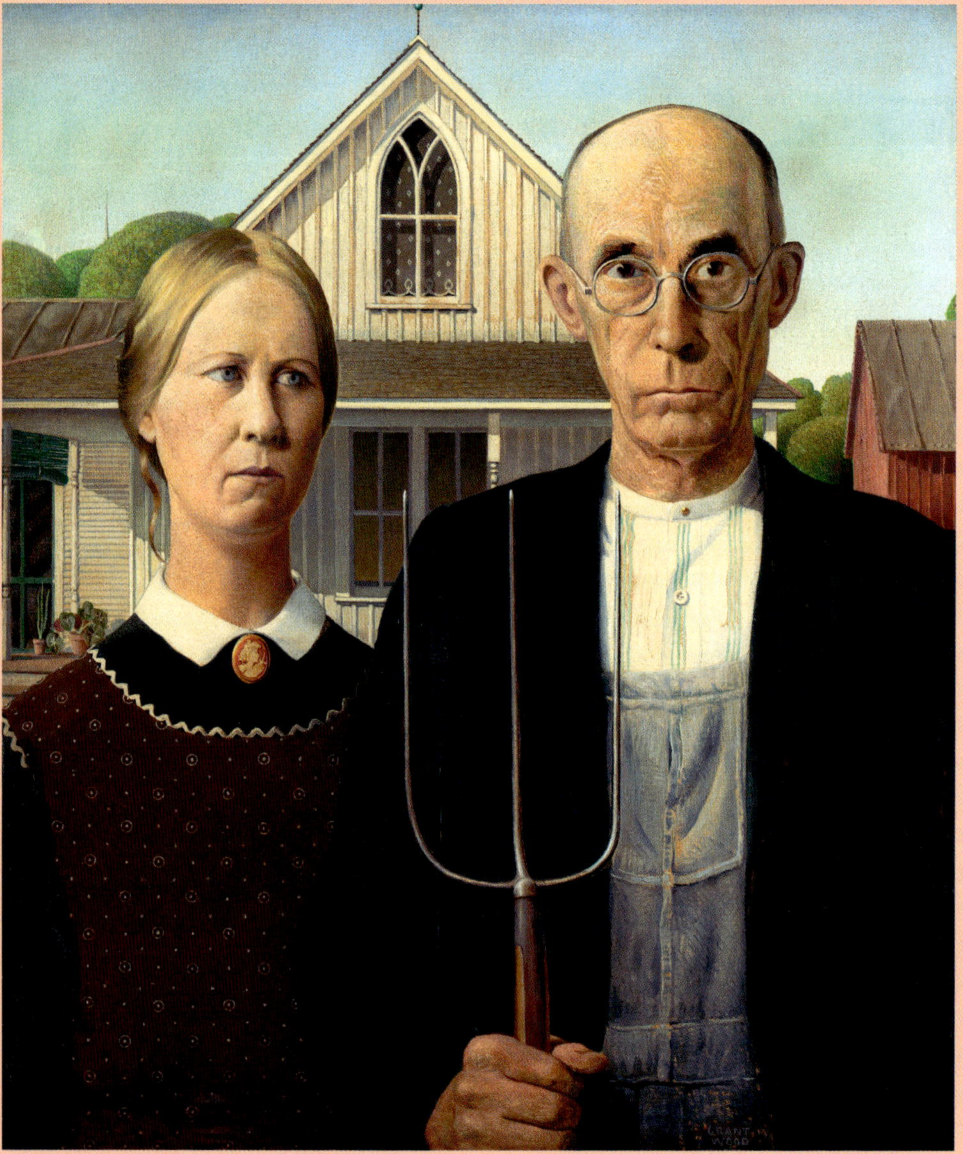

„Der Mann und die Frau werden als **Überlebende** dargestellt, die die **Stärke** und **Verlässlichkeit** des Mittleren Westens verkörpern.“

American Gothic wertschätzt den Mittleren Westen

Nach dem Ersten Weltkrieg erlebte die figurative Malerei rund um die Welt einen Wiederaufschwung. Der amerikanische Regionalismus, eine Strömung des amerikanischen Realismus', wurde in den 1930er Jahren populär. Einer seiner bekanntesten Vertreter war Grant Wood. Der in Iowa geborene Künstler studierte in Europa und kehrte in den frühen 1930er Jahren als Lehrer an die School of Art in Iowa zurück. Sein detaillierter, realistischer Malstil spiegelt die traditionellen Werte des kleinstädtischen Amerikas.

Ein Jahr nach dem Börsencrash von 1929 kam Wood durch den Ort Eldon in Iowa. Auf der Suche nach einem Motiv sah er ein weißes Holzhaus, das als Dibble House bekannt war. Es entsprach seiner Vorstellung der amerikanischen Werte von Fleiß, bürgerlicher Pflicht und Strenge. Also skizzierte er das Haus auf die Rückseite eines Briefumschlags. Eldon war ein verschlafenes ländliches Städtchen mit weniger als 1000 Einwohnern, und das Haus war 1881 in einem bescheidenen, als Carpenter Gothic bekannten Architekturstil erbaut worden. Die Eigentümer waren einverstanden, dass Wood am nächsten Tag wiederkam, um das kleine Haus mit seinem Giebel und dem Spitzbogenfenster zu zeichnen. Er erstellte einen detaillierteren Entwurf mit Öl auf Karton, in dem er den Winkel des Dachgiebels übertrieben darstellte und das Fenster in die Länge zog. Das Land versank damals in einer schweren Wirtschaftskrise, es herrschte allgemeine Verzweiflung. Wood beschloss, das Haus mit „der Sorte Menschen zu malen, die ich mir darin vorstellte".

Zurück im Atelier malte er das Gebäude und stellte zwei Figuren davor, für die ihm seine Schwester Nan und sein Zahnarzt, Dr. Byron McKeeby, Modell saßen. Sie sollten einen Farmer und seine unverheiratete Tochter darstellen. Das Haus und die zwei Figuren malte er getrennt voneinander und fügte sie anschließend in dem Gemälde zusammen. Nan trägt einen altmodischen Kittel und eine Gemmen-Brosche; ihr Haar hat sie nach hinten gebunden. McKeeby ist mit einem kragenlosen Hemd, einer Jacke und einer Latzhose bekleidet. Er hält eine Heugabel in der Hand, deren Zinken zum Himmel weisen und deren Form sich in dem gotischen Fenster hinter ihm und der Tasche seiner Latzhose wiederfindet. Mit kahlem Schädel, dunklen Augen und ernstem Blick sieht er uns an, während Nan eher ängstlich in die Ferne blickt.

Um der Komposition einen Zusammenhalt zu geben, arbeitete Wood mit mehreren sich wiederholenden rhythmischen Formen und Linien. Die Gardine in dem gotischen Fenster zum Beispiel greift das Muster von Nans Kittel auf; in der Brosche und den Topfpflanzen auf der Veranda findet sich Nans Kopfform wieder. Der präzise, detaillierte Stil erinnert an die Ölgemälde der flämischen Renaissance, die Wood während seiner Zeit in Europa zwischen 1920 und 1928 studierte. Er wollte das Gemälde als positive Aussage über die ländlichen amerikanischen Werte präsentieren; in dieser Zeit der Not sollte es auf den Betrachter bestärkend wirken. Der Mann und die Frau werden als Überlebende dargestellt, die die Stärke und Verlässlichkeit des Mittleren Westens verkörpern.

Grant Wood (1891–1942)

American Gothic, Öl auf Hartfaserplatte, 1930

Die Beständigkeit der Erinnerung bildet Halluzinationen ab

Salvador Dalí, einer der produktivsten Künstler des 20. Jahrhunderts, war ein begabter Zeichner und unermüdlicher Selbstdarsteller. Er arbeitete als Maler, Grafiker, Bildhauer, Filme- und Modemacher und Werbedesigner und war für seine Persönlichkeit ebenso berühmt wie für seine Kunst. Seine hyperrealistischen Bilder, die häufig mit seltsamen Nebeneinanderstellungen arbeiten, kamen bei einem breiten Publikum gut an. Dalí war fasziniert von der Vorstellung einer aus dem Unterbewusstsein erschaffenen Kunst und schloss sich 1929 offiziell den Surrealisten an. Im Jahr darauf erklärte er, herausgefunden zu haben, wie er sich beim Malen in einen halluzinatorischen Zustand versetzen konnte; das Verfahren bezeichnete er als paranoisch-kritische Methode. Damit, so behauptete er, könne er doppeldeutige Bilder produzieren, die aus seiner Faszination für Halluzinationen und Wahnvorstellungen entstanden. Wegen seiner widersprüchlichen, umstrittenen Ansichten wurde er schließlich von der Gruppe der Surrealisten ausgeschlossen, aber dennoch zu einem ihrer berühmtesten Vertreter. Anerkennung fand er ebenso für seine technisch genauen Trugbilder wie für seine schillernde, extrovertierte Persönlichkeit und seine eigenartigen Possen.

Dalí kam im spanischen Figueras in der Region Katalonien zur Welt; die fernen Felsformationen in diesem Gemälde zeigen die Landschaft, in der er aufwuchs. Der Surrealismus mit seinem Fokus auf Träumen, dem Unterbewussten und den Theorien des österreichischen Neurologen Sigmund Freud war für Dalí wie gemacht. Dieses Bild malte er, als er noch Mitglied der Gruppe war. Es scheint eine seiner Halluzinationen darzustellen und war eines der ersten Werke, das er mithilfe seiner paranoisch-kritischen Methode produzierte. Nach den zerfließenden Uhren befragt, erklärte er, sie seien von einem Camembert-Käse inspiriert, den er in der Sonne hatte schmelzen sehen. Die weichen, biegsamen Uhren scheinen in der Hitze auseinanderzulaufen und wegzurutschen, was darauf hindeutet, dass die Zeit nicht auf gewohnte, verlässliche Art funktioniert. Noch seltsamer ist die merkwürdige, sinnlos wirkende Kreatur im Bildzentrum, auf deren Rücken eine zerlaufende Uhr drapiert ist. Dieser fleischige Organismus erinnert entfernt an Dalís eigenes Gesicht im Profil, seine Nase, Zunge und die spinnenähnlichen Augenbrauen, die befremdlicherweise sowohl vertraut als auch unkenntlich wirken. Links im Vordergrund krabbeln Ameisen auf einer zugeklappten roten Taschenuhr. Ameisen sind ein häufig wiederkehrendes Motiv im Werk des Künstlers und üblicherweise ein Symbol für den Verfall.

Dalí hat einmal zu dem Gemälde erklärt: „Dieses Bild zeigt eine Landschaft nahe Port Lligat, dessen Felsküste von einem durchscheinenden, melancholischen Zwielicht erhellt wird; im Vordergrund steht ein Olivenbaum mit beschnittenen Ästen und ohne Blätter.“ Dalí, der seine Bilder häufig als „handgemalte Traumfotografien“ beschrieb, schuf diese Szene aus seinen Träumen, seiner Fantasie und seinem Unterbewusstsein, „um Verwirrung zu ordnen und so die Welt der Realität komplett unglaubwürdig zu machen.“

Salvador Dalí (1904–1989)

Die Beständigkeit der Erinnerung, Öl auf Leinwand, 1931

„Dalí schuf diese Szene aus seinen **Träumen**, seiner **Fantasie** und seinem **Unterbewusstsein**, um ‚**Verwirrung zu ordnen** und so die **Welt der Realität** komplett unglaubwürdig zu machen‘."

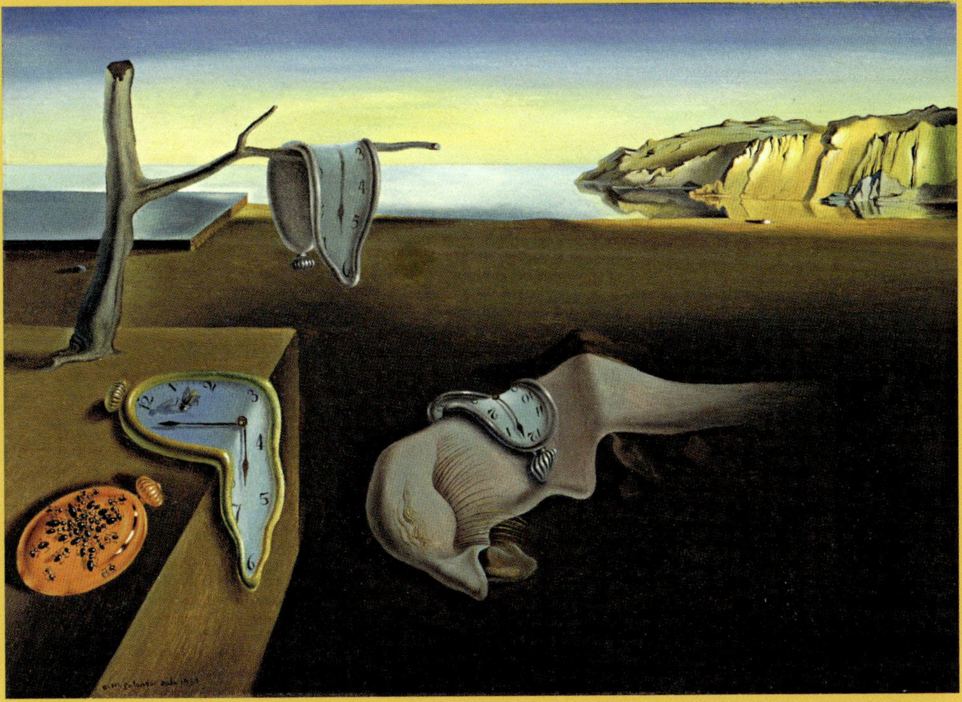

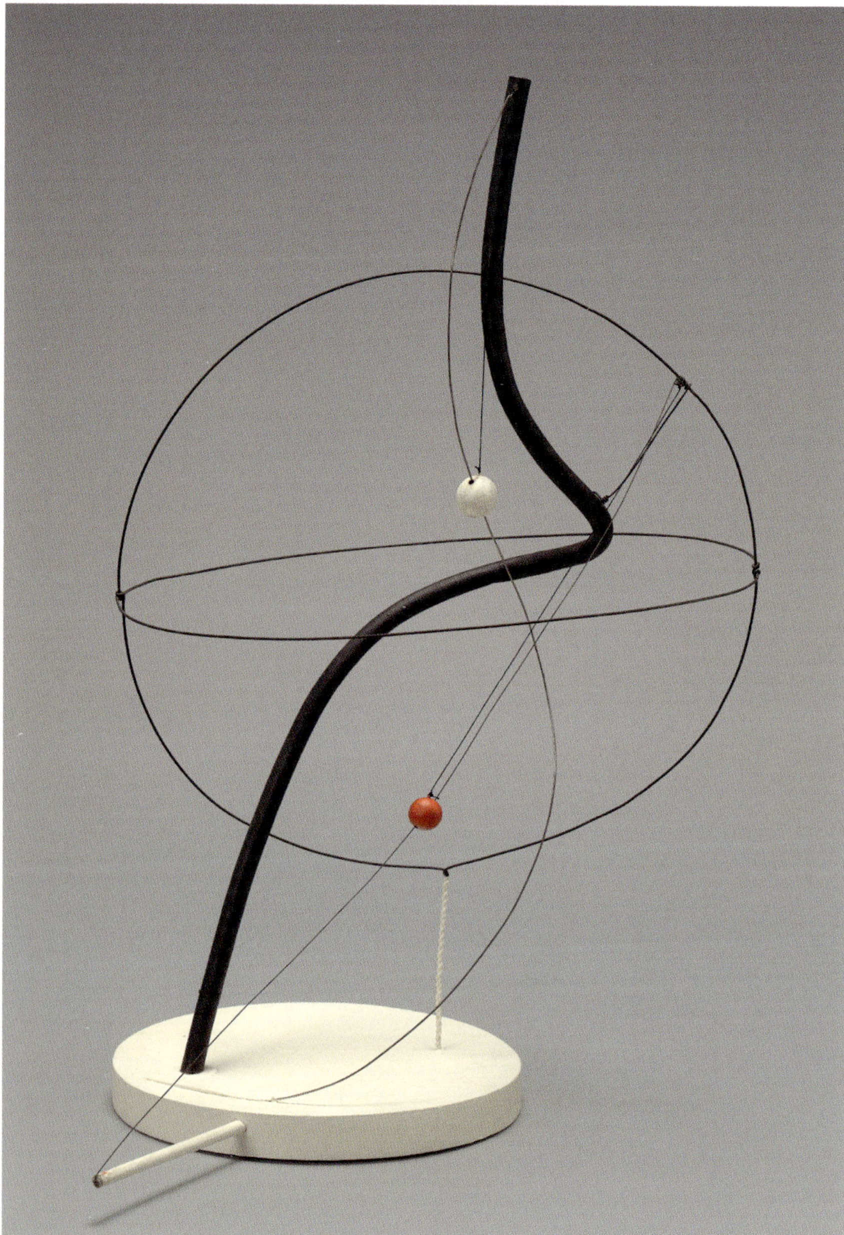

„Das **Formempfinden**, das meinem Werk zugrunde liegt, beruht auf dem **System des Universums** oder Teilen davon."

72

A Universe simuliert den Kosmos

Der amerikanische Künstler Alexander Calder ist am besten bekannt für seine kinetischen Mobiles, die von der Luft oder einem Motor bewegt werden. Er schuf aber auch Gemälde, Druckgrafiken und Miniaturen, entwarf Theaterkulissen und Schmuck und produzierte Wandteppiche, Vorleger und politische Plakate. Zunächst studierte er Malerei an der Art Students League of New York. 1926 ging er nach Paris, wo er als Bildhauer arbeitete und seine intuitive technische Begabung mit einem einzigartigen künstlerischen Vokabular kombinierte, das sich parallel zum Surrealismus entwickelte. Er schloss auch Freundschaft mit den Avantgardekünstlern Marcel Duchamp und Piet Mondrian.

Calder war der erste Künstler, der der Kinetik in der Kunst eine feste Form gab. Die russischen Konstruktivisten hatten bereits 1915 kinetische Skulpturen konzipiert. Als Calder in den frühen 1930er Jahren das Mobile erfand, wusste er davon nichts, aber in seinen Skulpturen – ganz gleich ob motorisiert, mit Drähten von der Decke oder von freistehenden Dreifüßen hängend – finden zahlreiche Künstler und Kunstströmungen ihren Widerhall, darunter Dada, der Rhythmus von Mondrians Werk und einige Gemälde von Joan Miró. Calders bewegte Skulpturen revolutionierten die Kunst. Marcel Duchamp nannte sie 1931 „Mobiles", und Jean Arp bezeichnete Calders spätere freistehende Metallskulpturen, die sich nicht bewegten, als „Stabiles". Calder selbst nannte sie „vierdimensionale Zeichnungen".

Die meisten von Calders fein ausbalancierten Konstruktionen bestehen aus abstrakten Formen. Einige wenige nehmen Bezug auf die reale Welt. 1933, kurz bevor er das hier abgebildete Werk schuf, sagte Calder: „So wie man Farben oder Formen komponieren kann, so kann man auch Bewegungen komponieren." Dieses Werk, eines seiner ersten mechanischen Mobiles, war von seiner persönlichen Faszination für die Dynamik von Energie inspiriert, oder, wie er es einmal ausdrückte, „der Vorstellung losgelöster Körper verschiedener Größe und Dichte, vielleicht in verschiedenen Farben und Temperaturen, die im Raum schweben". Das Gebilde umfasst eine kleine rote und eine größere weiße Kugel, die jeweils an einem gebogenen Draht befestigt sind. Die gewundenen Drähte umkreisen einander. Angetrieben von einem selbstgebauten Motor bewegen sich die beiden Kugeln, rotieren und kreuzen den Weg der anderen an verschiedenen Stellen und in verschiedenen Geschwindigkeiten; ein kompletter Zyklus dauert 40 Minuten. Während die Objekte einander umkreisen und aneinander vorbeiziehen, bildet die Skulptur die fließende, kontinuierliche Bewegung einer abstrakten Vision des Kosmos ab, den sie auf fröhliche, unspezifische Weise erkundet.

Calder wollte mit der Unvorhersehbarkeit des Musters und der Bewegung die feine Balance und stete Bewegung des Universums und die veränderlichen physikalischen Beziehungen darin darstellen. Über seine Arbeiten aus jener Zeit sagte er: „Das Formempfinden, das meinem Werk zugrunde liegt, beruht auf dem System des Universums oder Teilen davon." Als das Werk 1943 im Museum of Modern Art in New York ausgestellt wurde, soll Albert Einstein für die gesamte Zyklusdauer von 40 Minuten wie gebannt vor den sich langsam bewegenden Elementen gestanden haben.

Alexander Calder (1898–1976)

A Universe, bemaltes Eisenrohr, Stahldraht, Motor und Holz mit Schnur, 1934

Guernica verurteilt den Faschismus

In diesem berühmten Gemälde brachte Pablo Picasso, der berühmteste Künstler des 20. Jahrhunderts, seine Abscheu über die Zerstörung von Guernica zum Ausdruck. Deutsche Truppen hatten die baskische Stadt im Norden Spaniens auf Anordnung des faschistischen Generals Franco während des Spanischen Bürgerkriegs (1936–1939) bombardiert. Dieses monumentale Bild, das Schmerz, Gewalt und Leid darstellt, ist nur mit Schwarz, Weiß und Grau gemalt. Es wurde zu einem internationalen Symbol für die Gräuel des Krieges.

Picasso war ein Wunderkind und ein großer Neuerer. Unter anderem begründete er den Kubismus, führte die Collage und die Keramik in die schönen Künste ein und entwickelte im Laufe seiner Karriere verschiedene Stile, zu denen ihn häufig die Frauen in seinem Leben inspirierten. Anfang 1937 – damals lebte er in Paris – wurde er von der republikanischen Regierung Spaniens beauftragt, ein Wandbild für den spanischen Pavillon auf der Pariser Weltausstellung zu malen. Während er noch über ein Thema nachdachte, las er in einem Zeitungsartikel von der Zerstörung der kleinen spanischen Stadt Guernica, die im April desselben Jahres am helllichten Tage von deutschen Streitkräften bombardiert worden war. Picasso wollte, dass die ganze Welt von dieser Grausamkeit erfuhr und beschloss, den Vorfall zum Thema seines Wandbilds zu machen.

In dem Werk sind mehrere Antikriegselemente zu sehen. Picasso zufolge ist der Stier – in Spanien normalerweise ein Symbol für Stärke – hier ein Symbol für Brutalität. Vor dem Stier wirft eine Frau vor Kummer und Verzweiflung ihren Kopf nach hinten; im Arm hält sie ihr totes Baby. Von der Decke leuchtet eine einzige Glühbirne, deren gezacktes Licht an eine Explosion erinnert. Neben dem Pferdekopf hält eine Frau an einem Fenster ein weiteres Licht in Form einer Kerze. Unter dem Pferd liegt ein toter Soldat mit einem abgetrennten Arm, der noch immer ein zerbrochenes Schwert umklammert, aus dem eine kleine Blume wächst – ein winziges Symbol der Hoffnung. Die Linien auf der Handfläche der anderen Hand des Soldaten könnten Stigmata sein, ein Symbol für das Martyrium Christi. Das Pferd verkörpere alle unschuldigen Menschen, die bei dem Massaker ums Leben gekommen seien, erklärte Picasso. Außen rechts wird eine Figur mit ausgestreckten Armen von den Flammen verschlungen. Es ist unklar, ob diese Figur (männlich oder weiblich) fällt oder gefangen ist, aber sie oder er schreit gellend dem Himmel entgegen.

Als das Wandgemälde in Paris ausgestellt wurde, fanden die faschistischen Parteien in Frankreich und anderen europäischen Ländern immer mehr Unterstützung, und das Kunstwerk sorgte für viele Kontroversen. Im Anschluss an die Pariser Weltausstellung reiste es ausgiebig durch Nordamerika und danach durch Europa. Nur in seinem Heimatland Spanien wollte Picasso das Bild nicht zeigen, nicht bevor das Land endlich wieder eine demokratisch gewählte Regierung hatte.

Pablo Picasso (1881–1973)

Guernica, Öl auf Leinwand, 1937

„Dieses **monumentale Bild** ist nur mit Schwarz, Weiß und Grau gemalt. Es wurde zu einem **internationalen Symbol** für die **Gräuel des Krieges**."

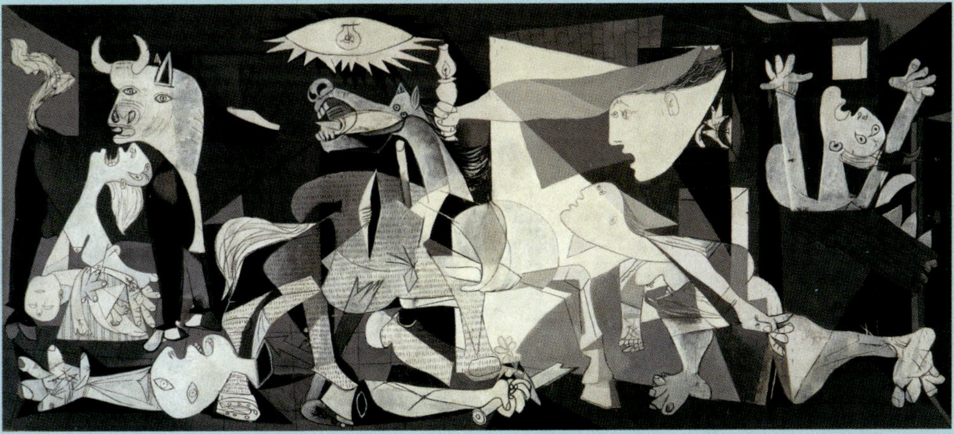

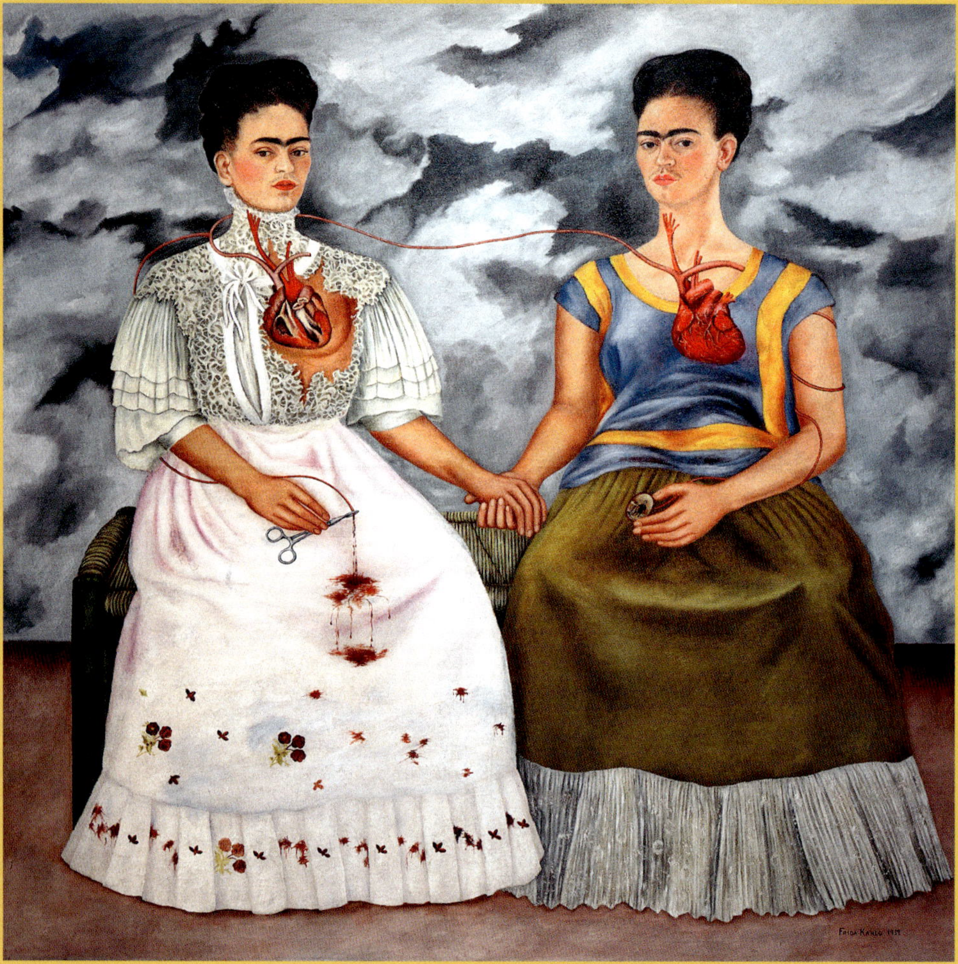

„Viele ihrer Bilder sind **sehr persönliche** Kommentare; ihr **traumatisches Leben** kann daher nicht getrennt von ihrer **Kunst** betrachtet werden."

74

Die zwei Fridas stellt Leiden zur Schau

Zwei identische Frauen sitzen nebeneinander. Beides sind Selbstporträts von Frida Kahlo, jener Künstlerin, die damit bekannt wurde, dass sie in ihren Gemälden Aspekte ihres sorgen- und schmerzenreichen Lebens ergründete und ausdrückte. Viele ihrer Bilder sind sehr persönliche Kommentare; ihr traumatisches Leben kann daher nicht getrennt von ihrer Kunst betrachtet werden.

Die deutsch-mexikanischstämmige Kahlo wuchs in Mexico City auf. Im Alter von sechs Jahren erkrankte sie an Kinderlähmung und musste neun Monate das Bett hüten. Infolge dieser Krankheit hinkte sie zeitlebens. Zwölf Jahre später stieß der Bus, mit dem sie von der Schule nach Hause fuhr, mit einer Straßenbahn zusammen. Bei dem Unfall wurde Frida von einer Eisenstange durchbohrt; sie erlitt mehrere schwere Brüche, und ihr Becken wurde zerschmettert. Daraufhin verbrachte sie mehrere Monate in einem Gipskorsett im Krankenhaus und begann während ihrer Genesung im Bett zu malen. Drei Jahre später trat sie der kommunistischen Partei Mexikos bei und lernte den 21 Jahre älteren Künstler Diego Rivera kennen. Nachdem dieser sich von seiner zweiten Frau hatte scheiden lassen, heirateten Kahlo und er, doch ihre Beziehung war ein stetes Auf und Ab. Rivera war untreu, und auch Kahlo, die weiter unter gesundheitlichen Problemen litt und zahlreiche Behandlungen und Operationen über sich ergehen lassen musste, begann Affären zu haben. Nachdem Rivera sie mit ihrer jüngeren Schwester betrogen hatte, ließ sich das Paar 1939 scheiden; ein Jahr später heirateten sie erneut.

Dieses Werk entstand in dem Jahr, als Kahlo und Rivera sich scheiden ließen. Es zeigt Kahlos körperliche und seelische Schmerzen und Ängste sowie ihren inneren Aufruhr. Später sagte sie, es drücke ihre Einsamkeit nach der Trennung von Rivera aus. Die beiden Frauen sitzen ohne klaren Gesichtsausdruck auf einer Holzbank und halten sich an der Hand. Wie üblich hat Kahlo ihr Gesicht, ihren Körper und ihr Gesichtshaar stärker betont, als es der Realität entspricht.

Die linke Frida trägt ein weißes viktorianisches Spitzenkleid im europäischen Stil, während die rechte Frida mit einem traditionellen mexikanischen Kostüm bekleidet ist. Das weiße Kleid repräsentiert die Art Kleidung, die Frida vor ihrer Hochzeit mit Rivera trug; das Weiß betont außerdem das Dunkelrot des Blutes. Diese Frida wird geschwächt durch ein ungeschütztes Herz, das zerfetzt ist und blutet; sie sehnt sich nach ihrer verlorenen Liebe. In verschiedenen Kulturen ist ein blutendes Herz außerdem ein Symbol für wahre Liebe und Mitgefühl mit dem Leiden anderer. Das Blut läuft aus einer Ader, die sie mit einer chirurgischen Klemme hält, auf ihren Schoß. Das Gefäß verbindet die beiden Fridas, spielt aber auch auf Kahlos permanenten Schmerz und die häufigen medizinischen Behandlungen an. Die andere Frida ist unabhängig und stark. Wie bei der europäischen Frida liegt auch ihr Herz frei, ist aber unverletzt. In der linken Hand der mexikanischen Frida, am Ende der Ader, die von der europäischen Frida kommt, ist ein Porträt Riveras befestigt.

Frida Kahlo (1907–1954)

Die zwei Fridas, Öl auf Leinwand, 1939

75

Nighthawks versinnbildlicht urbane Einsamkeit

Edward Hopper ist für seine kontemplativen Darstellungen der amerikanischen Ostküste des frühen bis mittleren 20. Jahrhunderts bekannt. Nach einem Studium der Illustration und der Malerei arbeitete er zunächst als Werbezeichner, bevor er Künstler wurde. Zwischen 1906 und 1910 unternahm der in der Nähe des Hudson River geborene Hopper drei Reisen nach Europa, bei denen er Paris, London, Berlin, Amsterdam und Brüssel besuchte. Doch statt sich der damals populären abstrakten Malerei zuzuwenden, entwickelte er einen realistischen Stil, der dem seines Lehrers William Merritt Chase sowie Edgar Degas, Édouard Manet und Gustave Courbet nachempfunden war. Nach seiner Rückkehr in die Vereinigten Staaten malte er Bilder des städtischen Lebens in Amerika und erzielte schließlich 1924 – nachdem er jahrelang um Anerkennung gekämpft hatte – mit seiner zweiten Soloausstellung den erwünschten Erfolg. Daraufhin kündigte er seinen Job und reiste mit seiner Frau, der Malerin Josephine Nivison, die ihm für alle weiblichen Figuren in seinen Bildern Modell stand, nach Neu-England.

Hoppers introspektive, melancholische Darstellungen des Gefühls der Isolation in der modernen Stadt beeinflussten viele Künstler und insbesondere Filmemacher der 1960er und 1970er Jahre. *Nighthawks* ist sein bekanntestes Gemälde. Mit seinen einsamen Figuren, den langen Schatten und dem atmosphärischen Licht veranschaulicht das Werk das Gefühl der Vereinzelung und Entfremdung, das in großen Städten so verbreitet ist und das Hopper überall um sich herum beobachten konnte. Dieses hell erleuchtete Diner wirft beunruhigende Schatten auf die menschenleere Straße draußen. Das fluoreszierende Licht im Innern kommt von der Decke und scheint ziemlich grell auf die vier Figuren hinunter. Die Beleuchtung und der Titel legen nahe, dass es sich um eine Nachtszene handelt. Jede Figur wirkt allein und von den anderen losgelöst, vertieft in eigene Gedanken. Niemand unterhält sich.

Die Frau in dem roten Kleid mit dem kastanienbraunen Haar, deren Haut und Haar hell angestrahlt werden, bildet den Fokus des Gemäldes, obwohl sie sich ziemlich weit rechts in der Komposition befindet. Sie kommuniziert weder mit dem Mann neben ihr noch mit dem Barkeeper. Hopper malte dieses Bild, nachdem er und seine Frau ein Restaurant in der New Yorker Greenwich Avenue besucht hatten. Josephine machte für ihn Notizen, darunter auch diese: „Mann Nachteule (Zinken) mit schwarzem Anzug, stahlgrauem Hut, schwarzem Hutband, blauem Hemd (sauber), Zigarette in der Hand.“ Die Szene ist geschickt arrangiert, etwa mit den Winkeln des Lichts und den langen dunklen Schatten, den hellerleuchteten Zonen – auch denen auf der Straße draußen –, dem strahlenden Grün des Bords hinter der Glasscheibe und der leuchtend zitronengelben Wand. Zu den besonders rätselhaften Elementen zählen die Figur, die uns den Rücken zuwendet, der Mann neben der Frau und die Tatsache, dass keine Tür zu sehen ist. Es ist ein vielsagendes Bild, das ein geradezu spürbares Gefühl von Einsamkeit verströmt.

Edward Hopper (1882–1967)

Nighthawks, Öl auf Leinwand, 1942

„Mit seinen **einsamen Figuren**, den **langen Schatten** und dem atmosphärischen Licht veranschaulicht das Werk das Gefühl der **Vereinzelung und Entfremdung**, das in großen Städten so verbreitet ist."

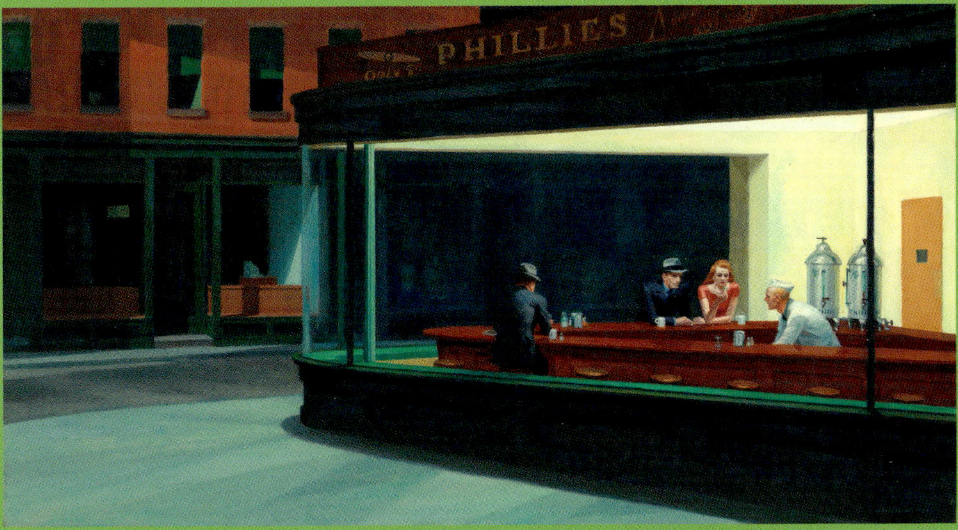

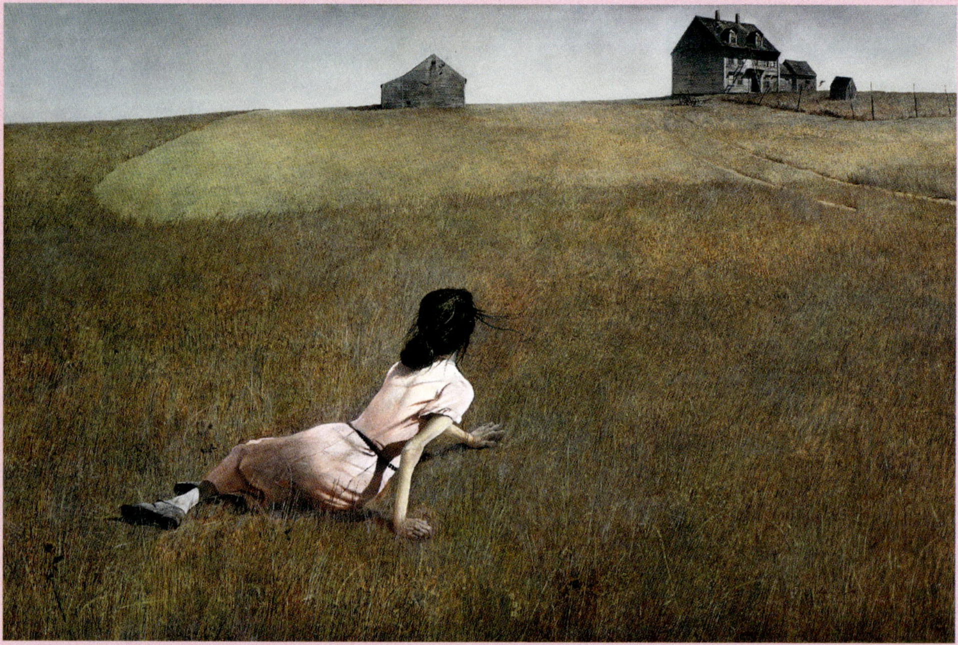

„Dieses Gemälde, das das unbeachtete **Leiden** und den unbezähmbaren **Willen** der Frau offenbart, ist eher eine **psychologische Landschaft** als ein **Porträt**."

76

Christina's World personifiziert innere Stärke

Eine junge Frau sitzt in einem Feld auf dem Boden und blickt zu einem entfernten Haus mit einer Scheune und anderen kleinen Nebengebäuden. Das gelbbraune Gras lässt darauf schließen, dass es länger nicht geregnet hat. Aus dem locker im Nacken verknoteten Haar der Frau haben sich dunkle Strähnen gelöst, die von einer leichten Brise bewegt werden. Auf den ersten Blick mutet dieses Gemälde wie eine friedliche, ländliche Szene an. Doch bei genauerem Hinsehen fällt auf, dass die Frau extrem dünn ist und ihre Körperhaltung fast schmerzhaft wirkt.

Der Maler des Bildes, Andrew Wyeth, war Sohn eines gefeierten Illustrators, N.C. Wyeth, der nur drei Jahre zuvor auf einem Bahnübergang ums Leben gekommen war. Nach diesem schmerzlichen Verlust veränderte sich Wyeths Malstil grundlegend: Seine Palette wurde gedämpfter, seine Landschaften unwirtlich, und seine Figuren scheinen häufig traurig oder irgendwie besorgt. Wyeth besaß ein Sommerhaus in Maine, und dieses Bild zeigt die Umgebung des Hauses. Die Frau in dem Gemälde war seine dortige Nachbarin, Christina Olson, die mit ihrem Bruder, Alvaro Olson, zusammenlebte. Infolge einer Kinderlähmung war Christina teilweise gelähmt, aber zu bescheiden oder zu stolz, um nach Hilfe zu fragen. Sie weigerte sich, einen Rollstuhl zu benutzen und bewegte sich stattdessen selbstständig fort. Hier versucht sie, ihren schwachen Körper mit den dünnen Armen in Richtung des Hauses zu ziehen. „Christina war körperlich eingeschränkt, aber keineswegs geistig", schrieb Wyeth. „Die Herausforderung für mich lag darin, ihrer außerordentlichen Bewältigung eines Lebens gerecht zu werden, das die meisten Menschen als hoffnungslos betrachten würden." Inspiriert zu dem Bild wurde er, als er von einem Fenster seines eigenen Hauses aus beobachtete, wie sich die damals 55 Jahre alte Christina entschlossen über das Feld zog. Um das Bild visuell ansprechender zu machen, empfand Wyeth Christinas Kopf und Oberkörper denen seiner Frau Betsy nach, die damals Mitte zwanzig war.

Das im späten 18. Jahrhundert erbaute Olson Farmhouse liegt imposant und grau da. Der bewölkte Himmel unterstreicht die Kargheit der Szene. Um eine ausbalancierte, asymmetrische Komposition zu erhalten, veränderte Wyeth die Position des Hauses, der Scheune und der Nebengebäude. Er hielt die trockene Landschaft, das ländliche Gebäude und die Scheune akribisch genau fest, malte jeden Grashalm, jede einzelne Haarsträhne und jede Abstufung von Licht und Schatten. Statt wie üblich mit Wasserfarben zu arbeiten, verwendete er hier Eitempera, eine Farbe, die in der frühen Renaissance gebräuchlich war. Dieses Gemälde, das das unbeachtete Leiden und den unbezähmbaren Willen der Frau offenbart, ist eher eine psychologische Landschaft als ein Porträt, eher das Porträt eines Geisteszustands als das eines Ortes.

Andrew Wyeth (1917–2009)

Christina's World, Eitempera auf Holztafel mit Gesso-Grundierung, 1948

77

Mountains and Sea gestaltet ein abstraktes Klima

Helen Frankenthaler, die sich stets von Landschaften inspirieren ließ, begann ihre Laufbahn als abstrakte Expressionistin unter dem Einfluss von Künstlern wie Jackson Pollock, Franz Kline, Arshile Gorky, Willem de Kooning und Robert Motherwell. Der Abstrakte Expressionismus entstand nach dem Zweiten Weltkrieg in New York City. Keiner der beteiligten Künstler hatte einen kohärenten Stil, aber alle schufen sie großformatige, abstrakte Werke, die mit den traditionellen Methoden brachen und Emotionen offenbarten oder beeinflussten. Ihre ganz eigene Herangehensweise entwickelte Frankenthaler im Oktober 1952 nach einem Urlaub auf der Insel Cape Breton in der kanadischen Provinz Nova Scotia mit diesem Werk. Bei ihrer flüssigen, freien Soak-Stain-Technik goss sie stark mit Terpentin verdünnte Ölfarbe auf riesige Leinwände. So entstanden klare Felder in leuchtenden Farben, die miteinander verschmelzen und gar nicht erst versuchen, die Illusion von Dreidimensionalität zu erwecken.

Obwohl sie für das Gemälde Ölfarben benutzte, wirkt es doch, als hätte sie Wasserfarben verwendet. Frankenthaler verdünnte nicht nur ihre Farbe, sondern benutzte auch eine ungrundierte Leinwand, in die die dünne Farbe einzog und in der sie sich unkontrolliert ausbreitete. Als die Künstlerin dieses Werk schuf, war sie erst 23, aber ihre Methode beeindruckte auch erfahrene Künstler wie Morris Louis und Kenneth Noland, die ebenfalls anfingen, mit ihr zu arbeiten. So begann die zweite Phase der Farbfeldmalerei, ein Zweig des Abstrakten Expressionismus, der durch flache, abstrakte, farbgesättigte Oberflächen gekennzeichnet war, die Betrachtende ermutigten, zu meditieren und ganz in die Farben einzutauchen. Dadurch, dass sie die Farbe ausgoss, statt sie mit einem Werkzeug zu verteilen, vermied Frankenthaler jeden Hinweis auf eine künstlerische Handschrift. Die farbigen Bereiche verlaufen häufig ineinander und ändern dabei ihre Form. Anders als die meisten Farbfeldgemälde verweist dieses Werk auf Elemente aus der realen Welt und nimmt Bezug auf die kanadische Landschaft, was auch im Titel angedeutet wird. Himmel, Wasser und Bäume sind zu erkennen, und die Farben deuten auf einen Sommertag in Kanada. Das verdünnte Blau ganz oben steht für einen Berggipfel, das dunklere Blau zeigt das Meer, das Grün und das Rosa könnten Blumen sein. „Meine Bilder sind voller Klimata, abstrakter Klimata“, sagte Frankenthaler. „Sie zeigen nicht die Natur an sich, sondern ein Gefühl.“

Für dieses Werk legte Frankenthaler ihre Leinwand auf den Boden, zeichnete mit Kohle ein paar grobe Linien und goss dann die verdünnten Farben darauf. Zwar verfolgte sie stets ein allgemeines Ziel und hatte eine Vorstellung, wie das Gesamtbild später aussehen sollte. Gleichwohl arbeitete sie intuitiv, denn sie war der Meinung, dass ungeplante Abstraktionen Betrachter und Betrachterinnen in die Lage versetzten, persönlicher und individueller zu reagieren als auf figurative Kunst. Jahre später erklärte sie: „Wenn man zum ersten Mal ein kubistisches oder impressionistisches Gemälde betrachtete, musste das Auge oder das Unterbewusstsein zunächst geschult werden. Farbflecke standen für reale Dinge, waren Abstraktionen einer Gitarre oder eines Hügels. Jetzt passiert das Gegenteil.“

Helen Frankenthaler (1928–2011)

Mountains and Sea, Öl und Kohle auf Leinwand, 1952

„Dadurch, dass sie die Farbe **ausgoss**, statt sie **mit einem Werkzeug** zu verteilen, vermied Frankenthaler jeden Hinweis auf eine **künstlerische Handschrift**."

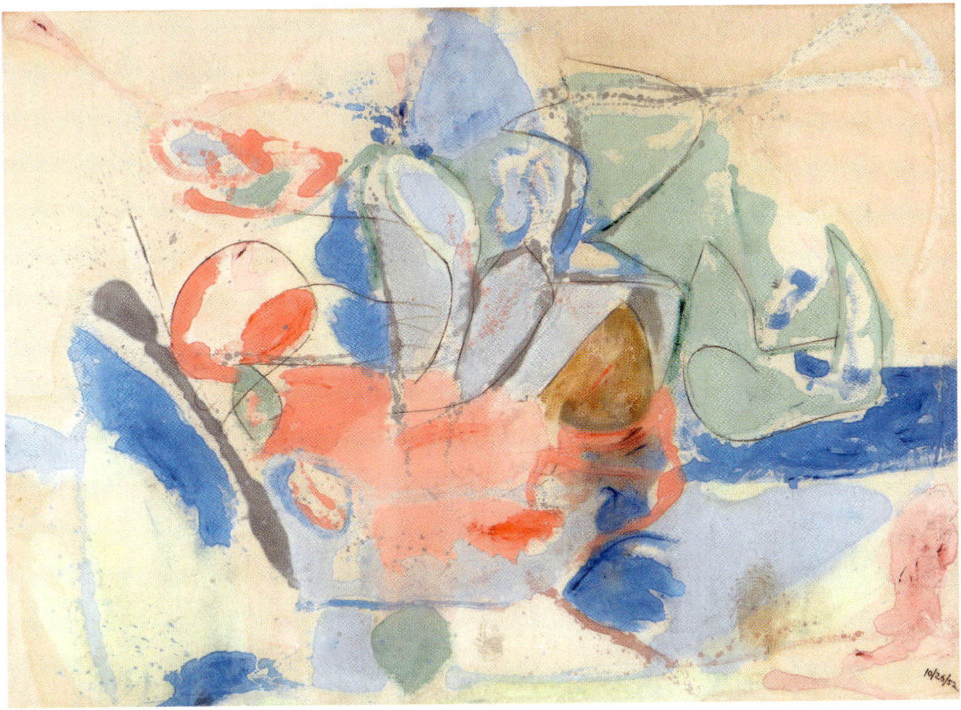

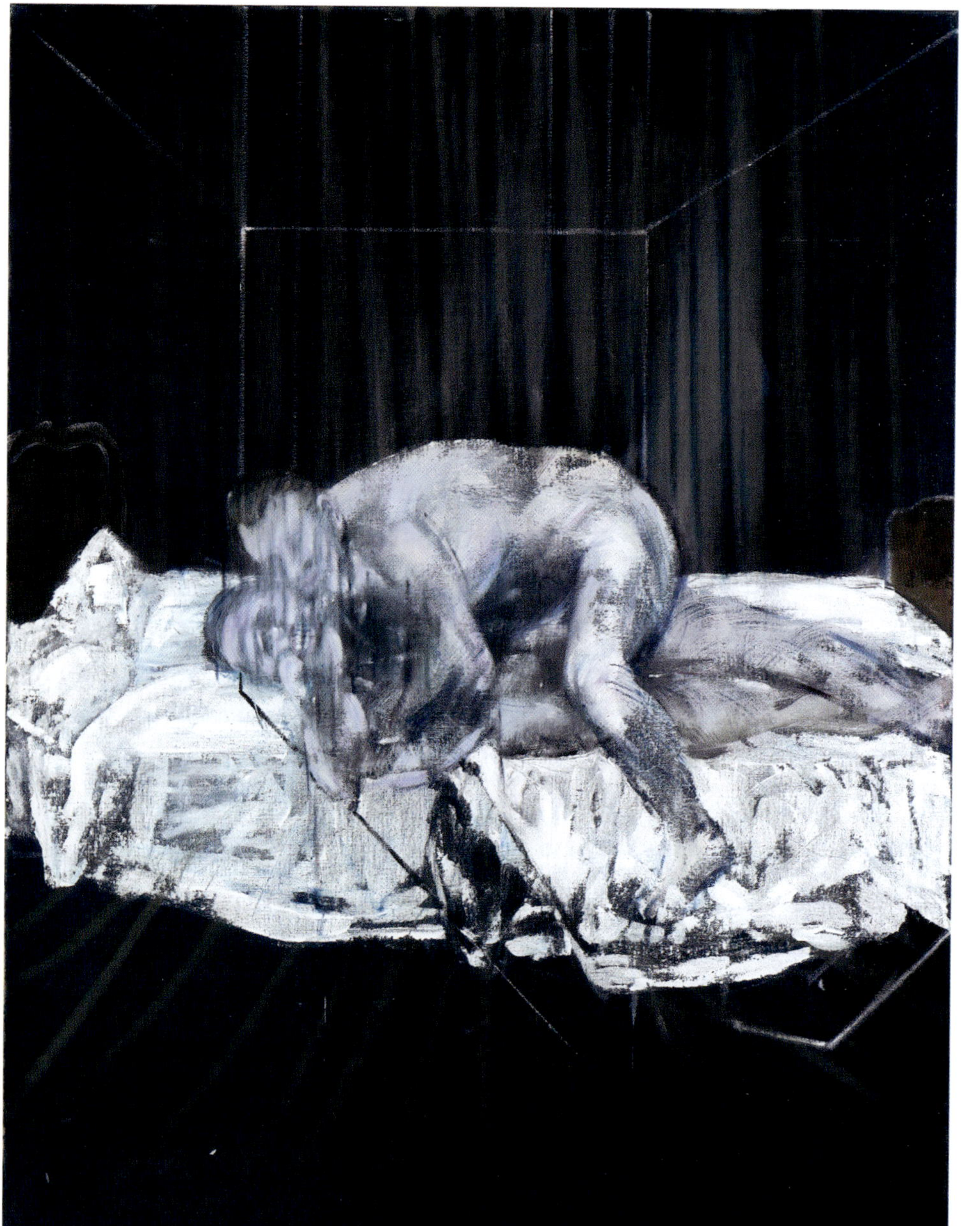

„Aufgrund ihrer **Formen** und der **ausdruckslosen Gesichter** wirken sie wie **zwei Teile einer Einheit**; einige **Körperteile** könnten dem einen wie dem anderen **gehören**."

78

Two Figures untersucht den männlichen Körper

Inspiriert vom Surrealismus, von Film und Fotografie sowie von Picasso, Van Gogh, Velázquez, Michelangelo, Rembrandt und Cimabue entwickelte Francis Bacon einen eigenen Malstil, mit dem er häufig brutale, gequälte Figuren abbildete. Der in Dublin geborene Künstler pendelte in seiner Jugend zwischen Irland und England und lebte später zeitweise in Paris und Berlin. Er durchlief keine formale Kunstausbildung, sondern begann seine Laufbahn als Möbeldesigner und Innenausstatter und fing dann an, in einem halb-kubistischen, halb-surrealistischen Stil zu malen.

Bacon wuchs umgeben von Aggressionen auf, angefangen bei Schlägen in der Kindheit bis zu terroristischen Angriffen gegen die anglo-irische Gemeinschaft, und all das vor dem Hintergrund zweier Weltkriege. Sein Privatleben als Erwachsener, mit seinem Liebhaber Peter Lacy, einem ehemaligen Kampfpiloten, verlief ebenfalls turbulent und brutal. „Ich bin daran gewöhnt, mit Formen von Gewalt zu leben, die auf mich eine Wirkung haben oder auch nicht, aber ich denke, sie haben eine", sagte Bacon einmal nachdenklich. „Aber diese Gewaltsamkeit meines Lebens, die Gewaltsamkeit, mit der ich gelebt habe, ist, glaube ich, eine andere als die Gewaltsamkeit beim Malen. Wenn ich über die Gewaltsamkeit des Malens spreche, hat das nichts mit der Gewalt des Krieges zu tun. Es hat mit dem Versuch zu tun, die Gewaltsamkeit der Realität selbst zu reproduzieren."

Bacon malte dieses Werk, während er in Lacys Cottage lebte. Die sadomasochistische Haltung der beiden Figuren sei, so sagte er, von Wrestling-Zeitschriften inspiriert, aber vermutlich feierte er damit verdeckt auch die damals gesetzeswidrige Homosexualität. Das Bett, die Laken und der kastenförmige schwarze Raum deuten darauf hin, dass sich die miteinander verschlungenen Figuren auf einer Bühne befinden. Sie blicken den Betrachter an, als seien sie unterbrochen worden. Für das Werk ließ sich Bacon von anatomischen Zeichnungen, Eadweard Muybridges Bewegungsfotografie, Zeitschriftenbildern von Boxern und eigenen Fotos inspirieren. „Ich sehe mir nicht nur Muybridge-Fotos der menschlichen Gestalt an", sagte er. „Ich betrachte in Zeitschriften ständig Fotos von Fußballern und Boxern und all diesen Dingen – vor allem von Boxern."

Als das Gemälde erstmals öffentlich ausgestellt wurde, sorgte es wegen seiner Anspielungen auf die Homosexualität für Aufsehen, und tatsächlich ist es ebenso eine Darstellung homosexueller Liebe wie eine Studie des menschlichen Körpers. Die zwei verdrehten, unkenntlich gemachten Körper scheinen in einem schmerzlichen, anstrengenden und beharrlichen Kampf miteinander verschlungen zu sein. Aufgrund ihrer Formen und der ausdruckslosen Gesichter wirken sie wie zwei Teile einer Einheit; einige Körperteile könnten dem einen wie dem anderen gehören. Außerdem sind sie von feinen, faserigen Linien überzogen, mit denen Bacon viele seiner Bilder bemalte; dadurch verstärkte er das Gefühl von Bedrohlichkeit. Das Bild zeigt einen ewigen Kampf und ein weniger deutliches Gefühl von Schmerz und Gewaltsamkeit. Bacon war in seinem künstlerischen Schaffen stets bestrebt, den Betrachter aufzurütteln und ein Gefühl des Unbehagens zu erzeugen, um das Leiden sichtbar zu machen, das so oft Teil des Lebens ist.

Francis Bacon (1909–1992)

Two Figures, Öl auf Leinwand, 1953

79

Flag stellt Vertrautheit in Frage

Ende der 1950er Jahre begannen amerikanische Künstler, sich vom Abstrakten Expressionismus abzuwenden, den sie zunehmend als selbstherrlich empfanden. Statt sich einer abstrakten Bildsprache zu bedienen, entschieden sie sich für die Abbildung realer Objekte. Eine wesentliche Rolle bei diesem Richtungswechsel spielte Jasper Johns, der sich von der, wie er es nannte, „malerischen Enttäuschung" entfernte und Kunst schuf, die selbst eine Realität war. Sein Werk wird häufig als neodadaistisch beschrieben und nimmt Aspekte der Pop Art, Minimal Art und Konzeptkunst vorweg. Johns begann Darstellungen von alltäglichen Objekten zu produzieren, bei denen die Kunstwerke zugleich Objekte und für jeden wiedererkennbar sind.

48 Sterne und rot-weiße Streifen – im Jahr der Entstehung dieses Kunstwerks sah die US-Flagge so aus, wie Johns sie hier darstellte. Der Künstler bediente sich dieser Flagge, um ein vertrautes zweidimensionales Objekt mit einer einfachen internen geometrischen Struktur und komplexer symbolischer Bedeutung zu untersuchen. Er wollte Dinge malen, „die der Geist bereits kennt". Ein vertrautes Objekt wie die Flagge befreie ihn, so erklärte er, von der Notwendigkeit, ein neues Motiv zu entwerfen, und ermögliche ihm, sich auf die Ausführung des Gemäldes zu konzentrieren. Kunstkritiker waren nicht sicher, ob es sich um eine gemalte Flagge oder das Gemälde einer Flagge handelte; Johns sagte später, beides sei zutreffend. Dieses Werk, das einem Readymade ähnelt, kombiniert Holzplatte, Farbe und Enkaustik (eine Mischung aus Farbpigmenten und geschmolzenem Wachs). Unter den Sternen und Streifen befindet sich eine Collage aus Zeitungspapier aus dem Entstehungsjahr des Gemäldes.

Johns vereint in diesem Werk seine Sorge um die Kunst des Malens mit der Bedeutung des Themas. Gleichermaßen real und erfunden, einfach und komplex zeigt das Bild ein Paradox; es wirkt zweidimensional, aber die Pinselstriche und die unebene Oberfläche der Enkaustik ähneln dem Ansatz von Paul Cézanne. Johns wies auch jegliche symbolischen Konnotationen von sich; dies ist die gemalte Darstellung einer Flagge, die unsere Vertrautheit mit einem Bild hinterfragt.

Die Idee zu diesem Werk sei ihm, so Johns, in einem Traum gekommen. Mithilfe der Enkaustik, eines alten Mediums, bei dem die Farbpigmente statt mit Öl mit Wachs gebunden werden, konnte er seine Pinselstriche sichtbar machen. Er trug seine Farben also mit großen Unterschieden in der Textur auf und ließ dabei an einigen Stellen die darunterliegende Collage durchscheinen. Auf diese Weise lud er den Betrachter ein, näher hinzusehen und sich zu fragen, was er da eigentlich betrachtete. Ist es eine Flagge oder die Kopie einer Flagge? Ist es ein Kunstwerk? Und spielt das überhaupt eine Rolle? Eine akkurat reproduzierte Flagge mit glatter Oberfläche wäre ein vertrauter Anblick, den die meisten Menschen daher nicht eingehender betrachten würden: Man erkennt, was abgebildet ist, und sieht daher keine Notwendigkeit, länger darauf zu blicken. Der Gebrauch der Enkaustik mit ihrer groben, verkrusteten Oberfläche lässt dieses Bild gleichermaßen vertraut und fremdartig wirken und weckt so unsere Aufmerksamkeit.

Jasper Johns (geb. 1930)

Flag, Enkaustik, Öl und Collage auf stoffbespannter Sperrholzplatte, 1954–1955

„Der Gebrauch der Enkaustik mit ihrer **groben, verkrusteten** Oberfläche lässt dieses Bild gleichermaßen **vertraut und fremdartig** wirken und weckt so unsere **Aufmerksamkeit**."

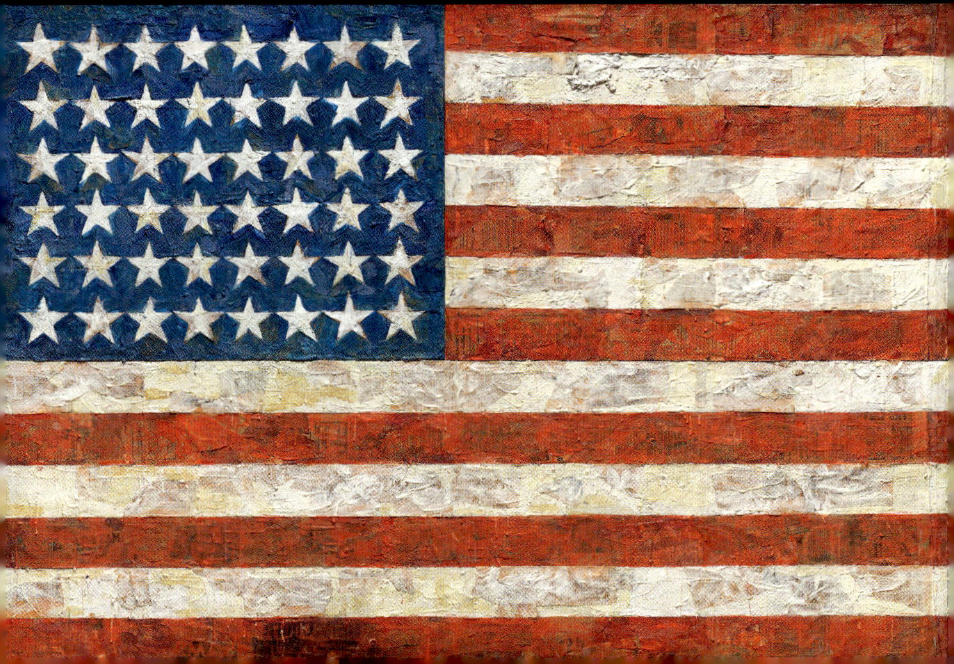

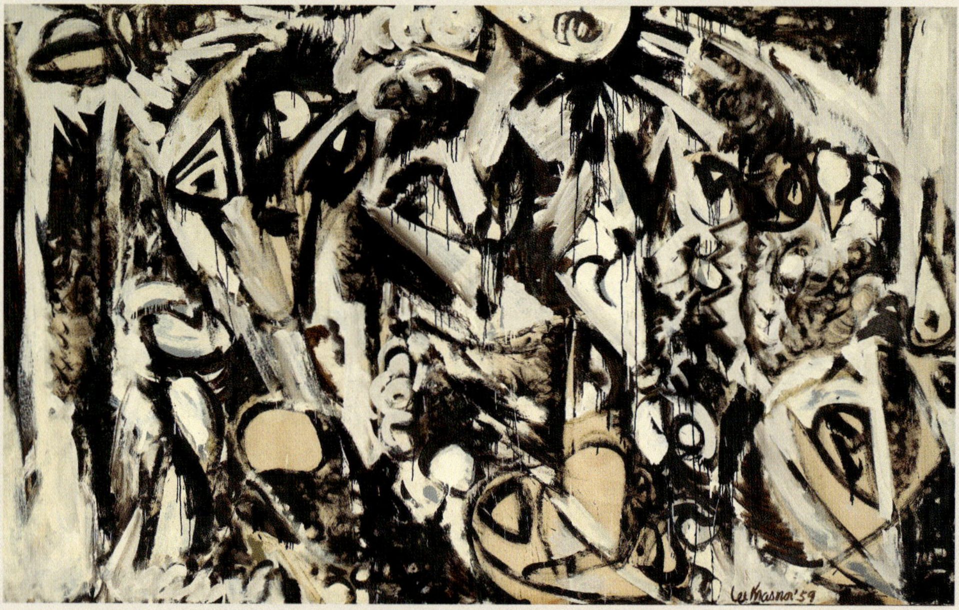

„Mit **kraftvollen, dramatischen** Pinselstrichen und Gesten arbeitete sich Krasner über die große Leinwand und trug die Farbe **intuitiv und spontan** auf.“

Cool White bringt Kummer zum Ausdruck

Cool White transportiert große Energie und Vitalität. Es entstand in einer Zeit, als die Künstlerin an Schlaflosigkeit litt (zwischen 1959 und 1963) und ausschließlich nachts malte. Lee Krasner war eine US-amerikanische Malerin des Abstrakten Expressionismus, die meist im Schatten ihres erfolgreichen Mannes, Jackson Pollock, stand. Heute wird sie für ihre Ideen und ihre Kreativität geschätzt und ganz besonders für ihr Gespür für Farben. Daher ist dieses düstere Gemälde, für das sie nur Umbra und Weiß benutzte, besonders interessant.

Jackson Pollock starb 1956. Er war 44 Jahre alt und betrunken, als er mit dem Auto verunglückte, in dem er mit seiner Geliebten und einer Bekannten unterwegs war. Er und seine Bekannte kamen bei dem Unfall ums Leben. Als Krasner dieses Bild malte, war ihr Leben von Trauer und Sorgen gezeichnet: Sie litt unter dem Tod und der Untreue ihres Mannes, trauerte um ihre kurz zuvor verstorbene Mutter, kämpfte mit Problemen, die sich aus Pollocks Erbe ergeben hatten, und musste die unerwartete Absage einer Ausstellung verkraften, auf die sie monatelang hingearbeitet hatte. Dieses Gemälde ist eines von mehreren, die sie damals schuf, nachts und mit monochromatischen Farben. „Ich malte viele davon", sagte sie, „weil ich nachts nicht schlafen konnte. Ich war es leid, gegen die Schlaflosigkeit zu kämpfen und versuchte stattdessen zu malen. Und mir wurde klar, wenn ich nachts malte, müsste ich die Farben verbannen, denn mit Farben konnte ich nur bei Tageslicht arbeiten."

In den Bildern dieser Serie verarbeitete Krasner ihre Gefühle aus der turbulenten Beziehung mit Pollock, den Kummer und Schmerz über die Umstände seines Todes und obendrein die Trauer über den Verlust ihrer Mutter. Sie war wütend, traurig, frustriert und fühlte sich elend. Beim Malen war sie häufig wie blind vor Tränen. Dieses Werk zeigt eindrücklich ihre widerstreitenden Emotionen, die von tiefer Traurigkeit bis zu großem Zorn reichten.

Mit kraftvollen, dramatischen Pinselstrichen und Gesten arbeitete sich Krasner über die große Leinwand und trug die Farbe intuitiv und spontan auf. An manchen Stellen zog sie sie über die Oberfläche, an anderen spritzte sie sie darauf. Stellenweise hat die Farbe eine dicke Textur, dann wieder ist sie eher dünn aufgetragen. Krasners dynamischer Pinselstrich entwickelte und veränderte sich, da sie nicht bewusst darüber nachdachte oder planvoll vorging. Mit aggressiven, entschiedenen Bewegungen trug sie die dickflüssige Farbe mit üppig beladenem Pinsel auf, zog und schob die Pigmente über die große Leinwand und schuf so ein schwungvolles, belebtes Bild. Nach Pollocks Tod hatte sie begonnen, in seinem ehemaligen Atelier zu arbeiten, das sich in einer großen Scheune auf ihrem gemeinsamen Anwesen befand. Dort konnte sie mit größeren Formaten und ausladenderen Bewegungen arbeiten, als es ihr in ihrem eigenen kleinen Atelier im Haus möglich gewesen war.

Lee Krasner (1908–1984)

Cool White, Öl auf Leinwand, 1959

Concetto spaziale „Attese" suggeriert Unendlichkeit

Nach dem Zweiten Weltkrieg begann Lucio Fontana sein Konzept des *Spazialismo* zu entwickeln. Er beobachtete, dass sich die Dinge in vielen Lebensbereichen veränderten und durch Maschinen und andere Technologien beschleunigt wurden. In der Kunst dagegen hatte es seit Jahrhunderten keine grundlegenden Veränderungen gegeben. Maler zum Beispiel malten noch immer auf flachen Leinwänden. Fontana war der Meinung, dass Künstler energiegeladene, dynamische Kunst schaffen sollten, die der Zeit besser entsprach. Auf der Suche nach einer zusätzlichen Dimension entwickelte er die Idee, Leinwände aufzuschlitzen; diese Schnitte bezeichnete er als *tagli*. 1949 prägte er den Begriff *concetto spaziale* (dt. Raumkonzept), mit dem er sein Werk beschrieb. Indem er die flachen Oberflächen seiner Leinwände perforierte, erweiterte er sie um einen realen statt um einen imaginierten Raum und erzeugte so einen Eindruck von Tiefe. Statt mit Farbe Illusionen zu erschaffen, deutete er Unendlichkeit an. Als ein Kritiker befand, sein Werk wirke aggressiv, entgegnete Fontana: „Ich habe etwas gestaltet, nicht zerstört."

In mancher Hinsicht erinnert dieses Werk an die drastischen Farbaufträge mancher Werke des Abstrakten Expressionismus der 1940er und 1950er Jahre. Doch anders als die dem Abstrakten Expressionismus eigene Methode des Action Painting, die sich auf den Akt des Malens und die Spuren auf der Oberfläche konzentrierte, beschrieb Fontana den Schnitt als „eine unendliche Dimension". Er bezeichnete sein Schaffen als „Kunst für das Raumzeitalter" und brachte so zum Ausdruck, dass er die Konventionen, die die Kunst seit der Renaissance beherrschten, überwinden wollte. Seine Schnitte sollten nichts aus der realen Welt darstellen, sondern über den Raum hinausgehen und ein Gefühl von Unendlichkeit erzeugen.

Der in Argentinien als Sohn italienischer Eltern geborene Fontana fühlte sich der Bewegung des Futurismus eng verbunden, die 1909 in Italien ihren Ausgang nahm und die Dynamik und Energie der modernen Welt in der Kunst einfangen wollte. In den späten 1940er Jahren begann er zunächst, die Oberfläche seines Papiers oder seiner Leinwand einzustechen und so den Unterschied zwischen zwei und drei Dimensionen zu verwischen. Seine ersten *tagli* machte er im Spätsommer 1958 mit einer scharfen Klinge und in einer einzigen, präzisen Bewegung. Er schuf kleine und große, häufig diagonale, manchmal in Gruppen angeordnete Schnitte und experimentierte weiter mit der Idee einer über die Malerei hinausgehenden Geste. Zunächst bemalte er einige Leinwände mit einer einzigen leuchtenden Farbe; später arbeitete er mit leeren, ungrundierten Leinwänden.

Im Laufe des Jahres 1959 entwickelten sich Fontanas vorsichtige Löcher und Schlitze zu einzelnen, entschiedeneren Schnitten. Daraufhin hinterlegte er jede Leinwand mit kräftiger schwarzer Gaze, um den Eindruck eines leeren Raums hinter dem Schnitt zu erwecken. Bei seinen ersten Arbeiten schrieb er auf die Rückseite der Leinwände mit nur einem Schnitt das Wort *Attesa* (dt. Erwartung oder Hoffnung) und auf jene mit mehreren Schnitten die Pluralform, *Attese*. 1966 stellte Fontana auf der Biennale in Venedig einen ganzen Raum mit weißen *tagli* aus und erklärte, er habe einen Weg gefunden „dem Zuschauer ein Gefühl von räumlicher Ruhe, von kosmischer Exaktheit und einer Gelassenheit gegenüber dem Unendlichen" zu geben.

Lucio Fontana (1899–1968)

Concetto spaziale „Attese", Leinwand, 1960

„Fontanas Schnitte sollten nichts aus der **realen Welt** darstellen, sondern **über den Raum hinausgehen** und ein Gefühl von **Unendlichkeit** erzeugen.“

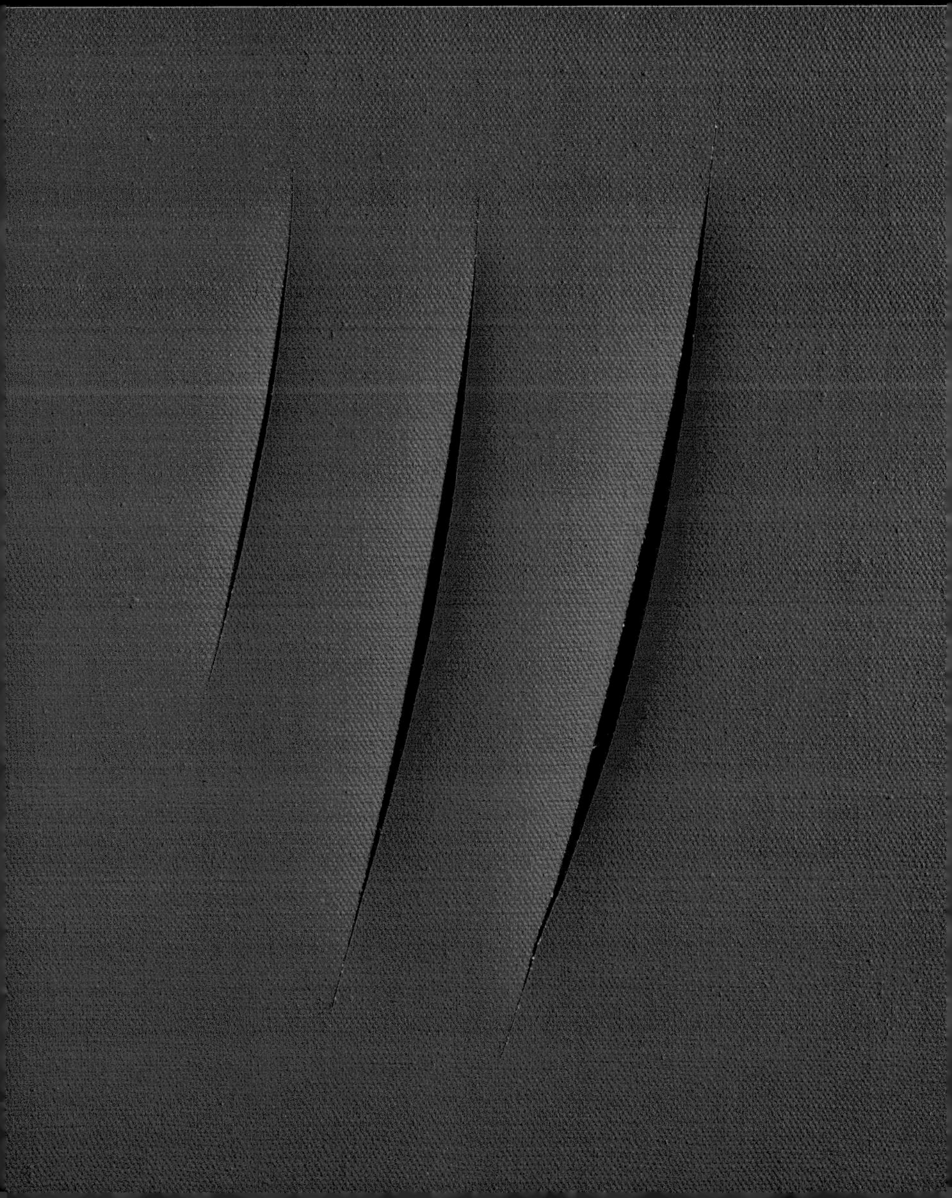

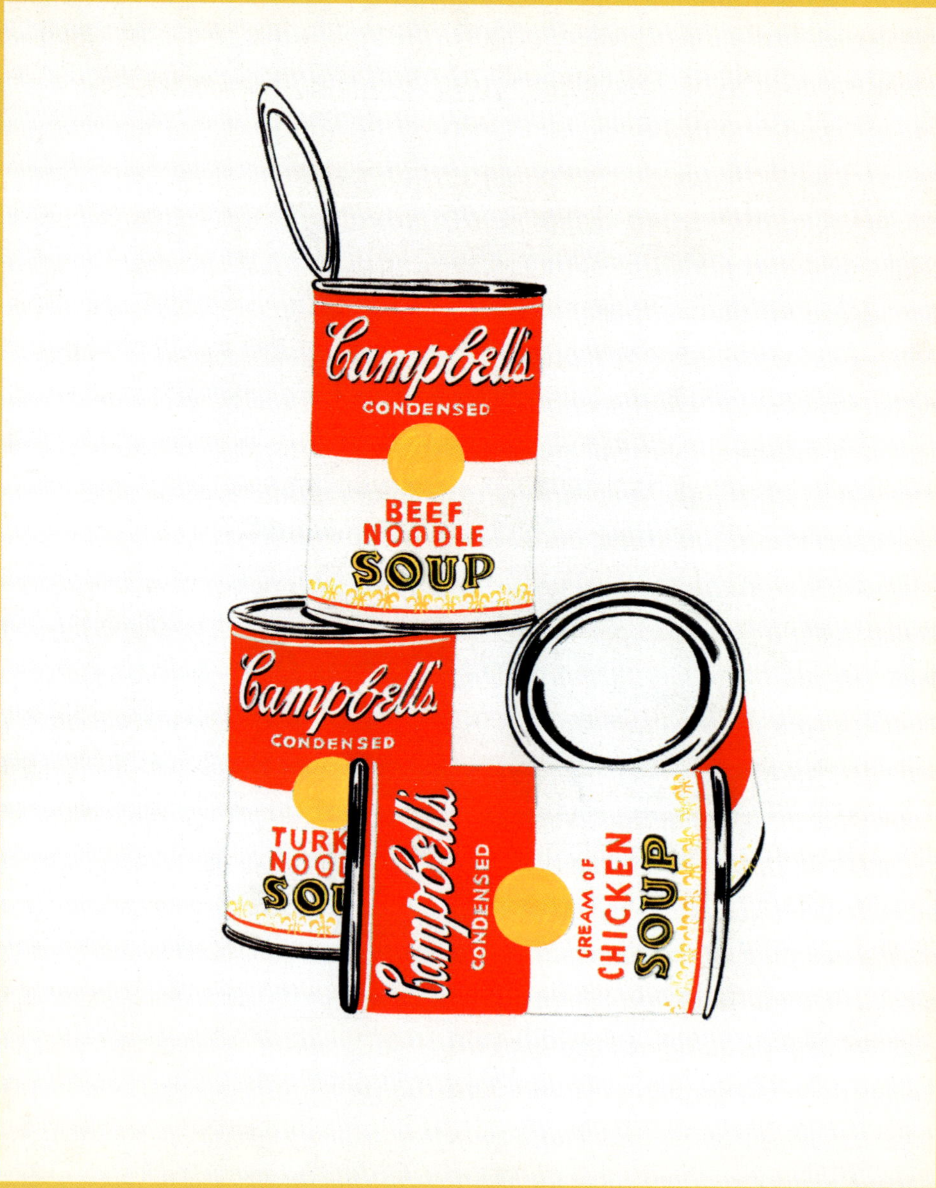

„Das Gemälde hinterfragt bewusst **Grundannahmen** hinsichtlich der **Funktion und Wahrnehmung** von **Kunst und Künstlern** in der Gesellschaft."

82

Four Campbell's Soup Cans nimmt den Konsum unter die Lupe

Dieses Gemälde von vier einfachen Suppendosen trug dazu bei, die Geschichte der Kunst zu verändern. Das Werk ist eines der ersten, die Andy Warhol von seinen Lieblingssuppendosen schuf. Im selben Jahr begann er, im Siebdruckverfahren weitere Bilder von Campbell's Suppendosen und anderen bekannten Konsumgütern zu produzieren.

Der in Pittsburgh geborene und aufgewachsene Warhol arbeitete zunächst in New York City, wo er als Werbezeichner sehr erfolgreich war. In den späten 1950er Jahren erfuhr er für seine umstrittene Kunst erste Anerkennung. Basierend auf seinem Verständnis von Marketing, Werbung und Konsum konfrontierte er die Kunstwelt mit seinen Bildern massenproduzierter Waren und wurde so zu einer der bekanntesten und einflussreichsten Persönlichkeiten des 20. Jahrhunderts. In seinem New Yorker Atelier, The Factory, gingen Prominente, Adlige und Bohemiens ein und aus. Warhol schrieb Bücher, managte eine Rockband, gab ein Magazin heraus und schuf Kunstwerke, die die künstlerischen Traditionen mit Füßen traten und stattdessen den Konsum und den Kommerz unter die Lupe nahmen, die seit Ende des Zweiten Weltkriegsimmer mehr Bedeutung gewonnen hatten.

Dieses Gemälde hinterfragt bewusst Grundannahmen hinsichtlich der Funktion und Wahrnehmung von Kunst und Künstlern in der Gesellschaft, etablierte Vorstellungen von Kunst, Konsum, Stereotypen, Individualität und Vertrautheit innerhalb der Gesellschaft, sowie die Bedeutung – oder Bedeutungslosigkeit – der Originalität von Künstlern. Warhol wollte den Betrachter ermutigen, darüber nachzudenken, wodurch etwas zu „Kunst" wird. Bislang hatten Künstler gewissermaßen als geheimnisvolle Schöpfer gegolten und ihre Kunst quasi als heilig und unerreichbar. Dieses Bild jedoch zeigte einen alltäglichen, weltlichen Gegenstand. Ein Vorzug der Konsumgesellschaft sei, erklärte Warhol einmal, dass die Ärmsten dieselben Dinge kaufen und erleben könnten wie die Reichsten. Eine Dose Campbell's Soup war für jeden Käufer gleich, egal ob er auf einem Landgut oder in einem Zelt lebte.

Das Gemälde gehört zu einer Gruppe von insgesamt 17 Bildern. Die Abbildung von Konsumprodukten, die jeder kaufen konnte, stand in scharfem Kontrast zu traditionellen Kunstwerken, für die Künstler attraktive Motive auswählten, die sie auf jeweils eigene Weise darstellten und interpretierten. Für die Ausführung des Gemäldes projizierte Warhol Fotos der Suppendosen auf eine Leinwand und zeichnete sie mit Bleistift und Farbe sorgfältig ab. Jedes der 17 Gemälde unterscheidet sich ein wenig von den anderen: Mal ist das Etikett eingerissen, mal ist ein Bereich eingedrückt oder verbeult, mal ist, wie in diesem Beispiel, eine geöffnete Dose zu sehen, die auf den beiden anderen steht. Die Details auf den Labels sind nahezu gestochen scharf; es sind fast exakte Kopien der echten Etiketten und weniger der Versuch, geschwungene Etiketten auf dreidimensionalen Dosen innerhalb eines Gemäldes abzubilden. Vor dem reinweißen Hintergrund lassen das leuchtende Rot und Schwarz eher an eine kommerzielle Verpackung denken als an das Gemälde eines Künstlers.

Andy Warhol (1928–1987)

Four Campbell's Soup Cans, Kaseinfarbe und Graphit auf Leinwand, 1962

Rhythm 0 reizt die Grenzen aus

In einer Galerie wurden 72 Objekte auf einem langen, mit einem weißen Tuch bedeckten Tisch platziert. Dazu gehörten eine Rose, eine Feder, Parfum, Honig, Brot, Weintrauben, Wein, eine Schere, ein Skalpell, eine Metallstange, Farbe, ein Kamm, eine Glocke, eine Peitsche, Lippenstift, ein Taschenmesser, eine Gabel, Olivenöl, Seife, Streichhölzer, eine Kerze, ein Hammer, eine Sicherheitsnadel und ein Revolver, der mit einer Kugel geladen war. Neben dem Tisch stand die serbische Konzept- und Performance-Künstlerin Marina Abramović. Die Besucher betraten den Raum und lasen die Anweisungen:

Auf dem Tisch liegen 72 Objekte,
die nach Belieben auf mich angewendet
werden können.
Performance.
Ich bin das Objekt.
Während dieser Zeit übernehme ich
die volle Verantwortung.

Dauer: 6 Stunden (20 bis 2 Uhr)

Sechs Stunden lang wurden die Besucher der Galerie eingeladen, mit den auf dem Tisch ausgelegten Gegenständen Handlungen an Abramović vorzunehmen. Die Künstlerin blieb derweil regungslos und stumm. Später schrieb sie: „Die Erfahrung, die ich aus diesem Werk mitgenommen habe, ist, dass man in seinen eigenen Performances sehr weit gehen kann, aber wenn man dem Publikum die Entscheidungen überlässt, kann man dabei getötet werden.“ In ihrer Kunst konzentriert sich Abramović vor allem auf die Beziehung zwischen dem Performer und dem Publikum, die Grenzen des Körpers und darauf, wie der Geist arbeitet. Sie war Vorreiterin bei bestimmten Aspekten der Performance-Kunst, die, wie sie sagt, den Fokus darauf legt, „sich dem Schmerz, dem Blut und den physischen Grenzen des Körpers zu stellen“. Diese Arbeit zählt zu ihren herausfordernsten. Um die Parameter in der Beziehung zwischen Performer und Publikum zu testen, gab sie sich selbst eine passive Funktion und den Besuchern eine aktive Rolle. Einige der Objekte konnten Freude bereiten, mit anderen dagegen konnte man der Künstlerin Schmerzen zufügen und sie verletzen.

Anfangs waren die Besucher freundlich, schenkten ihr eine Rose oder gaben ihr einen Kuss, aber je mehr Zeit verging und da Abramović in ihrer Passivität verharrte, wurden einige aggressiv. Mit Rasierklingen wurden ihr die Kleider weggeschnitten, ihre Kehle wurde eingeritzt und jemand saugte ihr Blut. Es kam zu verschiedenen kleineren sexuellen Übergriffen an ihrem Körper. Doch während ein Teil des Publikums brutal und feindselig wurde, formierte sich gleichzeitig eine Gruppe, die die Künstlerin in Schutz nahm. Als der geladene Revolver auf ihren Kopf gerichtet und ihr eigener Finger an den Abzug gelegt wurde, kam es zu einer handgreiflichen Auseinandersetzung, weil jemand versuchte, die Künstlerin zu schützen. Abramović erklärte später, es habe ihren „Körper an seine Grenzen gebracht ... Ich hatte wirklich das Gefühl vergewaltigt zu werden: Sie schnitten meine Kleider weg, stachen mir Rosendornen in den Bauch, eine Person richtete die Waffe auf meinen Kopf und eine andere nahm sie weg. Es entstand eine aggressive Atmosphäre. Nach genau sechs Stunden stand ich wie geplant auf und begann auf das Publikum zuzugehen. Alle liefen davon, um einer echten Konfrontation zu entgehen.“

Marina Abramović (geb. 1946)

Rhythm 0, Tisch mit 72 Objekten und Diaprojektor mit Dias der Performance und Text, 1974

„Die Erfahrung, die ich aus diesem Werk mitgenommen habe, ist, dass man in seinen **eigenen Performances sehr weit** gehen kann, aber wenn man dem Publikum die **Entscheidungen** überlässt, kann man dabei **getötet** werden.“

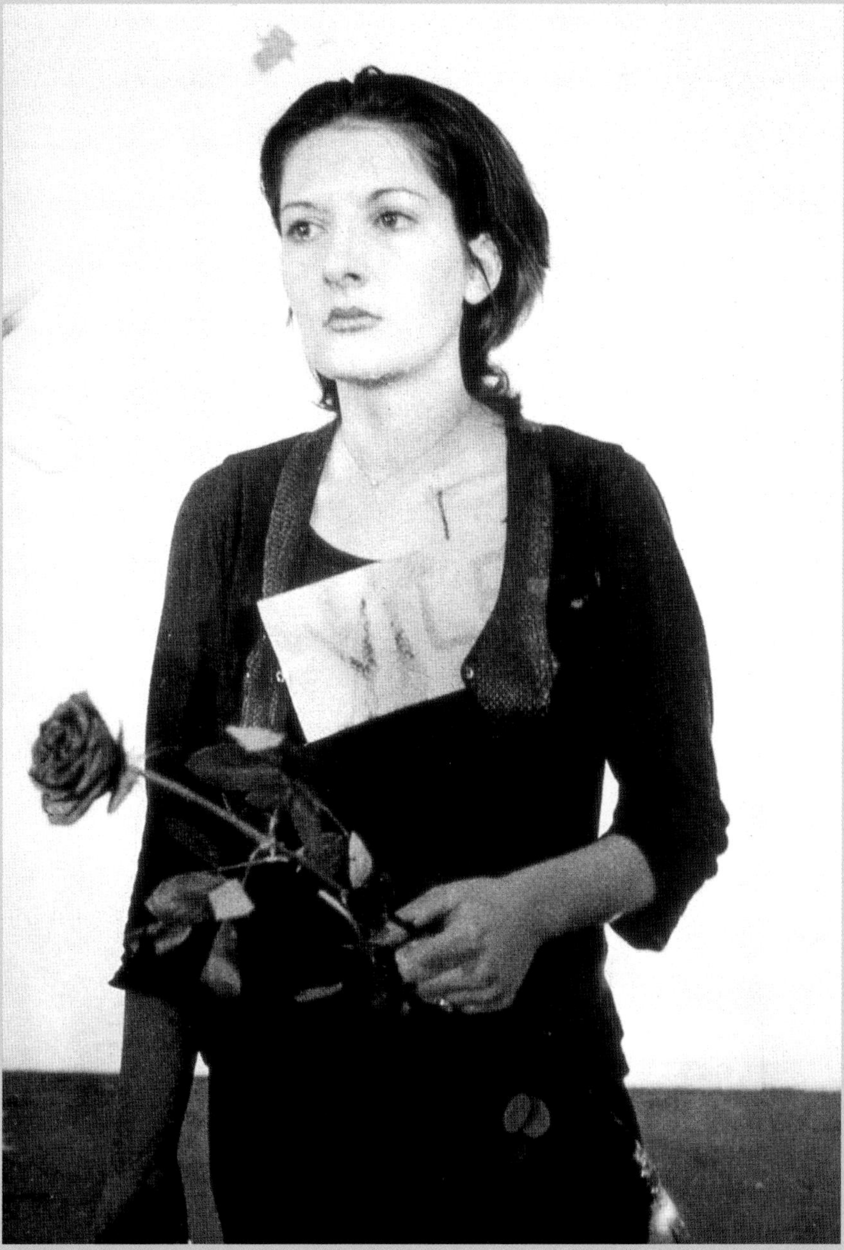

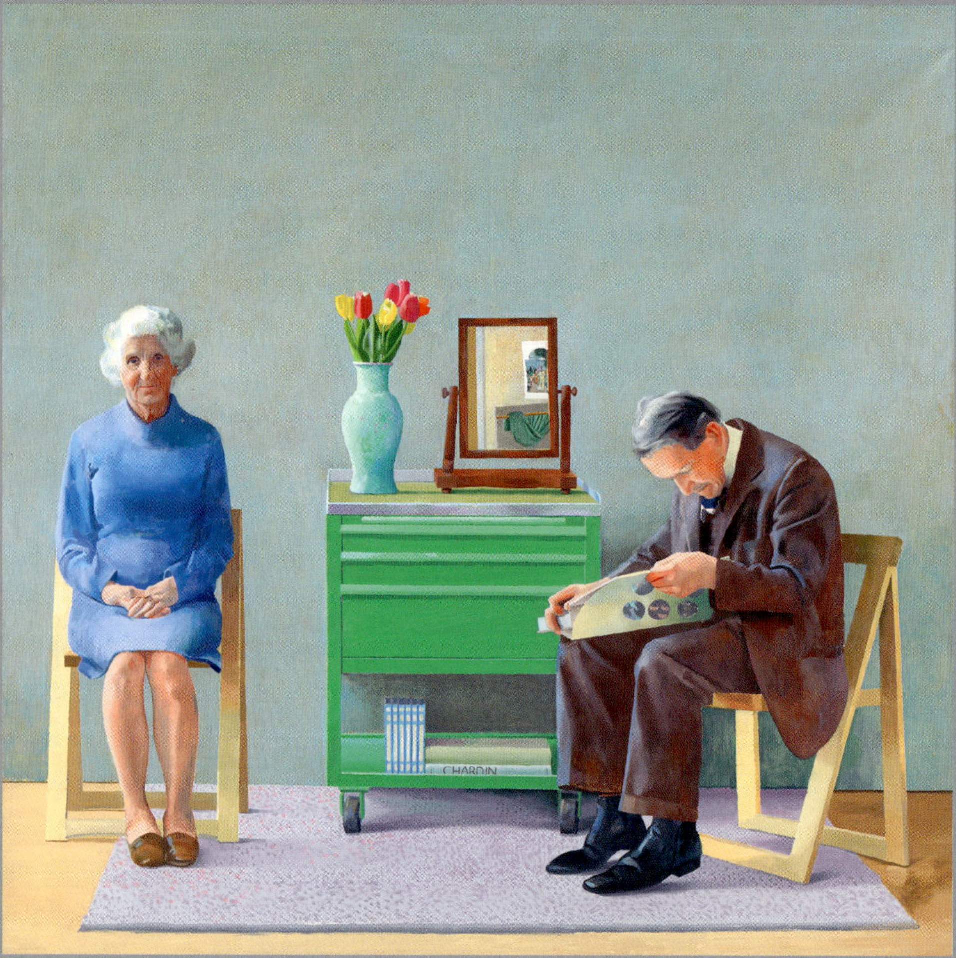

„Das **symbolreiche** Bild verweist auf Aspekte aus Hockneys **Leben** und das **Wesen** seiner Eltern. Zugleich offenbart es die **Liebe** des Künstlers zu seiner Mutter und seinem Vater."

84

My Parents zeigt die Liebe eines Sohnes

Der für seine einzigartige Sichtweise, sein Gespür für Farben und seine Experimentierfreude berühmte David Hockney war bereits mit Mitte 20 international erfolgreich. Fasziniert von verschiedenen Kunstrichtungen und Künstlern, darunter Pablo Picasso, Jean-Baptiste-Siméon Chardin und Piero della Francesca, übernahm er viele Ideen in seine Werke. 1964 verließ er England und ging nach Los Angeles, wo er eine Reihe von Swimmingpool-Gemälden schuf, in denen er die lebendigen Farben und das Licht mit Acrylfarbe, einem relativ neuen Medium, erforschte. Seither ist er immer wieder zwischen Los Angeles, London und Paris hin und her gereist.

Wenngleich dieses Gemälde eines spärlich möblierten Raums auf den ersten Blick distanziert wirken mag, ist es doch ein zärtliches Porträt, das ein Sohn von seinen Eltern zeichnet. Laura Hockney war eine gläubige Christin und Vegetarierin, was damals sehr ungewöhnlich war. Kenneth Hockney, der ein Jahr nach Entstehung dieses Doppelporträts starb, setzte sich aktiv gegen den Krieg und das Rauchen ein. Das symbolreiche Bild verweist auf Aspekte aus Hockneys Leben und die Persönlichkeiten seiner Eltern. Zugleich offenbart es die Liebe des Künstlers zu seiner Mutter und seinem Vater. Im Spiegel auf dem Servierwagen malte Hockney statt einer Reflexion seiner selbst das Abbild einer Postkarte mit der *Taufe Christi* von Piero della Francesca, eines von ihm bewunderten Künstlers – aber wahrscheinlich steht dieses Motiv auch für den christlichen Glauben seiner Eltern. Neben dem Spiegel ist eine Vase mit gelben und pinken Tulpen zu sehen. Die Darstellung von Laura und Kenneth, die auf schlichten, harten Holzstühlen ein Stück voneinander entfernt sitzen, bringt ihre jeweiligen Persönlichkeiten und die Beziehung zu ihrem Sohn zum Ausdruck. Kenneth beugt sich über das Buch *Art and Photography* von Aaron Scharf, ist ganz darin vertieft, abgewandt und scheint seinen Sohn gar nicht wahrzunehmen. Auf dem Servierwagen neben ihm stehen weitere Bücher, darunter auch Marcel Prousts mehrbändiges Werk *Auf der Suche nach der verlorenen Zeit* und ein Buch über Chardin. Indem er seine Eltern in die Nähe seiner künstlerischen Einflüsse rückt, macht Hockney deutlich, welche Bedeutung sie für seine Karriere und seine Liebe zur Kunst hatten. Anders als Kenneth blickt Laura ihren Sohn direkt an, schenkt ihm ihre volle Aufmerksamkeit und lässt Stolz darüber erkennen, für ihn Modell sitzen zu dürfen. In ihrem leuchtend blauen Kleid sitzt sie aufrecht da, die Hände im Schoß zusammengelegt, die Füße nebeneinandergestellt. Sie trägt keinen Schmuck, aber ihr sorgfältig frisiertes weißes Haar wird von einer Lichtquelle links außerhalb des Bildes hervorgehoben. Dieses Licht fällt auch auf die Vase und Kenneths Haar, sein Gesicht, seinen braunen Anzug und die glänzend schwarzen Schuhe.

Das Gemälde bringt vor allem Hockneys Wehmut nach seiner Kindheit zum Ausdruck. Es ist quasi eine Analyse seiner eigenen Vergangenheit und der Liebe zu seinen Eltern. Über Lauras und Kenneths Reaktion auf das Bild sagte später Hockneys Schwester Margaret: „Mum und Dad waren sehr stolz darauf und fanden, all die Sitzungen hätten sich gelohnt.“

David Hockney (geb. 1937)

My Parents, Öl auf Leinwand, 1977

85

Untitled Film Still #13 zeigt weibliche Stereotypen

Dieses Bild von Cindy Sherman ist eines von 69 Schwarzweißfotos, die verschiedene fiktive weibliche Charaktere zeigen, etwa einen Filmstar, eine Arbeiterin und eine einsame Hausfrau. Alle Fotos sind so inszeniert, dass sie an Szenen aus Filmen der 1950er und 1960er Jahre erinnern. Die Bilder sind keine Selbstporträts, sondern erforschen stereotype männliche Vorstellungen von Frauen.

Sherman, die sich für jede Figur ihrer *Untitled Film Stills* entsprechend verkleidete und posierte, ließ sich von mehreren Filmen und prominenten Regisseuren und Schauspielerinnen der 1950er bis 1970er Jahre inspirieren. Die meisten dieser Filme hatte sie als Heranwachsende und nach ihrem Umzug nach New York City 1977 gesehen. Jede einzelne Frau erfand sie neu, indem sie Posen, Ausdruck, Kleidung, Inszenierung und Kamerawinkel sorgfältig plante und arrangierte. Zunächst schuf sie sechs dieser Fotos als Experiment und erkundete darin die imaginierten Leben und Rollen verschiedener Schauspielerinnen jener Zeit. Später entwickelte sie weitere Charaktere in anderen Rollen, darunter auch diese Bibliothekarin. Sie ließ die Fotos wie Stand- oder Werbebilder aussehen, und als ihr nach drei Jahren keine weiteren Klischeevorstellungen mehr einfielen, beendete sie die Serie.

Obwohl jede Frau der Serie frei erfunden ist, sind sie doch alle bestimmten Frauentypen nachempfunden, die im Nachkriegsamerika vor allem von Männern geprägt wurden. Diese Frauen, die darauf angelegt waren, männliche Fantasien zu befriedigen, tauchten in Film und Fernsehen auf. In diesem Bild wollte Sherman eine blonde Schauspielerin so abbilden, als sei sie zu Hause oder am Filmset in einem unbemerkten Moment fotografiert worden. Shermans Stereotypen sind leicht zu erkennen und machen deutlich, dass sich die Künstlerin mit der Bildsprache und der Psyche der Frauen in solchen Rollen genauso gut auskennt wie mit der der Männer, die sie anleiteten. Angesichts dieses Einfühlungsvermögens und der gelungenen Frauenporträts sagte Andy Warhol: „Sie hat das Zeug zu einer richtigen Schauspielerin."

Obwohl die meisten von Shermans Frauen frei erfunden sind, ist doch dieses spezielle Bild an Brigitte Bardot angelehnt, eine der berühmtesten Sexikonen der 1950er und 1960er Jahre. Die Figurenzeichnung basiert auf Jean-Luc Godards Film *Le Mepris* (*Die Verachtung*) aus dem Jahr 1963, in dem Bardot die Hauptrolle spielt. Die junge Frau, die hier aus der Untersicht fotografiert ist, greift nach einem Buch auf dem Regal. In einer für den männlich dominierten Kamerablick jener Zeit typischen Haltung streckt sie sich nach oben, während die Kamera ihre dünne Bluse einfängt, unter der sich ihre Brust abzeichnet. Sie blickt zur Seite, als hätte sie jemanden kommen hören, der sie bei etwas Unerlaubtem ertappen könnte. Ob sie nun eine Schauspielerin, eine Bibliothekarin oder lediglich eine Frau in einer Bibliothek ist, spielt keine Rolle. Shermans Kritik gilt nicht nur dem stereotypen Styling der Frau, sondern auch der – ebenfalls von Männern diktierten – Vorstellung, dass solche Frauen ihren Kopf nicht benutzen. Zwar verkörpert die Frau das männliche Verlangen, demonstriert aber unerlaubterweise auch ihre Intelligenz und ihren forschenden Geist.

Cindy Sherman (geb. 1954)

Untitled Film Still #13, Gelatinesilberdruck, 1978

„Obwohl jede Frau der Serie frei **erfunden** ist, sind doch alle **bestimmten Frauentypen** nachempfunden, die im Nachkriegsamerika **vor allem von Männern geprägt** wurden."

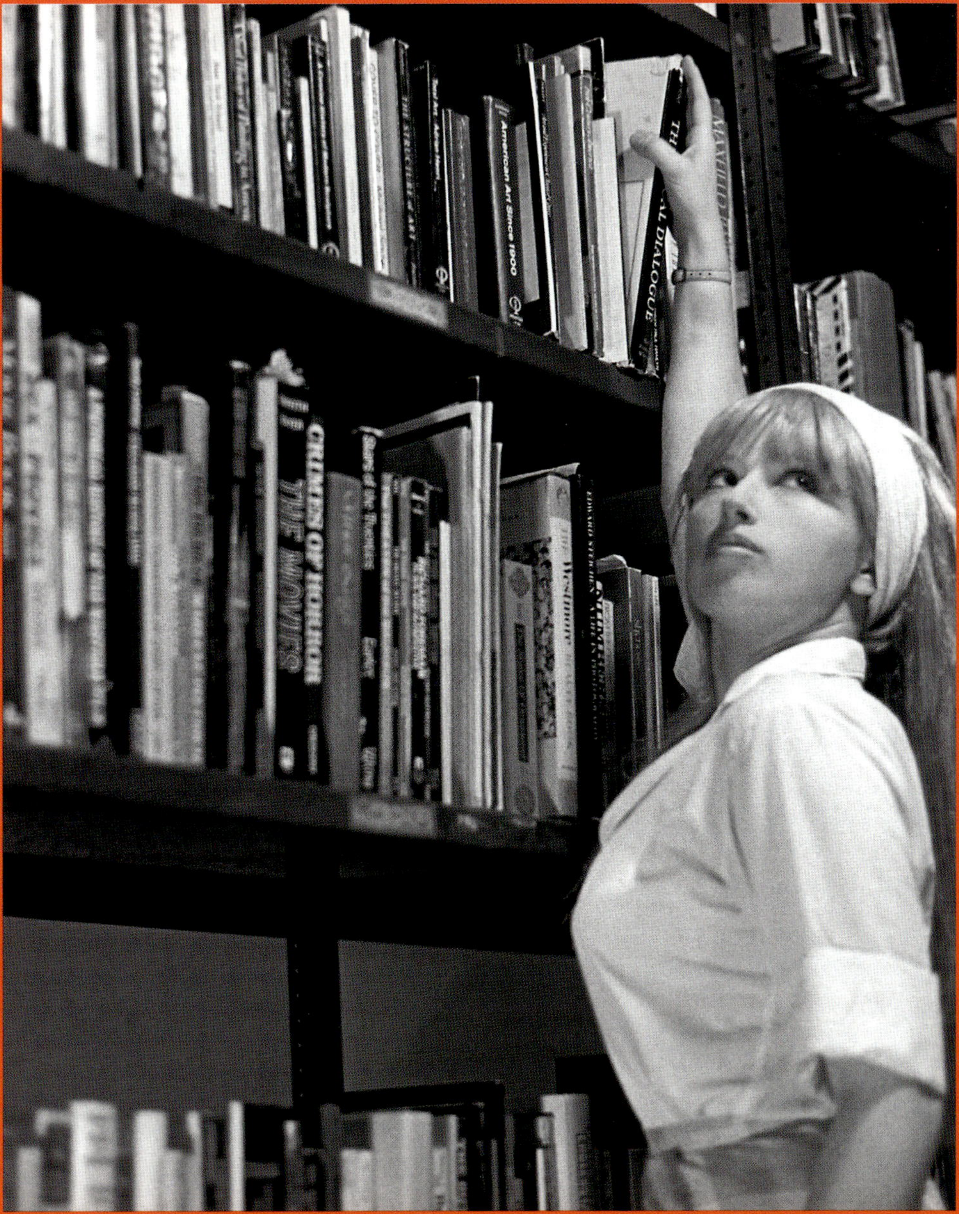

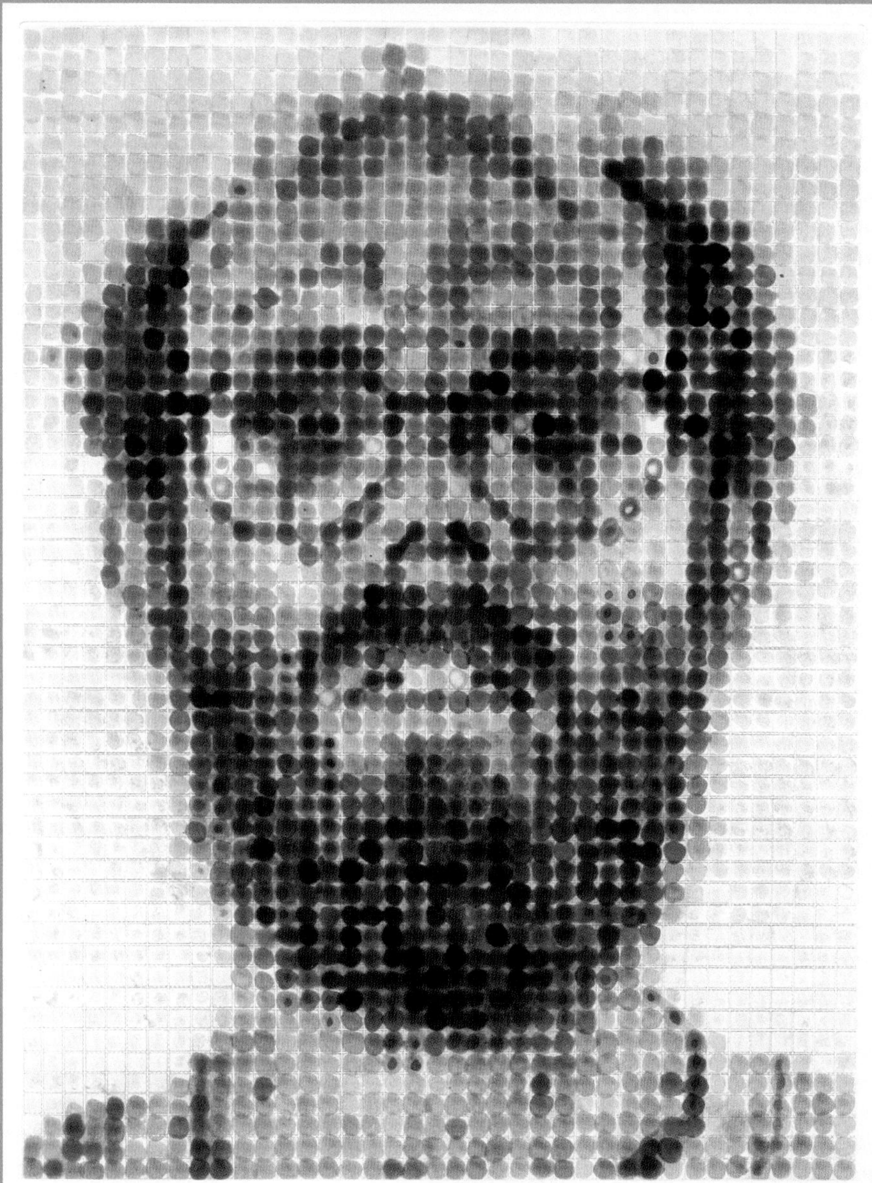

„Obwohl die Druckgrafik selbst sehr viel **kleiner** ist als die meisten seiner gemalten Porträts, **füllt** das Motiv **das Papier**, während Close untersucht, wie dieser von seinem **Gesicht dominierte** Raum **auf den Betrachter wirkt**."

Selbstporträt erkundet den privaten Raum

In Porträts mit fotografischer Bildsprache und mithilfe methodischer Verfahren erforschte der amerikanische Künstler Chuck Close den persönlichen Raum – und brach so komplett mit traditionellen Herangehensweisen. Als Kind litt Close unter einer neuromuskulären Erkrankung, die es ihm schwer machte, seine Füße hochzuheben. Außerdem war er Legastheniker, was während seiner Schulzeit allerdings nicht diagnostiziert wurde, und litt an Prosopagnosie, also der Unfähigkeit, Gesichter wiederzuerkennen. Dass er seine Laufbahn mit dem Malen von Porträts begann, hatte auch mit seiner Prosopagnosie zu tun und dem Gefühl, aufgrund seiner körperlichen Unzulänglichkeiten von seinen Klassenkameraden isoliert zu sein. Nachdem er in Seattle, an der Yale University und in Wien Kunst studiert hatte, lehrte Close Kunst an der University of Massachusetts und ging dann 1967 nach New York City. Dort begann er, riesige Porträts und Selbstporträts zu malen, bei denen er fast die gesamte verfügbare Leinwandfläche mit einem Gesicht füllte. Die meisten dieser überlebensgroßen Arbeiten sind detailreich und extrem naturgetreu.

Ende 1988 erlitt Close einen schweren Schlaganfall, bei dem ein Blutgefäß an seiner Wirbelsäule platzte, wodurch er fortan teilweise gelähmt und auf den Rollstuhl angewiesen war. Nachdem er jedoch entdeckt hatte, dass er mit einem an seinem Handgelenk festgebundenen Pinsel malen konnte, fuhr er fort, mithilfe von Fotos und Gittern, die sein Assistent anfertigte, große Porträts zu malen. Außerdem begann er, mit kleineren Formaten zu arbeiten und Druckgrafiken zu produzieren. Für beide Formen nutzte er Rastersysteme, um seine Motive Feld für Feld von einem Foto auf die Leinwand oder das Papier zu übertragen. Anfangs bemühte er sich, seine Gitter zu verdecken und Bilder zu erschaffen, die naturgetreu und nahtlos wirkten. In seinen späteren Bildern jedoch wurden Differenzierungen innerhalb der Gitter zu einem wichtigen Element seiner Arbeit.

Dieses Werk war sein erster Versuch, ein Porträt mit Spit-Bite-Aquatinta zu erschaffen. Bei Aquatinta-Drucken wird für gewöhnlich die gesamte Platte in ein Säurebad getaucht. Bei Spit-Bite-Aquatinta dagegen verdünnt der Künstler die Säure mit Gummiarabikum oder Wasser, das mit seiner oder ihrer Spucke versetzt ist, und trägt diese Mischung auf bestimmte Bereiche der Platte auf. Die Säure ätzt, wo immer sie die Platte berührt, was zu einem weichen, aquarellartigen Ergebnis führt. Bei diesem Werk legte Close ein Gitter über das Foto, projizierte es auf seine Platte und kopierte es dann Feld für Feld. Jedes Feld ähnelt einem Farbklecks, weil er die Säure mit einem Pinsel auftrug und sorgfältig kontrollierte, wie lange sie auf die Platte einwirkte. Das Ergebnis waren ganz besondere Farbtöne. Zwar ist die Druckgrafik sehr viel kleiner als die meisten seiner gemalten Porträts, doch auch hier füllt das Motiv das Papier aus, und Close untersucht einmal mehr, wie sich die Dominanz seines Gesichts in diesem Raum dem Betrachter übermitteln lässt.

Chuck Close (1940–2021)

Selbstporträt, Spit-Bite-Radierung, 1988

Concert for Anarchy erzeugt Beklemmung

Ein großer Konzertflügel hängt kopfüber von der Decke einer geräumigen Galerie. Gehalten wird er von schweren, an den Beinen befestigten Stahlseilen. Es wirkt gefährlich, wie er da in der Luft baumelt, hoch über dem Boden und den Köpfen der Besucher. Alle zwei, drei Minuten wird ein Mechanismus im Innern des Instruments ausgelöst, woraufhin die Klaviatur plötzlich mit einem lauten, misstönenden Ruck herausfällt. Einen Schreckensmoment lang glaubt man, die Tasten könnten die Besucher treffen oder zumindest gefährlich auf den Boden krachen. Gleichzeitig öffnet sich der Deckel des Flügels und offenbart das Innenleben des Instruments; derweil tönen die Saiten scheinbar willkürlich. Dann stoppt plötzlich alles, und das Instrument hängt still in der Luft. Ein oder zwei Minuten nach diesem unerwarteten, irgendwie gewalttätigen Akt gleiten die Tasten wieder an ihren Platz zurück, schließt sich der Deckel und alles knarrt laut. Kurz darauf beginnt der Kreislauf von vorn, und für alle, die darunter stehen und darauf warten, dass die Tasten und der Deckel wie bei einer gigantischen Kuckucksuhr herausfallen, steigt die Spannung, auf die dann wieder der langsame, geräuschvolle Rückzug in die Unbeweglichkeit und Stille folgt, wenn das Klavier erneut geschlossen wird.

Die deutsche Aktionskünstlerin Rebecca Horn, die für ihre Installationen, Filme und Körperverwandlungen bekannt ist, lernte von ihrer rumänischen Gouvernante das Zeichnen. Einen Großteil ihrer Schulzeit verbrachte sie in Internaten und besuchte dann mehrere Kunstschulen, bis sie die Schule 1964 wegen einer schweren Lungenvergiftung verlassen musste. „Ich war 20 Jahre alt und lebte in Barcelona, in einem dieser Hotels, wo man stundenweise Zimmer mietet“, erzählt sie. „Ich arbeitete mit Glasfaser, ohne Maske, weil mir niemand gesagt hatte, dass das gefährlich war. Ich wurde sehr krank. Ein Jahr lang war ich in einem Sanatorium. Meine Eltern starben. Ich war völlig isoliert.“ Nachdem sie das Sanatorium verlassen hatte, begann sie, mit weichen Materialien zu arbeiten und schuf Skulpturen, mit denen sie ihre Krankheit, die lange Genesung und die Einsamkeit erforschte.

Concert for Anarchy ist eine von mehreren Skulpturen, bei denen Horn einen Mechanismus integrierte. Mit dieser Form der Kunst hatte sie in den späten 1970er Jahren begonnen. Dieses Werk, das ein Gefühl von Spannung und Beklemmung erzeugt, entstand mehr als ein Jahrzehnt später. Schon die Tatsache, dass Horn den Flügel aus seinem normalen Kontext herausnimmt, sorgt bei den darunter stehenden Betrachtern für eine gewisse Beunruhigung. Wenn das Instrument dann seine misstönende Performance vollführt, erhöht sich die Anspannung. Dieses Kunstwerk ist nicht nur visuell und auditiv, sondern auch kinetisch. Horn sagte, dass sie nicht nur ein Unbehagen erzeugen wollte, sondern auch eine „neue Form von Interaktion mit den Ausstellungsbesuchern“ anstrebte.

Rebecca Horn (geb. 1944)

Concert for Anarchy, Konzertflügel, Hydraulikkolben und Kompressor, 1990

„Schon die Tatsache, dass Horn den Flügel aus seinem **normalen Kontext** herausnimmt, sorgt bei den darunter stehenden Betrachtern für eine gewisse **Beunruhigung**. Wenn das Instrument dann seine **misstönende Performance** vollführt, erhöht sich die **Anspannung**."

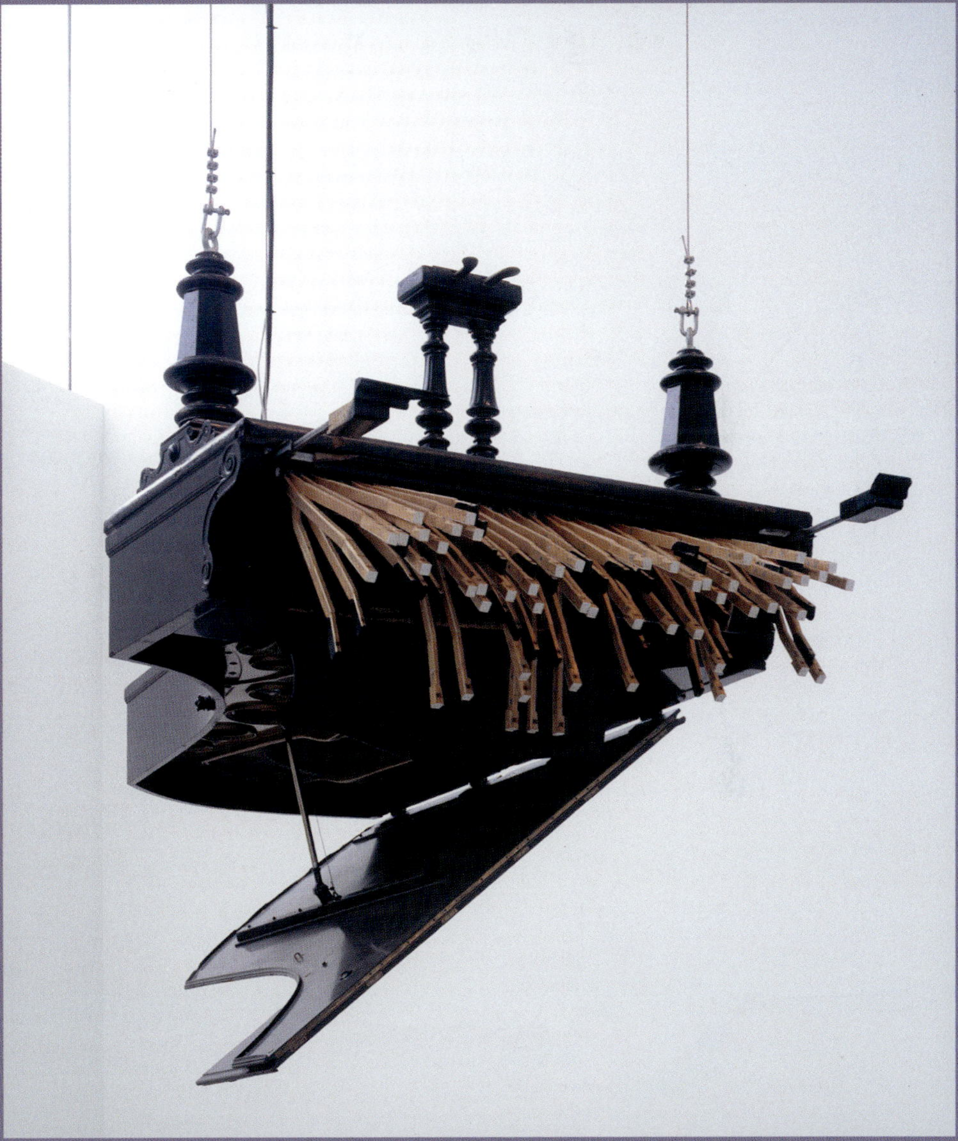

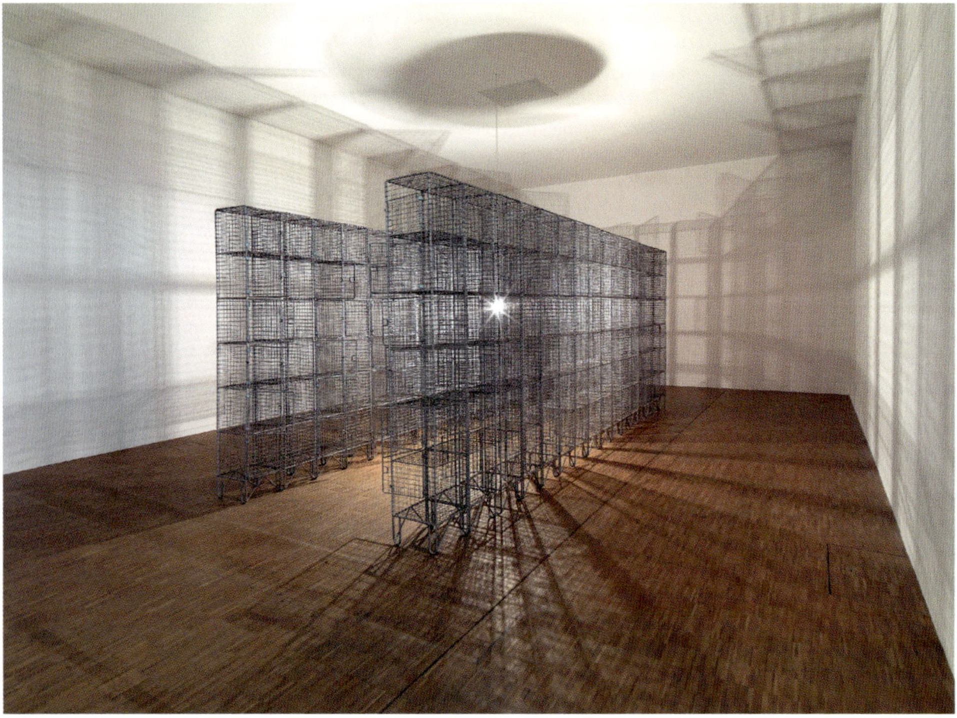

„Dieses **bewusst mehrdeutige** Werk verweist auf Erfahrungen des **Eingeschränktseins**, sowohl im häuslichen Umfeld als auch in institutionellen Gebäuden wie Gefängnissen oder Kasernen."

Light Sentence erkundet das Eingesperrtsein

Mit dieser Installation aus Drahtgitterschränken und einem elektrischen Licht wollte Mona Hatoum die Betrachter zum Nachdenken darüber anregen, was es heißt, eingesperrt zu sein. Die Künstlerin beschäftigt sich in ihren Installationen häufig mit beunruhigenden Aspekten von Konflikten, Bewegungseinschränkungen und Eingesperrtsein und nimmt damit Bezug auf individuelle und allgemeine Erfahrungen. Die in Beirut als Tochter palästinensischer Eltern geborene Hatoum wird oft als Künstlerin beschrieben, die in ihren Werken sehr persönliche, durch eigenes Erleben geprägte Gefühle zum Ausdruck bringt, doch eigentlich konzentriert sich ihr Werk auf universelle Erscheinungen und Ereignisse, die jeder von uns in jeder beliebigen Kultur und jedwedem Alter erleben könnte.

Dieses bewusst mehrdeutige Werk verweist auf Erfahrungen des Eingeschränktseins, sowohl im häuslichen Umfeld als auch in institutionellen Gebäuden wie Gefängnissen oder Kasernen. Hatoum erkundet die Konflikte und Widersprüche unserer Welt, die dunkle Seite der menschlichen Natur und Situationen, in denen Einzelpersonen oder Gruppen Opfer staatlicher Kontrolle werden. Seit den späten 1980er Jahren nutzt sie für ihre Installationen und Skulpturen eine große Bandbreite an Materialien, häufig auch Gitter oder geometrische Formen, mit denen sie Barrieren oder Grenzen abbildet.

Ins britische Exil geriet Hatoum durch Zufall. Nachdem sie von 1970 bis 1972 das Beirut University College besucht hatte, reiste sie 1975 nach London. Während sie dort war, brach im Libanon der Bürgerkrieg aus und machte eine Rückkehr unmöglich. Also blieb sie in London, studierte an der Byam Shaw School of Art und der Slade School of Art und erhielt mehrere Künstlerstipendien in Europa und den Vereinigten Staaten. Ihre Werke, in denen es oft um die Angreifbarkeit des Individuums und die finsteren zugrundeliegenden Systeme der sozialen Kontrolle geht, beziehen den Betrachter auf mehreren Ebenen ein und lösen häufig eine ganze Reihe von Emotionen aus.

Dieses Werk zum Beispiel besteht aus Drahtgitterschränken und einer einzelnen nackten Glühbirne, die im Zentrum der Installation baumelt und sich langsam hoch und runter bewegt. Dabei erzeugt das durch die Käfige fallende Licht dramatische, dynamische Schatten, die sich an den Wänden ringsum hoch und runter bewegen. Die großen Silhouetten der Betrachter scheinen dabei mit den Gitterschränken verwoben und erzeugen so Gefühle des Eingesperrtseins und der Desorientierung. Die Schränke, die weder Ein- noch Ausgänge besitzen, kombinieren industrielle Materialien mit den reduzierten Formen der minimalistischen Kunst.

Hatoums Werk, mit dem sie größere Fragen wie die der persönlichen Freiheit und des menschlichen Daseins erkundet, ruft auch Gefühle von Beobachtetwerden, Verhörtwerden, Freiheitsverlust, Verletzung der Persönlichkeitsrechte, körperlichem und emotionalem Unwohlsein und Anspannung hervor. Die Künstlerin ermutigt den Betrachter, vielzählige Erfahrungen auf einmal zu erkunden und sieht ihre Aufgabe eher darin, Fragen zu stellen als diese zu beantworten.

Mona Hatoum (geb. 1952)

Light Sentence, 36 Drahtgitterschränke, elektrischer Motor, Glühbirne, 1992

89

Prop hinterfragt Erwartungen

In der Geschichte der Kunst haben Maler wie Rubens, Tizian, de Kooning, Ingres, Matisse und Picasso den weiblichen Körper zum Objekt gemacht und Bilder erschaffen, die sie und die vorwiegend männlichen Betrachter ihrer Werke anziehend fanden. Als Frau hat Jenny Saville eine andere Sicht auf das Thema. Die Inspiration, weibliche Akte zu malen, kam ihr, als sie 1991 kurzzeitig an der University of Cincinnati studierte und in amerikanischen Shopping Malls fettleibige Frauen beobachtete. Fleischige Frauenkörper hätten sie immer interessiert, sagt Saville, und erinnert sich an den Körper ihrer Klavierlehrerin: „Ich war fasziniert, wie ihre beiden Brüste eins wurden, wie sich ihr Fett bewegte und wie es von der Rückseite ihrer Arme hing."

Aufgrund dieser frühen Neugier auf Fleisch, Haut und die Manipulation von Farbe malte Saville von Beginn ihrer Karriere an weibliche Akte. Dabei ging sie über den Realismus eines Gustave Courbet oder Édouard Manet hinaus: Ihre Körper weisen stets Makel und Unreinheiten auf, haben Orangenhaut, sind irgendwie verändert und vor allem massiger als jene, die die heutige Gesellschaft bewundert. Diese monumentale Nackte mit dem verkürzten Oberschenkel, den bedeckten Brüsten und dem runden Bauch ragt vor dem Betrachter auf. Sie ist aus der Untersicht abgebildet, dominiert den Raum und spottet herkömmlichen Vorstellungen von Frauendarstellungen. Doch während Saville mit der Konvention bricht, interpretiert sie gleichzeitig Elemente etablierter Künstler neu, etwa Rubens' Farbpalette und de Koonings gestischen Pinselstrich. Ganz allgemein hinterfragt sie altehrwürdige Darstellungen weiblicher Schönheit und zeigt Figuren fernab jedes Ideals in verletzlichen, exponierten Posen.

Saville gehört zu den YBAs (Young British Artists), einer Gruppe junger britischer Künstler, die ihre Werke 1997 in einer sehr umstrittenen Ausstellung zeigten. Sie überschreitet Grenzen, die von den gesellschaftlichen Erwartungen an die Kunst gezogen wurden. Sie trägt die Farbe in dicken Schichten auf, schiebt und zieht das Pigment über die Leinwand und wirft so Fragen zur gesellschaftlichen Wahrnehmung des Körpers auf. „Mit der Schönheit ist es so", hat sie einmal gesagt. „Schönheit wird immer mit der männlichen Vorstellung vom weiblichen Körper in Verbindung gebracht. Ich denke nicht, dass an Schönheit irgendetwas verkehrt ist. Aber was Frauen als schön empfinden, kann anders sein. Und auch im Individuellen kann Schönheit liegen. Wenn da eine Warze oder eine Narbe ist, kann es in gewisser Weise schön sein, wenn man sie malt."

Saville beschäftigt sich mit der Darstellung von Weiblichkeit und dem Druck, der auf Frauen ausgeübt wird, damit sie den gesellschaftlichen Schönheitsvorstellungen entsprechen: „Ich interessiere mich für die Kraft eines großen weiblichen Körpers – eines Körpers, der viel physischen Raum einnimmt, aber auch einer Person gehört, die sich sehr bewusst ist, dass unsere Gesellschaft sie ermutigt, ihren Bauch zu verhüllen und so klein wie möglich erscheinen zu lassen." Die Künstlerin hinterfragt nicht nur die Vorstellung von Schönheit, sondern offenbart auch, trotz der Größe dieses Aktes, ein Gefühl von Verletzlichkeit und Zerbrechlichkeit.

Jenny Saville (geb. 1970)

Prop, Öl auf Leinwand, 1993

„Ganz allgemein hinterfragt Saville **altehrwürdige Darstellungen weiblicher Schönheit** und zeigt Figuren fernab jedes Ideals und in **verletzlichen, exponierten** Posen.“

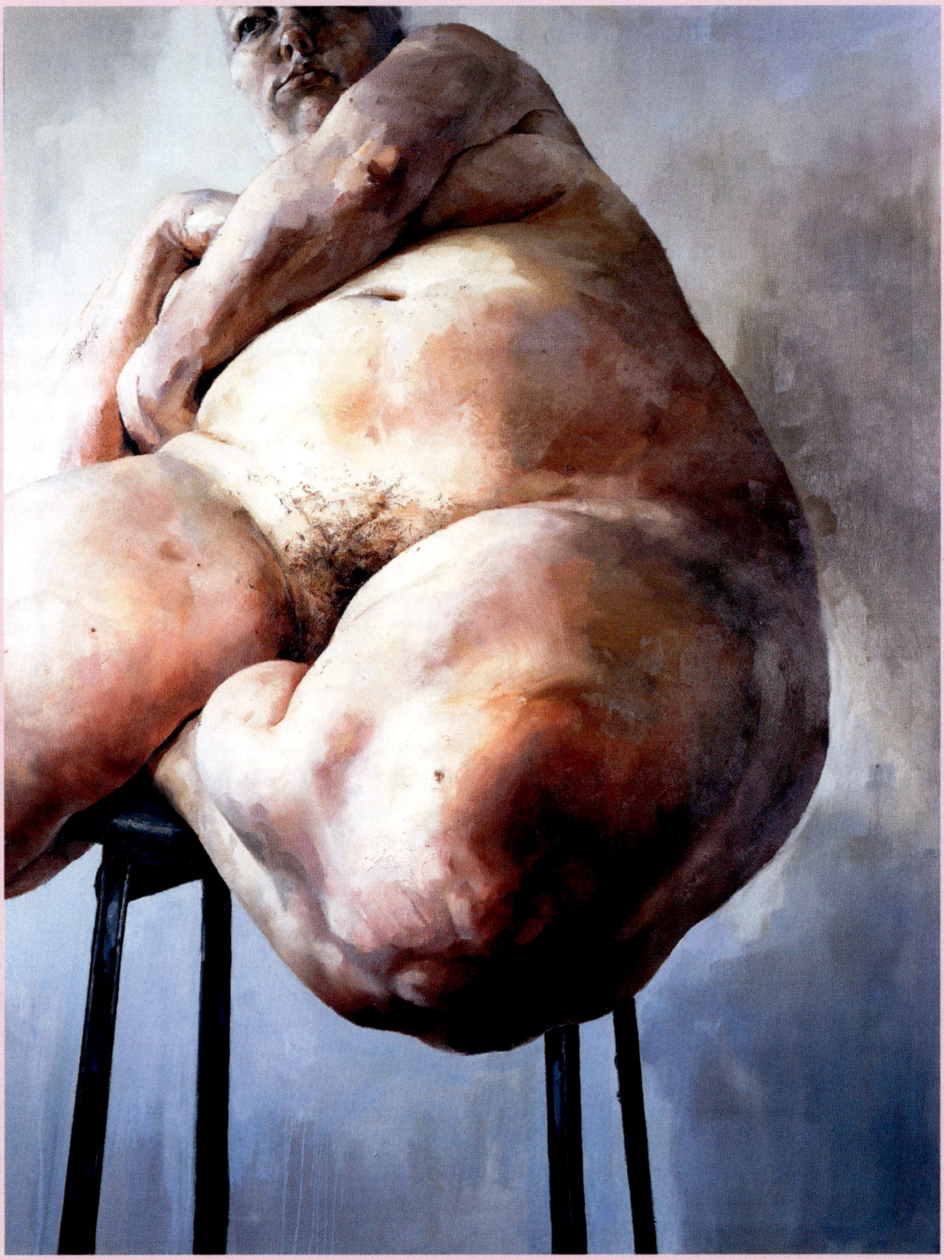

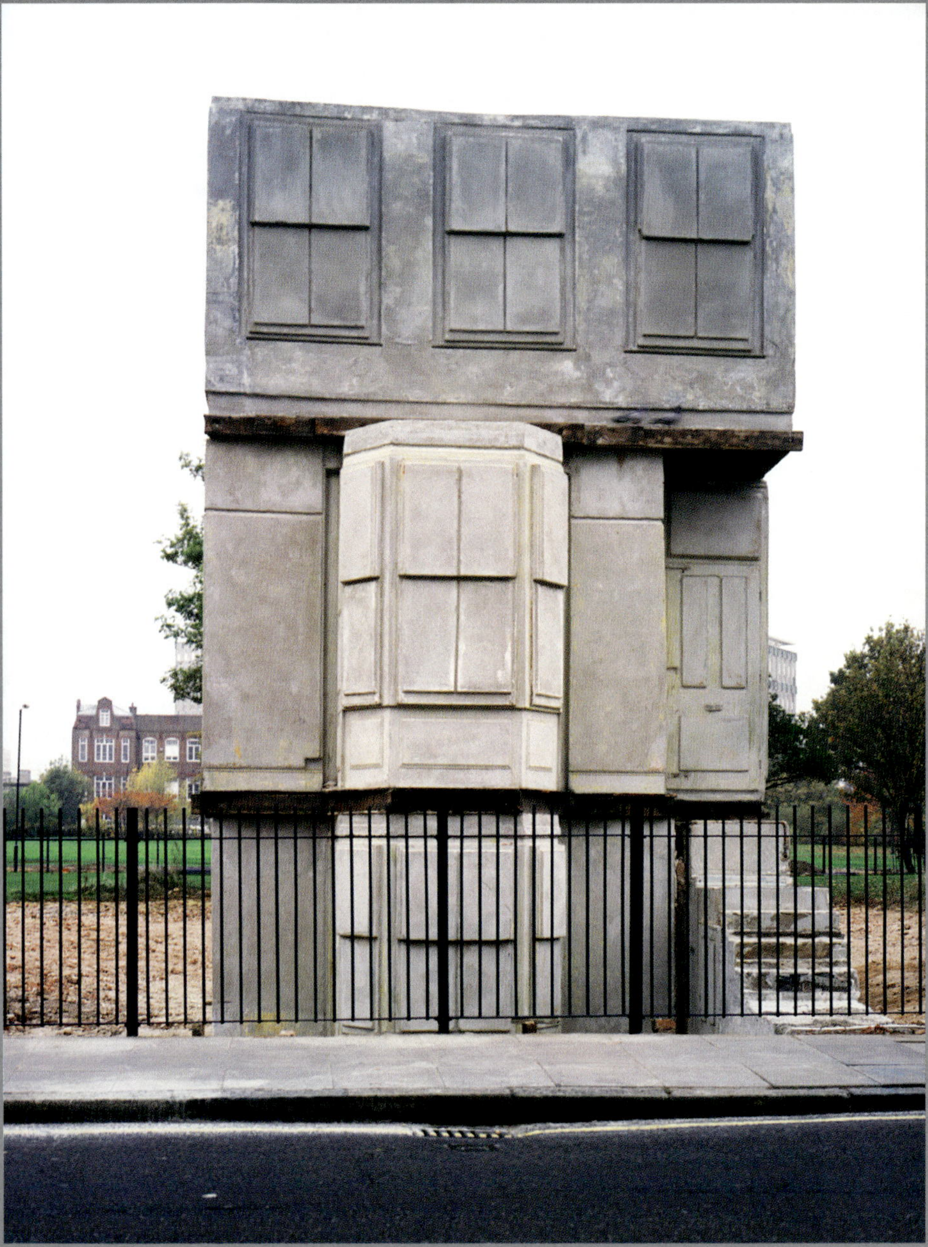

„Das Werk feierte die **Erinnerungen** – an Jahre des Lebens, an Familien, die dort gewohnt hatten, an Kinder, die dort aufgewachsen waren – und machte dabei einen **intimen, privaten Ort öffentlich**.“

House verfestigt Erinnerungen

Für diese Arbeit, die an ein Gebäude erinnerte, das an dieser Stelle rund ein Jahrhundert lang stand, wurde Rachel Whiteread in Großbritannien sowohl als beste wie als schlechteste Künstlerin ausgezeichnet. Dieser Betonabguss des Inneren eines viktorianischen Reihenhauses im Londoner East End trug der Künstlerin im November 1993 sowohl den renommierten Turner-Preis für den besten jungen britischen Künstler als auch den K Foundation art award für den schlechtesten britischen Künstler ein.

Einige der Gebäude in der Grove Road, Mile End, waren bei Bombardierungen während des Zweiten Weltkriegs zerstört und durch Fertighäuser ersetzt worden. In den 1990er Jahren war dieser Bereich durch einen städtebaulichen Mix aus viktorianischen Reihenhäusern und Apartmenthochhäusern aus den 1960er Jahren geprägt. In der Ferne waren die hochaufragenden Bürotürme von Canary Wharf zu sehen, und das gesamte Areal befand sich inmitten einer umfassenden Neuentwicklung. Die örtlichen Behörden hatten beschlossen, eine Reihe von Häusern abzureißen, um einen Park anzulegen. Sydney Gale, der letzte Bewohner eines dieser Gebäude, widersetzte sich dem Abriss und blieb in seinem Haus wohnen, während die anderen zerstört wurden. Nachdem er mit den Behörden lange gerungen hatte, um in seinem Haus bleiben zu dürfen, wurde Gale zur Räumung gezwungen und in der Nähe untergebracht.

Whiteread beschloss, die Erinnerung an dieses Haus, das hier mehr als ein Jahrhundert gestanden hatte, zu bewahren und stellte, mit der Erlaubnis sowohl Gales als auch des Gemeinderats, einen Betonabguss des Gebäudes her, wohlwissend, dass ihr Werk nur für kurze Zeit hier würde stehen können. Drei Jahre zuvor hatte Whiteread ihre Skulptur *Ghost* ausgestellt, den Gipsabdruck eines Wohnzimmers in einem verlassenen viktorianischen Haus. *House* hatte zwar ein größeres Format – es war ein ganzes Haus und nicht nur ein einzelner Raum –, behandelte aber ein ähnliches Thema. Es wurde von Artangel in Auftrag gegeben und von Beck's und Tarmac Structural Repairs gesponsert. Eine Vorgabe war, dass das Werk freistehend und von allen Seiten aus sichtbar sein musste.

Im Innern des Hauses entfernte Whiteread zusammen mit einem Team alles bis auf die Wände. Vorrichtungen wie Waschbecken und Küchenschränke wurden abgebaut, Löcher in den Wänden verfüllt, die Fenster abgedeckt. Dann wurde alles mit Beton ausgegossen, der von einem Innengerüst aus Metall gestützt wurde. Bauarbeiter entfernten anschließend die äußere Hülle des Hauses, sodass nur der ausgehärtete Beton übrigblieb. Das Werk feierte die Erinnerungen – an Jahre des Lebens, an Familien, die dort gewohnt hatten, an Kinder, die dort aufgewachsen waren – und machte dabei einen intimen, privaten Ort öffentlich. Während der elf Wochen, die die Skulptur stand (25. Oktober 1993 bis 11. Januar 1994), strömten die Menschen herbei, um sie zu betrachten. Die Reaktionen fielen allerdings durchwachsen aus, und die Arbeit wurde früher zerstört als ursprünglich vereinbart.

Rachel Whiteread (geb. 1963)

House, Beton, 193 Grove Road, London E3, 1993 (zerstört 1994)

East West Circle bringt das Draußen nach drinnen

Dieser große Kreis aus Steinen, einige mit glatter, andere mit rauer Oberfläche, ist auf dem Boden einer Galerie ausgelegt. Feuersteine und schwarze Flusssteine sorgen für eine schroffe, natürlich wirkende Struktur. Der englische Landschaftskünstler Richard Long hat viel über die Universalität des Kreises nachgedacht: „Ich kann einen Kreis aus Worten bilden, ich kann einen Kreis aus Steinen bilden, ich kann einen Kreis aus Matsch bilden ... Ich kann 100 Meilen weit im Kreis laufen. Das Bild, die Form und das System lassen sich eins zu eins übertragen."

Mehrere von Longs Werken sind das Ergebnis von Spaziergängen, die der Künstler unternommen, und natürlichen Strukturen, die er gesehen hat. Seit Mitte der 1960er Jahre ist er immer wieder gewandert, unter anderem durch die Sahara, Australien, Island und Großbritannien. Die daraus resultierenden Arbeiten nahmen Einfluss auf die Grenzen der Skulptur und zeigten, dass diese sich nicht auf „traditionelle" Materialien beschränken muss. Auf diese Weise hat Long die Wahrnehmung von Kunst verändert. Er verweist indirekt auf alte Symbole, den Glauben und Aberglauben, die heilige Orte und Steinkreise umgeben, denkt aber auch über natürliche Formen in seiner Umwelt nach und verbindet seine Skulpturen mit Performance und Konzeptkunst.

Seit seinen ersten Wanderungen hat Long mit natürlich vorkommenden Materialien wie Erde, Stein und Matsch gearbeitet. Bei diesem Werk verwendet er Stein, denn dies ist das Material, aus dem die Erde im Wesentlichen besteht, und das schon früh im Mittelpunkt menschlicher Kreativität und Überlebensstrategien stand. Die grundlegende, elementare Form des Kreises verbindet das Wesen der Erde mit einer ganz rudimentären Ausdrucksweise: „Man könnte sagen, dass mein Werk ... eine Balance zwischen den Mustern der Natur und dem Formalismus menschlicher, abstrakter Vorstellungen wie Linien und Kreisen ist", erklärt Long. „Hier treffen meine menschlichen Charakterzüge auf Kräfte und Muster der natürlichen Welt."

Ein Großteil von Longs Kunst entsteht in der Natur oder beschäftigt sich mit ihr, aber vieles davon wird, wie hier, nach drinnen geholt, um es einem größeren Publikum zugänglich zu machen. „Die Natur, die Landschaft, das Wandern stehen im Zentrum meiner Arbeit und beeinflussen die Innenraumarbeiten", sagt Long. „Aber die Kunstwelt wird gemeinhin drinnen empfangen, und ich möchte gern reale Arbeiten an einem öffentlichen Ort zu Publikumszeiten ausstellen und keine Fotos, Karten und Texte zeigen, die per definitionem Werke aus zweiter Hand sind. Eine Skulptur regt die Sinne an einem Ort an, während ein Foto oder ein Text (von einem anderen Ort) die Fantasie nähren. Für mich stellen diese verschiedenen Formen meines Werks Freiheit und Reichtum dar – es ist unmöglich, alles auf eine Art zu sagen." In *East West Circle* berührt jeder Stein einen anderen; zusammen bilden sie einen Kreis. Das Werk holt nicht nur das Draußen nach drinnen, sondern lädt auch ein, über die Beziehung zwischen Mensch und Natur nachzudenken.

Richard Long (geb. 1945)

East West Circle, englischer Feuerstein und schwarze Flusssteine, 1996

„Stein ist das **Material**, aus dem die **Erde im Wesentlichen** besteht und das schon früh im Mittelpunkt **menschlicher Kreativität und Überlebensstrategien** stand.“

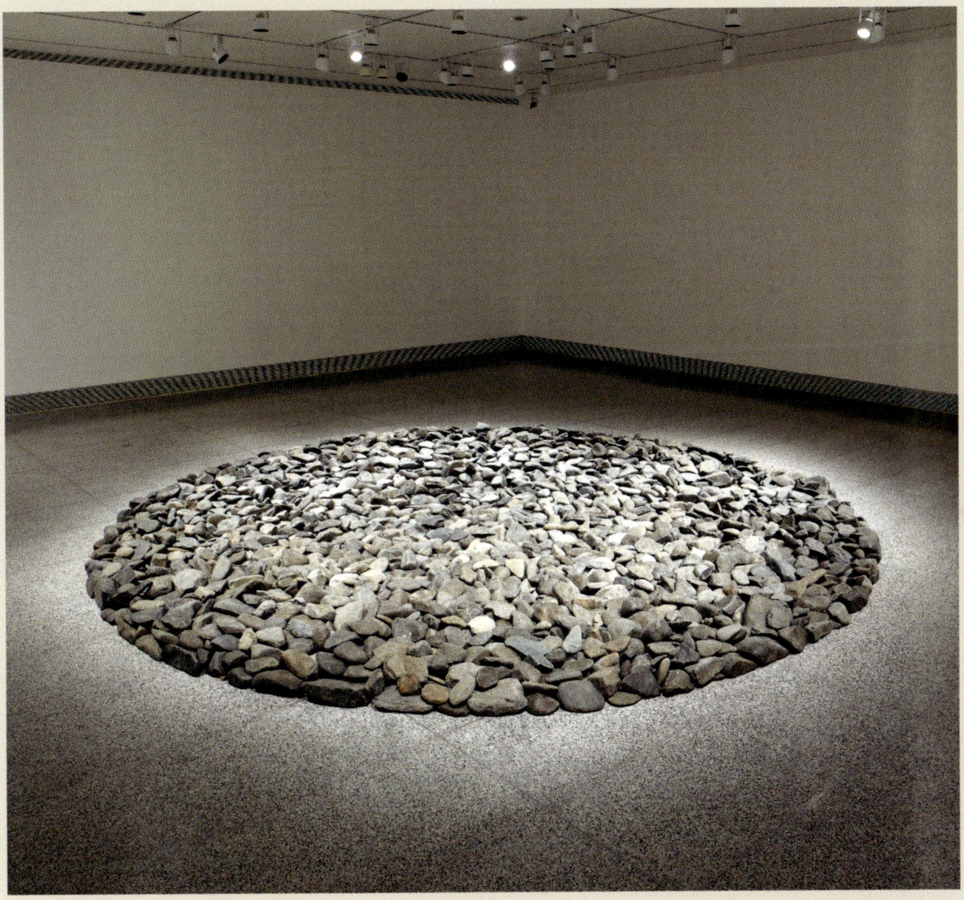

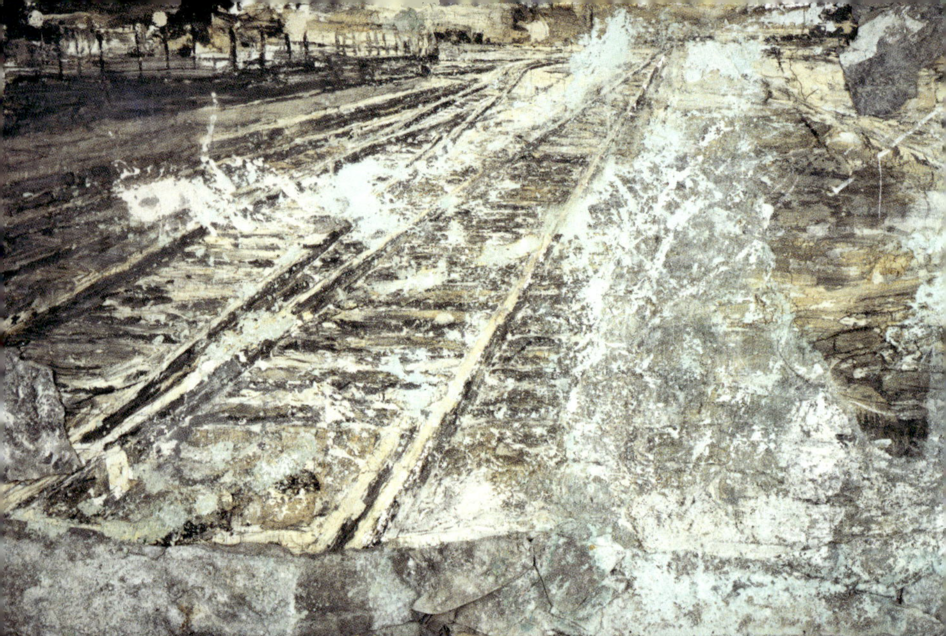

Auf einem vernarbten Terrain stellt sich Kiefer **dunklen Aspekten** der Vergangenheit seines Landes und verbindet diese mit der jahrtausendealten, komplexen und turbulenten **religiösen, politischen und kulturellen Geschichte** Jerusalems.“

92

Das himmlische Jerusalem mischt Dunkelheit und Licht

Dieses Gemälde des deutschen Künstlers Anselm Kiefer nimmt deutsche Geschichte und Mythen in den Fokus und verwendet sowohl jüdische wie christliche Symbolik. Es konfrontiert uns mit unbequemen Aspekten der Geschichte und untersucht das menschliche Ringen und die Spiritualität in einer von Krieg und Zerstörung entstellten Welt. Bei dem stark texturierten Gemälde arbeitete Kiefer mit der Impasto-Technik, trug die Farbe also dick auf und verwendete zudem Blei, Salz und Blattsilber. Die Stadt Jerusalem dient hier als eindringliches Beispiel für einen Ort, dessen Geschichte von Krieg, Anstrengungen und Spiritualität geprägt ist. Von der Stadt selbst sind keine konkreten Elemente zu erkennen, aber Kiefer nutzt seine eigenen charakteristischen visuellen Symbole.

Kiefer studierte zunächst in Freiburg Jura und Sprachen, wechselte dann aber zur Bildenden Kunst. Sein Entsetzen über den Holocaust und seine Scham über die Rolle der Deutschen in den beiden Weltkriegen sind ein regelmäßig wiederkehrendes Thema seiner Werke. Er arbeitet mit allerlei ungewöhnlichen Materialien, weil diese – so seine Begründung – „den Geist, der bereits in ihnen lebt" ausströmen. Viele dieser Materialien haben daher eine eigene Geschichte, etwa das Blei, das beim Erhitzen und Schmelzen sein Aussehen verändert und mit der Alchemie assoziiert wird. Im Mittelalter glaubten einige Alchemisten, dass sie Blei in Gold verwandeln könnten. Kiefer nutzt den Werkstoff in diesem Bild, um die Vergeblichkeit des alchemistischen Bestrebens und die Schwierigkeit, eine Sache in eine andere zu verwandeln, zu verdeutlichen, wobei er dieses Bemühen mit dem künstlerischen Schöpfungsprozess vergleicht.

Auf einem vernarbten Terrain stellt sich Kiefer dunklen Aspekten der Vergangenheit seines Landes und verbindet diese mit der Jahrtausende alten, komplexen und turbulenten religiösen, politischen und kulturellen Geschichte Jerusalems. Das versehrte Land ist eine Metapher für das menschliche Leid, und die Eisenbahnschienen, die über die verbrannte, unwirtliche Erde hin zu einem Fluchtpunkt am Horizont führen, erinnern an die Deportationszüge, mit denen die Juden im Dritten Reich zu den Todeslagern gebracht wurden. Mit den übereinandergeschichteten Materialien nimmt Kiefer Bezug auf die Schichten der Geschichte, sowohl der alten wie auch der Welt seit 1945. Jerusalem ist ein gleichermaßen historischer und spiritueller Ort, an dem Siedler über tausende von Jahren gelebt haben, wo es seit biblischen Zeiten Unfrieden gab und wo eine moderne Identität etabliert wurde, die häufig hinterfragt wird. Kiefers Bild zeigt daher Dunkelheit und Licht, Schrecken und Hoffnung, Ärger und Freude, Gefahr und Sicherheit, Deutschland und Jerusalem, Vorstellungen und Fakten.

Eisenbahngleise und Leitern sind häufig wiederkehrende Motive in Kiefers Arbeiten. Erstere stehen für den Transport der Juden zu den Konzentrationslagern durch eine vom Krieg entstellte Landschaft. Letztere erinnern an die biblische Geschichte von Jakobs Traum von der Himmelsleiter, die Himmel und Erde verbindet. Mit diesen Motiven deutet Kiefer an, dass Jerusalem sowohl ein himmlisches Reich als auch eine grausame Erinnerung an den Holocaust ist.

Anselm Kiefer (geb. 1945)

Das himmlische Jerusalem, Emulsion und Schellack mit Blei, Salz und Blattsilber auf Leinwand, 1997

93

Fireflies on the Water erforscht den Raum

In diesen kleinen, verdunkelten, mit Spiegeln verkleideten Raum darf immer nur eine Person eintreten; sie soll die Installation abgesondert von anderen Menschen auf sich wirken lassen. Im Innern hängen 150 kleine Lichter von der Decke, und in der Mitte des Raums befindet sich ein Wasserbecken im Boden, über dem sich eine Aussichtsplattform erhebt. All diese Elemente können durch die schwankenden Effekte des direkten und reflektierten Lichts betrachtet werden, das mal funkelnd und hell, mal gedämpft und schattig wirkt. Das liegt daran, dass ein Teil des Lichts elektrisch ist, ein Teil von den Spiegeln reflektiert wird und ein Teil auf der Oberfläche des Wassers glitzert und tanzt. Da das Licht nicht allzu stark ist – es kommt aus verschiedenen kleinen Quellen und wird von den spiegelnden Oberflächen zerstreut –, ist der Raum selbst schwer zu erfassen. Den einsamen Betrachter oder die Betrachterin befällt ein Gefühl von Unsicherheit, denn durch die dunklen Ecken und schattigen Bereiche lässt sich die Größe des Raums unmöglich ermessen.

Seit den 1950er Jahren kreiert die japanische Künstlerin Yayoi Kusama sich wiederholende Muster und Installationen, die dem Betrachter durch die Verwendung von Spiegeln und Lichteffekten die Orientierung nehmen. Die in Matsumoto City geborene Kusama begann schon in jungen Jahren zu malen; zur selben Zeit fing sie an, visuelle und auditive Halluzinationen zu haben, die sie seither begleiten. Die Kunst, hat sie einmal gesagt, „ist ein Ausdruck meines Lebens, insbesondere meiner geistigen Krankheit“. Da sie intuitiv arbeitet, lässt sie diese Halluzinationen, inneren Gefühle und Visionen in ihr Werk einfließen.

Obwohl ihre Familie gegen eine Künstlerlaufbahn war, studierte Kusama den traditionellen Stil der Nihonga- (wörtlich übersetzt „japanischen“) Malerei in Kyoto und ging 1958 nach New York City. Dort traf sie bedeutende Pop-Art-Künstler wie Andy Warhol und Claes Oldenburg. Öffentliche Aufmerksamkeit weckte sie mit einer Reihe von Happenings, deren nackte Teilnehmer*innen mit farbenfrohen Punktmustern bemalt waren. Sie experimentierte mit Skulpturen und Installationen, und seit ihrer Rückkehr nach Japan 1973 beschäftigt sie sich zudem mit Druckgrafiken, dem Filmemachen, Mode, Produktdesign sowie mit Poesie, Performance, Malerei und Installationskunst.

In ihren Werken erforscht Kusama häufig die Vorstellung von Unendlichkeit. In dem gedämpften, ungewissen Licht dieser Installation wirkt es, als könnte der Raum unendlich sein. Man weiß nicht, wo das Werk beginnt oder endet, und genau das löst beim Betrachter Gefühle aus, die Halluzinationen ähneln. Das Arrangement von Lichtern, Spiegeln, Wasser und Aussichtsplattform mag willkürlich scheinen, aber Kusama hat diesen Raum mit seinem Licht, seinen Schatten und Reflexionen sorgfältig durchdacht. Das Spiel der Lichter und das Gefühl von Perspektive sind genau geplant und die Spiegel und Lichter strategisch angeordnet, um eine desorientierende Illusion und den Eindruck von Unendlichkeit zu erschaffen.

Yayoi Kusama (geb. 1929)

Fireflies on the Water, Spiegel, Plexiglas, Lichter und Wasser, 2002

„In dem gedämpften, ungewissen Licht dieser Installation wirkt es, als könnte **der Raum unendlich** sein. Man weiß nicht, wo das Werk **beginnt oder endet**, und genau das löst bei der Betrachtung Gefühle aus, die **Halluzinationen** ähneln."

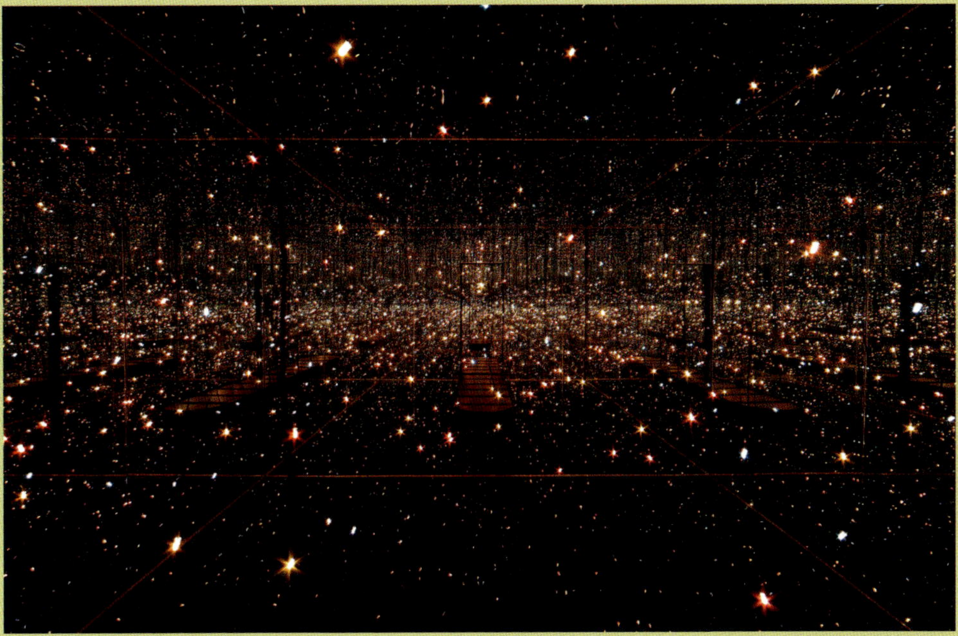

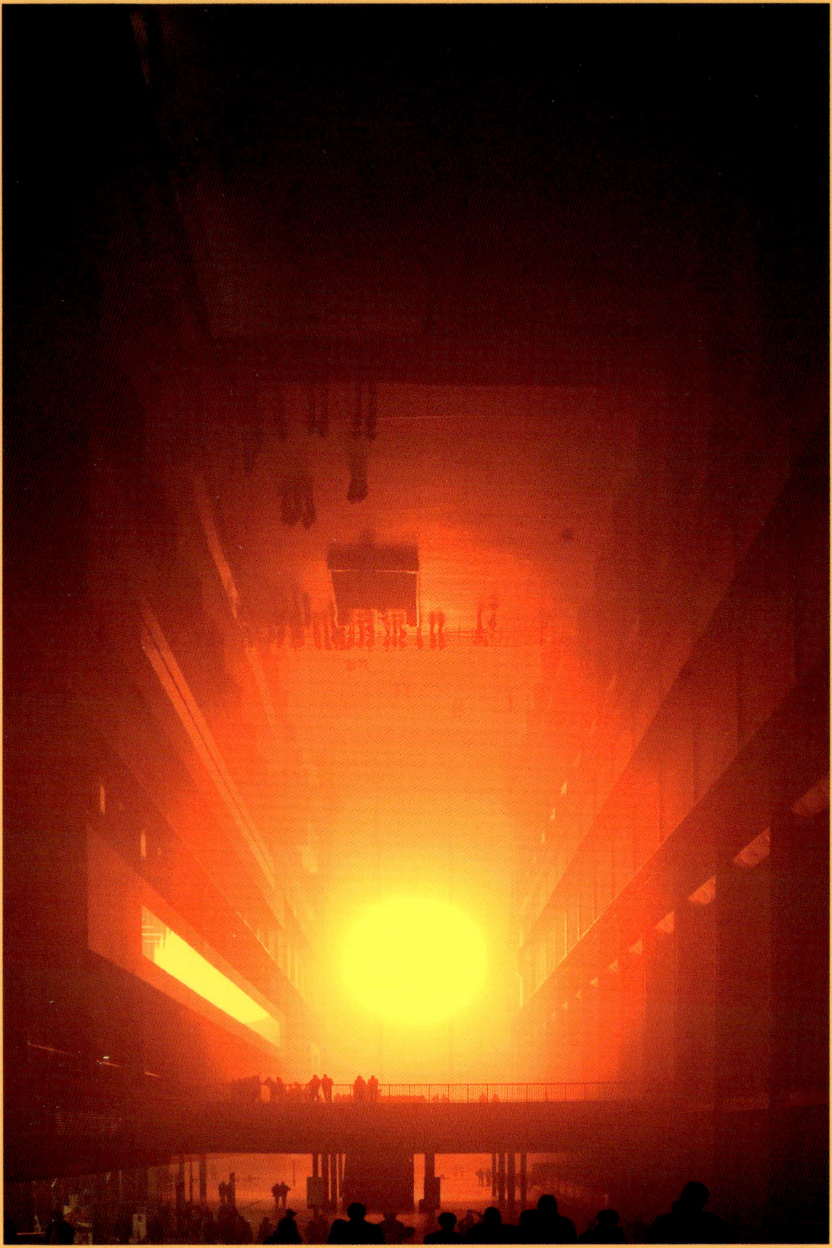

„Eliasson ging es um das Erforschen von **Erfahrung, Vermittlung, Repräsentation, Selbstwahrnehmung** und natürlich das Wetter und wie wir es **wahrnehmen**."

The weather project reproduziert das Wetter

Der dänisch-isländische Künstler Olafur Eliasson nutzt in seinen Installationen häufig Wetterelemente wie Wasser, Licht und Hitze, um die Natur nachzubilden. Auf Freiflächen und in Kunstgalerien reproduziert er Regen, Nebel, Sonne und Dunst und regt uns dadurch an, über unsere natürliche Umgebung nachzudenken.

Das Wetter ist ein beliebtes Gesprächsthema, insbesondere in Großbritannien, wo es sich häufig ändert. Mit *The weather project* erkundete Eliasson nicht nur das Wetter, sondern beschäftigte sich auch damit, wie Museen und Galerien die ausgestellte Kunst vorstellen und erklären, und wie diese Interpretationen Einfluss darauf nehmen, wie die Besucher*innen die Werke verstehen. Bei dieser Installation war Eliasson daran gelegen, dass die Besucher*innen sich eine eigene Meinung bildeten, um ihnen ein unverfälschtes, ganz persönliches Kunsterlebnis zu ermöglichen.

Zunächst machte er eine Umfrage unter den Angestellten des Museums und fragte sie, wie sie über das Wetter redeten. Dann schuf er in der riesigen Turbinenhalle der Tate Modern eine einzigartige natürliche Umgebung. Die Überlegung war, dass das Wetter eine der wenigen Begegnungen mit der Natur darstellt, die man auch in der Stadt erleben kann. „Als Stadtbewohner haben wir uns an das Wetter gewöhnt, wie es durch die Stadt vermittelt wird“, erklärte er. „Das findet auf zahlreiche Arten und Weisen statt, auf verschiedenen kollektiven Ebenen, die von stark vermittelten (oder repräsentativen) Erfahrungen wie der Wettervorhersage im Fernsehen, bis zu direkteren, stärker spürbaren Erfahrungen reichen, etwa, dass man ganz einfach nass wird, wenn man an einem Regentag die Straße entlanggeht. Eine Ebene zwischen diesen beiden Extremen wäre, wenn man drinnen sitzt und aus dem Fenster auf eine sonnige oder verregnete Straße blickt. Das Fenster, als Grenze der eigenen taktilen Beschäftigung mit der Außenwelt, vermittelt also die Erfahrung des Wetters draußen.“

Mithilfe von Lichtern, Nebelmaschinen, Spiegelfolie, Aluminium und einem Gerüst schuf Eliasson in der Turbinenhalle eine gewaltige Installation. Man konnte um den mit Dunst aus Zucker und Wasser erfüllten und von einer hoch oben angebrachten riesigen gelb-orangenen Scheibe erleuchteten Raum herumgehen. Durch den Dunst konnte man seine eigenen Abbilder als winzige, dunkle Figuren auf dem Kopf stehend in dem großen Deckenspiegel sehen. Außerdem erlebte man die Illusion, der Sonne nahe zu sein – der riesige Halbkreis aus gelb-orangenen Lichtern war direkt unter der Spiegeldecke angebracht. All das war Teil von Eliassons Plan für das Werk, denn es ging ihm um das Erforschen von Erfahrung, Vermittlung, Repräsentation, Selbstwahrnehmung und natürlich das Wetter und wie wir es wahrnehmen, insbesondere in einer Stadt und an unerwarteten Orten.

Olafur Eliasson (geb. 1967)

The weather project, Lichtbündel mit Monofrequenzen, Projektions- und Spiegelfolien, Nebelmaschinen, Spiegelfolie, Aluminium und Gerüst, 2003

Cloud Gate spiegelt eine Stadt

Auf einem Platz im Millennium Park in Chicago spiegelt, verkrümmt und schrumpft eine riesige, glänzende Skulptur die Skyline der Stadt. *Cloud Gate*, das wegen seiner Form auch „The Bean“ (dt. die Bohne) genannt wird, ist eine öffentlich zugängliche Skulptur des in Indien geborenen britischen Künstlers Anish Kapoor. Sie besteht aus 168 zusammengeschweißten Platten aus rostfreiem Stahl, aber da ihr auf Hochglanz poliertes, elliptisches Äußeres keine sichtbaren Nähte aufweist, wirkt sie wie flüssiges Quecksilber.

Die massiven Stahlplatten wurden mithilfe von Computertechnologie in präzise Formen geschnitten und anschließend zusammengesetzt und gebogen. Betrachter können um die Skulptur herumgehen, beobachten, wie sich ihr eigenes Spiegelbild bewegt, verändert und von der gebogenen Oberfläche verformt wird. Sie können auch unter der 3,70 Meter hohen bogenförmigen Wölbung hindurchgehen und den konkaven Raum, den die Presse *omphalos* (griechisch für „Bauchnabel“) getauft hat, von unten betrachten. Aufgrund seiner gewölbten Form verzieht und vervielfältigt der *omphalos* die Spiegelungen auf andere Art als das konvexe Äußere. Vor der Herstellung des Werks gab es verschiedene technologische Bedenken hinsichtlich seiner Konstruktion und Unterhaltung, die aber ausgeräumt werden konnten. Heute lädt *Cloud Gate* die Besucher ein, ihr eigenes verdrehtes Abbild aus einer Vielzahl von Perspektiven zu betrachten, und regt zu Momenten der Selbstreflexion, Introspektion und Kontemplation an.

Der in Mumbai geborene Kapoor ging in den späten 1970er Jahren nach London und studierte dort erst am Hornsey College of Art, dann am Chelsea College of Art. 1990 vertrat er Großbritannien bei der Biennale in Venedig, wo er als bester junger Künstler ausgezeichnet wurde. Im Jahr darauf erhielt er den renommierten Turner-Preis. Seine Kunst offenbart häufig eine sinnliche Innerlichkeit, die auf den menschlichen Körper verweist, ein Thema, das er mit verschiedenen Materialien und häufig in monumentalen Formaten immer wieder aufnimmt. Ein zentrales Thema in Kapoors Werk ist der Zustand positiven und negativen Raums, Leere und Fülle und die aktive Erfahrung des Betrachters mit der Skulptur. Die konvexe äußere Form von *Cloud Gate* bildet ein „Tor“ zu der konkaven Form darunter, während die verspiegelte Oberfläche den Himmel und die umgebende Architektur in die Skulptur hineinzieht. „Das Werk spiegelt ganz klar seine Umgebung“, sagt Kapoor. „Es greift den Horizont von Chicago auf, die Skyline von Chicago – und nimmt sie gewissermaßen in sich auf. Und es ist ein Tor – ein Tor, das sich nach Chicago öffnet und eine poetische Vorstellung von der Stadt gibt, die es spiegelt.“

Anish Kapoor (geb. 1954)

Cloud Gate, rostfreier Stahl, 2004–2006

„Ein zentrales Thema in Kapoors Werk ist der Zustand **positiven und negativen Raums, Leere und Fülle** und die **aktive Erfahrung des Betrachters** mit der Skulptur."

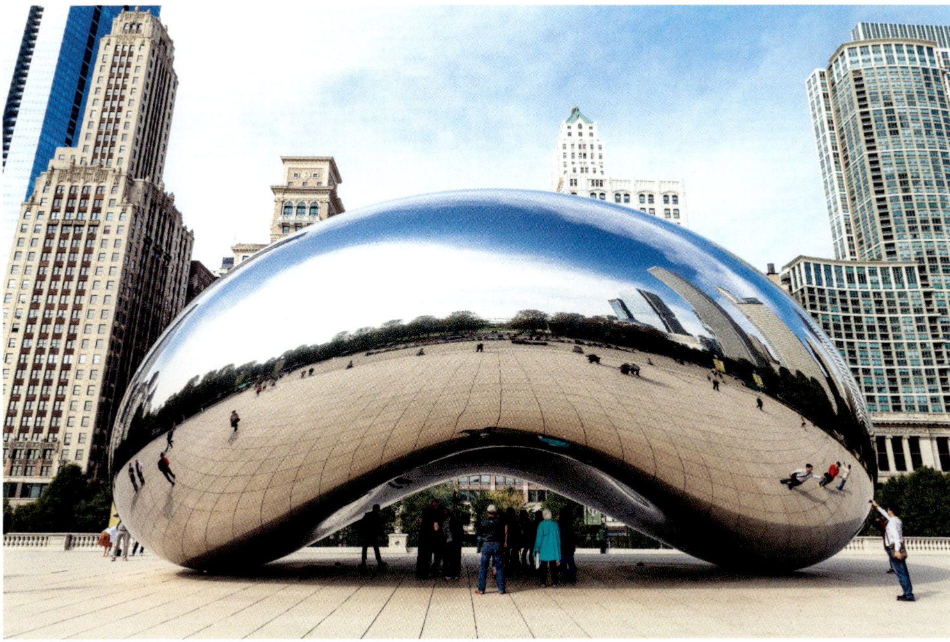

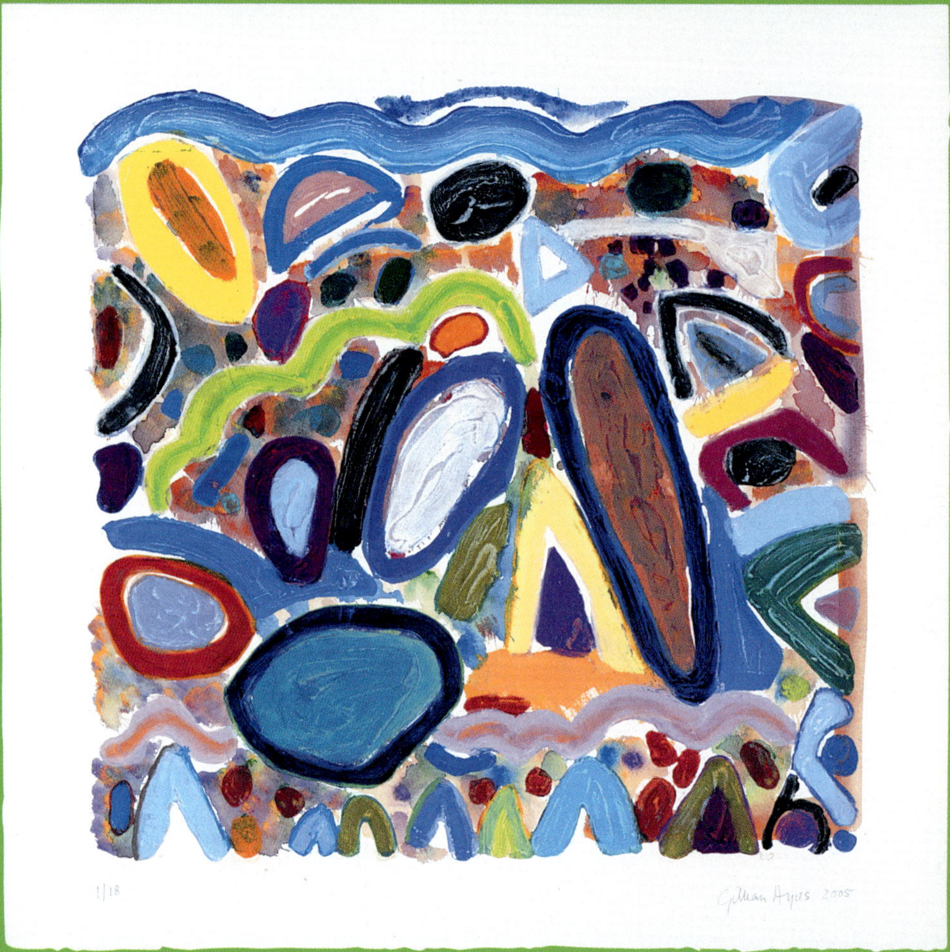

„Die **Farben** und **organischen Formen** in diesem **lebhaften** Druck lassen die Musik des plätschernden Wassers in der Dunkelheit, den Klang und den Geruch des Meeres, der Felsen und des Sands, der Farbe selbst und ganzer **Erdzeitalter** erahnen."

96

Fingal reagiert auf Farbe

In ihrem künstlerischen Schaffen ging es Gillian Ayres stets um Farbe, Form und Energie. Die für ihre lebendigen, fröhlichen Gemälde bekannte Künstlerin fertigte auch zahlreiche Druckgrafiken, Radierungen, Holzschnitte und Monoprints an und entwickelte ihre ganz eigenen Methoden; zum Beispiel arbeitete sie mit der Technik der Carborundum-Radierung und verwendete für ihre von Hand bemalten Drucke Untermalungen. Trotz der emotionalen Titel sind alle ihre Werke abstrakt. „Formen. Räume. So sehe ich die Welt", erklärte Ayres.

Bei *Fingal* handelt es sich um eine Carborundum-Radierung mit Untermalung. Unter den sowohl weich- als auch hart konturierten organischen Formen des Drucks ist das Papier mit wässriger Tünche und lockerem Pinselstrich bemalt. Durch einzelne leuchtende Farben und Schichten mit dunkleren, gedämpfteren Tönen entsteht ein lyrisches, belebtes, fließendes Bild. Carborundum ist ein relativ neues Verfahren, das in den 1930er Jahren in den USA erfunden wurde. Ayres liebte es wegen der Strukturen und Farbtöne, die sich damit erzielen ließen. Oberste Priorität hatte bei ihr aber stets die Farbe: „Ich mochte schon immer farbige Malerei", sagte sie einmal. „Ich habe herausgefunden, dass ich auf Farbe stärker reagiere als auf irgendetwas anderes."

1989 stand Ayres auf der Shortlist für den Turner-Preis, 1991 wurde sie in die Royal Academy of Arts gewählt und 2011 zum CBE (Commander of the Order of the British Empire) ernannt. Ihre überschwänglichen abstrakten Werke offenbaren ihre Vorliebe für satte, flüssige Farbe und leuchtende Farbtöne sowie ihre profunde Kenntnis der Werke anderer Künstler wie Turner, Van Gogh, Gauguin, Matisse und Miró. Wenngleich ihre Bilder selten direkt auf einen bestimmten Künstler, eine Kunstrichtung oder ein Thema Bezug nehmen, übte doch Miró mit seiner „inneren Vision der Ewigkeit", wie Ayres es beschrieb, den größten Einfluss auf sie aus. Er gehört zu den wenigen Künstlern, die mit Carborundum arbeiteten.

Statt ein bestimmtes Motiv abzubilden, arbeitete Ayres „ohne Komposition", wie sie sagte, und beschrieb ihre Kunst als „visuelle Sprache" – die Titel ihrer Arbeiten würden dem Betrachter einen direkten Anhaltspunkt geben. Ohne konkret auf einen bestimmten Aspekt der Welt Bezug zu nehmen, ist dieses ausdrucksstarke Bild doch von Turners atmosphärischen Bildern von Fingal's Cave inspiriert. Diese abgelegene, sehr dramatische Felsformation auf der unbewohnten Insel Staffa in Westschottland ragt mit ihren erstaunlich geometrischen Basaltsäulen über dem Meer auf und bildet einen breiten, gewölbten Eingang, durch den häufig der Ozean mit bemerkenswerter, natürlicher Akustik hereinbrandet. Die Höhle hat zahllose Künstler, Dichter, Musiker und Naturalisten inspiriert, und die Farben und organischen Formen in diesem lebhaften Druck lassen die Musik des plätschernden Wassers in der Dunkelheit, den Klang und den Geruch des Meeres, der Felsen und des Sands, der Farbe selbst und ganzer Erdzeitalter erahnen. Über die Energie und die Farbe, die ihre Arbeit prägten, sagte Ayres: „Ich möchte eine Kunst, die mich berauscht und beflügelt. Ich liebe diese Vorstellung."

Gillian Ayres (1930–2018)

Fingal, Carborundum-Radierung von einer Platte von Hand bemalt auf BFK Rives 300g/m² Büttenpapier, 2005

97

Blow Up 03 lässt einen Moment explodieren

Ori Gersht hat sich in seiner künstlerischen Laufbahn häufig mit dem Verhältnis von Geschichte, Erinnerung, Leben, Tod und Wahrnehmung beschäftigt. Am besten bekannt ist er für seine Zeitlupen-Arbeiten. In der Serie *Blow Up* lässt er ein traditionelles Blumenmotiv explodieren und hält den Moment der Zerstörung fotografisch fest. Die eindrucksvollen Bilder mit dem schwarzen Hintergrund erinnern an die fein arrangierten, akkurat gemalten holländischen Blumengemälde des 17. Jahrhunderts von Künstlern wie Ambrosius Bosschaert dem Älteren, Paulus Theodorus van Brussel, Osias Beert dem Älteren, Jan van Huysum, Jacob van Walscapelle, Willem van Aelst und Rachel Ruysch, verweisen aber auch auf politische Konflikte, Unruhen und Gewalt.

Der in Israel geborene Gersht studierte Fotografie in England, wo er bis heute lebt und arbeitet. In diesem Werk, für das er die neueste Technologie verwendete, beschäftigt er sich mit der Beziehung zwischen Fotografie und Technologie, visueller Wahrnehmung, dem Konzept der Zeit, dem Verhältnis zwischen Fotos und dem realen Leben, Assoziationen mit der Kunst vergangener Zeiten und damit, wie wir das, was wir vor uns sehen, wahrnehmen und verarbeiten. Die Fotoserie zeigt die Zerstörung eines Blumenarrangements, das Gershts Objektiv mit einer Bildfrequenz von 1600 Bildern pro Sekunde eingefangen hat. Jedes Foto dokumentiert sowohl sein Interesse an den technischen und philosophischen Aspekten der Fotografie als auch seine Meisterschaft darin. In seinen Schriften bezieht er sich häufig auf das „optische Unterbewusstsein“. Mit diesem Begriff beschrieb der Philosoph Walter Benjamin die einzigartige Fähigkeit der Kamera, in einem einzelnen Bild mehr einzufangen, als das menschliche Auge zu sehen in der Lage ist. Indem Gersht Momente sichtbar macht, die andernfalls ungesehen bleiben würden, bringt er optisch genau den Moment der Explosion zum Ausdruck und wirft gleichzeitig philosophische Fragen zu Zeit und Raum auf. Blumen, die häufig für Frieden stehen, werden Opfer von Brutalität und Zerstörung.

Die schockierenden Bilder sollen zum Nachdenken anregen, den Betrachter an die Vergangenheit und die Gegenwart, an Kämpfe, Zwietracht und vor allem die Zerbrechlichkeit des Lebens erinnern. Das in einem Standbild eingefangene Arrangement ist buchstäblich in der Bewegung eingefroren, ein Verfahren, das nur durch den technologischen Fortschritt in der Fotografie ermöglicht wurde. In gewisser Weise deuten die Bilder auf die Kürze des Lebens und greifen damit die Memento-mori- und Vanitas-Motive der Vergangenheit auf – ein beliebtes Thema holländischer Stillleben.

Während die Bildsprache an das holländische Goldene Zeitalter erinnert, nimmt Gersht mit dem Licht und dem Festhalten des Moments auf einige Hauptanliegen der Impressionisten Bezug, und die schnellen Bewegungen des Motivs erinnern an die Kunst des Futurismus. Indem er sich mit seinen Fotos auf altehrwürdige kunsthistorische Traditionen bezieht, lenkt Gersht die Aufmerksamkeit auf den malerischen Charakter seiner Fotos und stellt so einen Kontrast zu den digitalen Verfahren her, die erforderlich sind, um schnelle Bewegungen im Detail einzufangen.

Ori Gersht (geb. 1967)

Blow Up 03, Lightjet, 2007

„Die irgendwie schockierenden Bilder sollen zum **Nachdenken** anregen, den Betrachter an die **Vergangenheit und die Gegenwart**, an **Kämpfe, Zwietracht** und vor allem die **Zerbrechlichkeit des Lebens** erinnern."

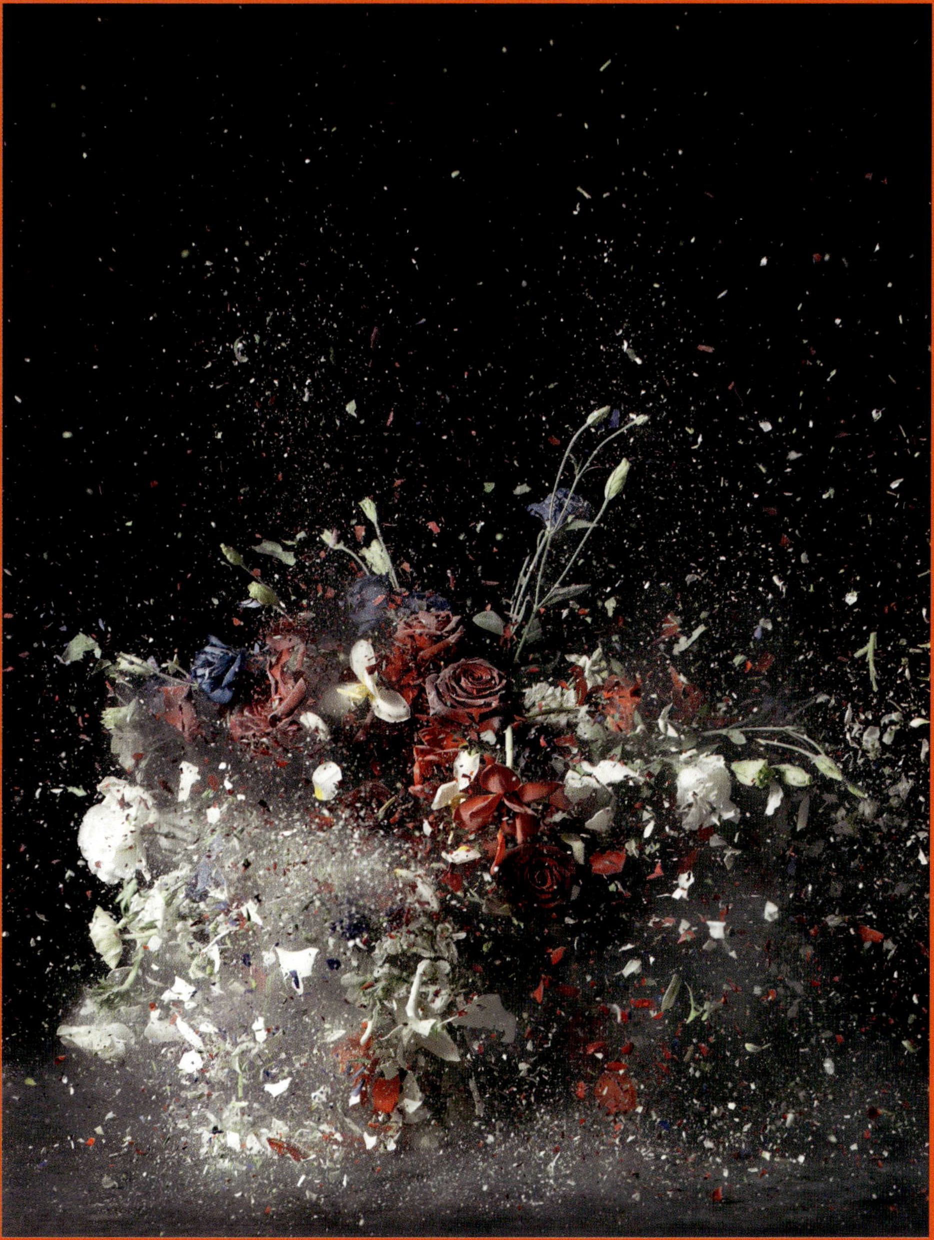

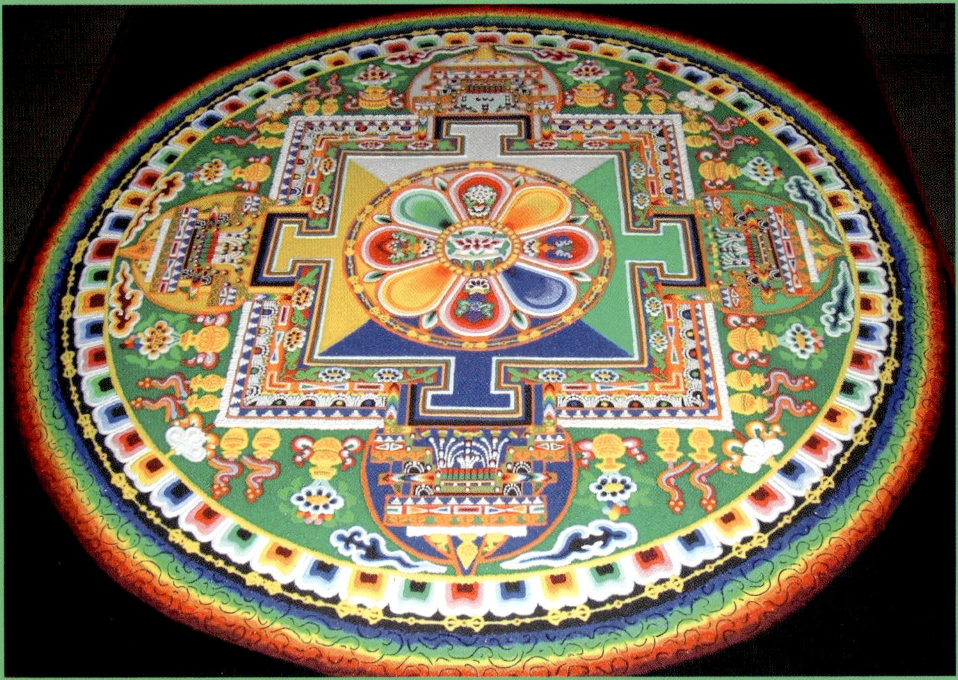

„Nichts ist **willkürlich** oder **unnötig**, und die genauen Maße, die Gestaltung und die Platzierung der Farben sind darauf angelegt, die **positive Energie** des **Mitgefühls und der Freundlichkeit** zu erzeugen.“

98

Chenrezig Sandmandala **dient der Meditation**

Sandmandalas sind symbolische Bilder des Universums, die der Meditation dienen sollen und auf die tantrischen Lehren des Buddha Shakyamuni zurückgehen. Sie sind aus gefärbtem Sand hergestellt und bilden bestimmte Gottheiten ab. Sobald bestimmte Zeremonien vollzogen sind und die Meditation beendet ist, wird das Mandala auf rituelle Weise abgebaut, als Symbol des buddhistischen Glaubens an die vergängliche Natur materiellen Lebens. Alle großen buddhistischen Gottheiten haben ihre eigenen, individuellen Mandalas.

Dieses von buddhistischen Mönchen geschaffene Mandala aus feinem Sand in satten Farben wurde in seinen Maßen exakt geplant und das komplizierte Muster mit Kreide auf einer hölzernen Plattform genau vorgezeichnet. Dann wurde der Sand Abschnitt für Abschnitt von einer Gruppe von Mönchen mithilfe kleiner Röhrchen, Kratzer und Trichter, sogenannten *chak-pur*, aufgetragen. Das Mandala ist zwar zweidimensional, zeigt aber die dreidimensionale Umgebung des göttlichen Palasts von Avalokiteshvara (Chenrezig auf Tibetisch), der Gottheit des Mitgefühls, und seiner Entourage. Chenrezig wird auf unterschiedliche Art abgebildet, am häufigsten als weiße Figur mit vier oder tausend Armen. Die vielen Arme symbolisieren seine Fähigkeit, vielen Wesen gleichzeitig zu helfen.

Im Mai 2008 besuchte der Dalai Lama England, um dort fünf Tage lang zu lehren. Anlässlich dieses Besuchs schuf eine Gruppe tibetischer Mönche aus dem Kloster Tashi Lhunpo dieses öffentlich zugängliche Sandmandala, dessen leuchtende Farben edle Materialien symbolisieren. Jeder Aspekt verweist auf etwas Bedeutungsvolles, nichts ist willkürlich oder unnötig, und die genauen Maße, die Gestaltung und die Platzierung der Farben sind darauf angelegt, die positive Energie des Mitgefühls und der Freundlichkeit zu erzeugen.

Das Werk ist auf einem großen quadratischen Sockel angelegt, der für die Stabilität der Erde steht. Das innere Quadrat zeigt den Grundriss von Chenrezigs Palast, der in vier farbige Quadranten unterteilt ist: den blauen Quadranten im Osten, den gelben im Süden, den Weißen im Westen und den grünen im Norden. Zusammen mit dem Rot des zentralen Kreises repräsentieren diese Farben die Attribute der fünf Buddha-Familien. Die vier Mauern des Palastes stehen für Glauben, Bemühen, Erinnerung, Meditation und Weisheit. Ebenfalls dargestellt sind die fünf Dakinis, weibliche Geisterwesen. Die vier Eingänge, jeweils mittig in den vier Mauern, sind mit Edelsteinen verziert und stehen für die vier unermesslichen Gedanken: Liebe, Mitgefühl, Freude und Gelassenheit. Die Lotusblumen in der Mitte sollen den Geist von Verschmutzungen reinigen.

Die Buddhisten glauben, dass die mit dem Mandala verbundenen Meditationen und Rituale positive Veränderungen anstoßen, zum Beispiel Frieden und Harmonie in die Welt bringen. Dieses konkrete Beispiel wurde erschaffen, um jenen, die damit meditieren, zu helfen, Weisheit und Mitgefühl zu entwickeln.

Mönche des Klosters Tashi Lhunpo

Chenrezig Sandmandala, gefärbter Sand, 2008

A Subtlety konfrontiert uns mit dem Sklavenhandel

Kara Walker ist für ihre Scherenschnittsilhouetten und -bilder bekannt, die Geschichten von Unterdrückung und Grausamkeit erzählen. Die in New York lebende Künstlerin arbeitet auch mit Collagen, Zeichnungen, Gemälden, Performances, Film, Skulpturen und Lichtprojektionen. Viele ihrer Werke, die sich mit Sklaverei, Gewalt, Sex und Stereotypen beschäftigen, sind bewusst verstörend und auf Konfrontation angelegt.

Von Mai bis Juli 2014 stellte Walker im Syrup Shed von Brooklyns stillgelegter Domino-Zuckerraffinerie diese massive, mit Zucker ummantelte Skulptur einer Frau mit afrikanischen Zügen und der Gestalt einer Sphinx aus. Daneben zeigte sie weitere 15 Skulpturen, die schwarze Boys als ihre „Bediensteten" darstellten. Die Skulpturen spiegelten das Gebäude und seine Geschichte. Der vollständige Originaltitel des Werks lautete: *A Subtlety, or the Marvelous Sugar Baby, an Homage to the unpaid und overworked Artisans who have refined our Sweet tastes from the cane fields to the Kitchens of the New World on the Occasion of the demolition of the Domino Sugar Refining Plant*. Die Installation sollte Gespräche über den Sklavenhandel und verwandte Themen wie Rassismus, sexuelle Ausbeutung, Unterdrückung, Macht, Kontrolle und harte Arbeit anstoßen.

Die Domino-Zuckerraffinerie wurde 1882 erbaut und produzierte in den 1890er Jahren die Hälfte des Zuckers, der in den gesamten Vereinigten Staaten konsumiert wurde. 2014 wurde entschieden, das Gebäude abzureißen und das Gelände neu zu bebauen.

Anlässlich dieses Plans beschloss Walker, ein Kunstwerk zu erschaffen, das die fragwürdige Geschichte des Gebäudes und sein Erbe sichtbar machte. In dem Buch *Die süße Macht. Kulturgeschichte des Zuckers* (1985) des Anthropologen Sidney Wilfred Mintz hatte sie gelesen, dass im Mittelalter in Nordeuropa königliche Herrscher ihre Festtafeln mit Zuckerskulpturen dekorierten. Walker begann über die Sklaven nachzudenken, die in der Zuckerfabrik gearbeitet hatten, den Zucker schnitten und für die privilegierten Märkte in Amerika vorbereiteten. Während sie über den Sklavenhandel im Allgemeinen nachsann, kamen ihr der Sklave in Édouard Manets Gemälde *Olympia* (1863) und spätere Werke ähnlich angesehener europäischer Künstler in den Sinn, darunter Paul Gauguin und Pablo Picasso, die häufig abbildeten, was sie und die Betrachter als das „Exotische" und „Primitive" der afrikanischen und ozeanischen Kunst wahrnahmen.

Walkers riesige „Sphinx", die ein Kopftuch um ihr Haar geschlungen hat, trägt die typische Tracht der Domino-Arbeiter und hat die stereotypen physischen Züge einer schwarzen Sklavin. Ihr weißes Äußeres steht in dramatischem Kontrast zur eigentlichen Farbe ihrer Haut, genau wie die ursprünglich braune Melasse durch Bleichen zu reinweißem Zucker wird. Die Figur, die aus 330 Polystyrenblöcken und 80 Tonnen Zucker aufgebaut ist, sollte die Betrachter*innen durch das Betonen physischer Stereotype in Unbehagen versetzen und sie so direkt an die Ungleichbehandlung und Ausbeutung erinnern.

Kara Walker (geb. 1969)

A Subtlety, or the Marvelous Sugar Baby, an Homage to the unpaid und overworked Artisans who have refined our Sweet tastes from the cane fields to the Kitchens of the New World on the Occasion of the demolition of the Domino Sugar Refining Plant, Polystyrenschaum, Zucker, 2014

„Walkers Figur sollte die Betrachter durch das Betonen **physischer Stereotypen** in **Unbehagen** versetzen und sie so direkt an die **Ungleichbehandlung** und **Ausbeutung** erinnern."

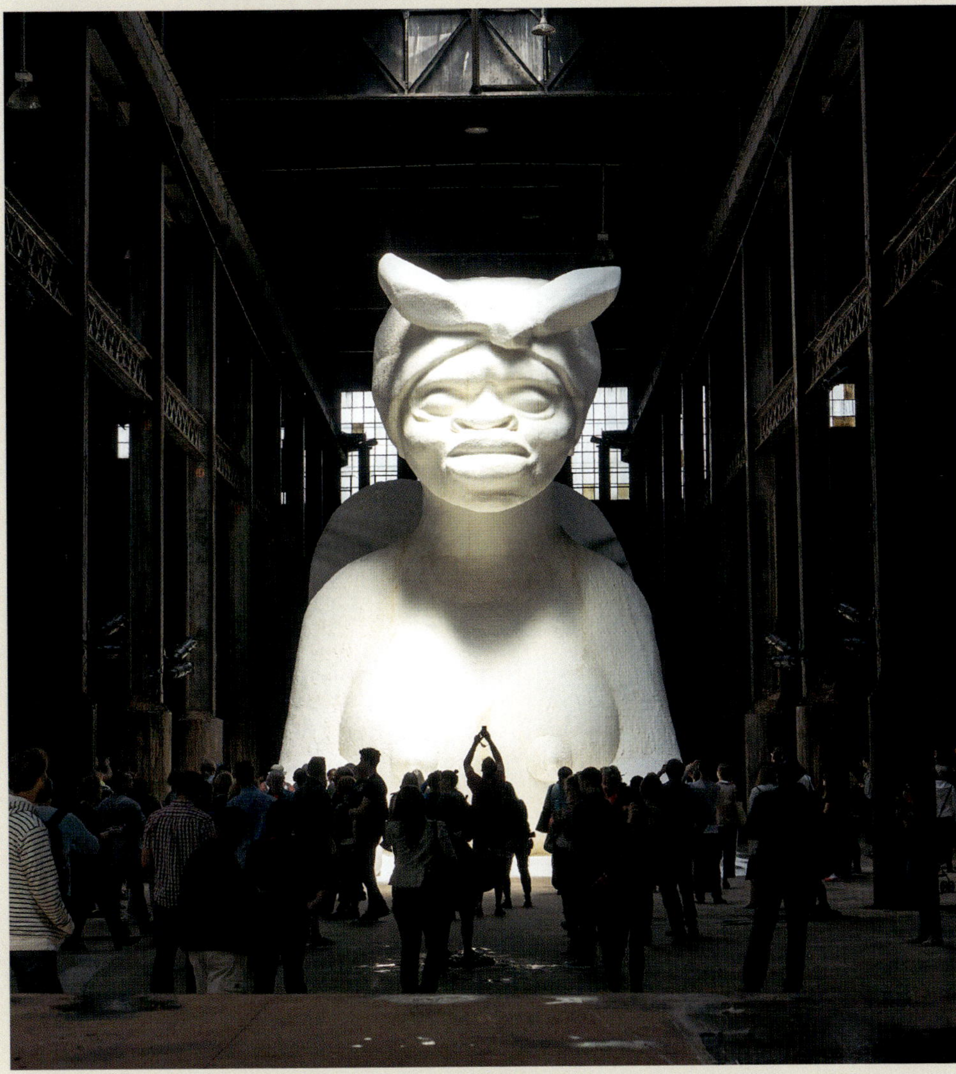

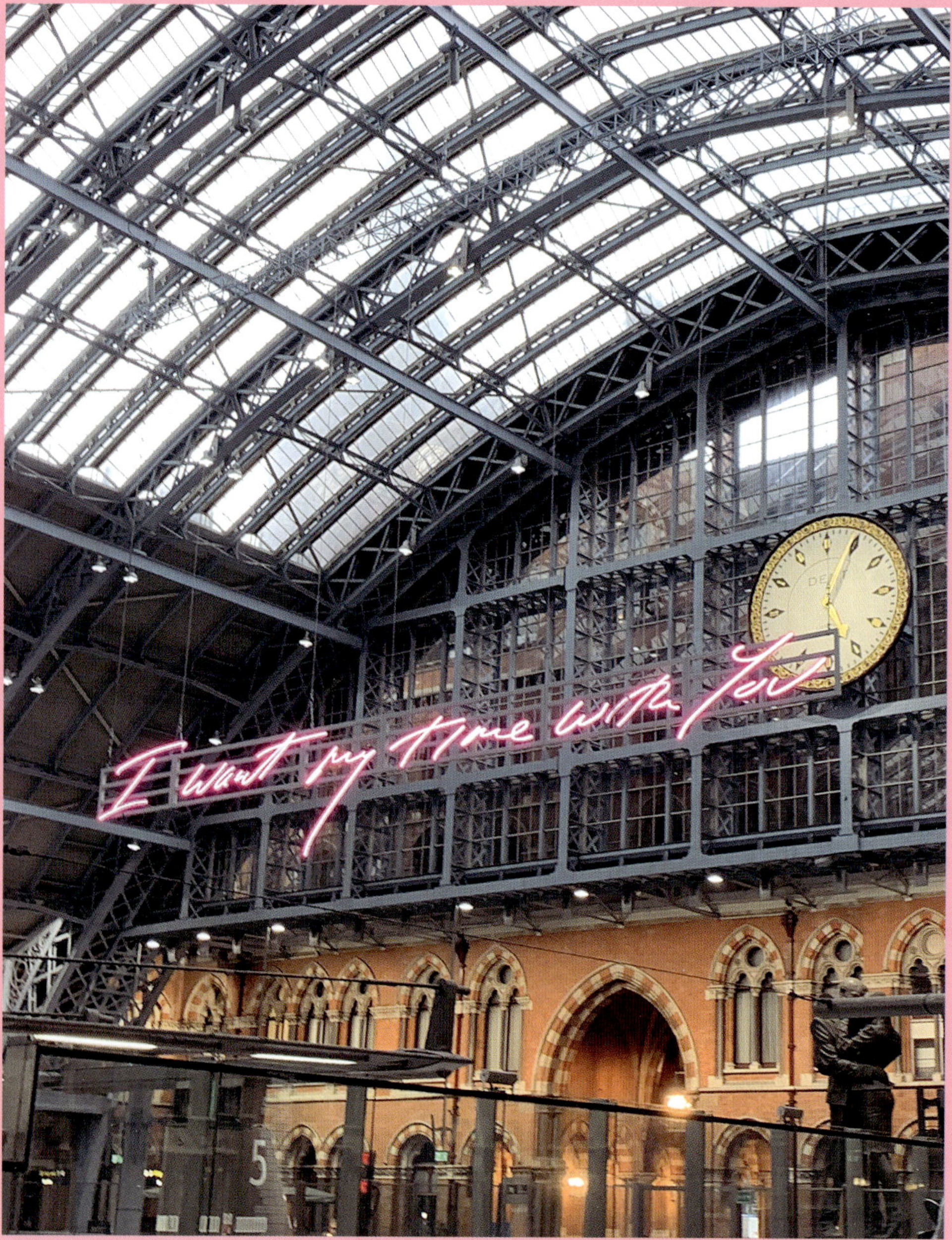

„Es ist wirklich eine großartige **unterbewusste Botschaft**, die an das restliche Europa ausgesandt wird. Sie wird die Menschen **glücklich** machen, das verspreche ich, sie wird die Menschen zum **Lächeln** bringen.“

I Want my Time with You gibt ein nachdrückliches Zeichen

„Es ist wirklich eine großartige unterbewusste Botschaft, die an das restliche Europa ausgesandt wird", erklärte Tracey Emin bei der Enthüllung dieser Installation unter dem hohen Dach eines Londoner Bahnhofs aus dem 19. Jahrhundert. Emin schuf dieses Werk gleich nachdem das Vereinigte Königreich für den Austritt aus der Europäischen Union gestimmt hatte. Die Arbeit, die von der Royal Academy und der St. Pancras International Station in Auftrag gegeben worden war, sollte den Tausenden Reisenden, die tagtäglich mit dem Eurostar vom europäischen Festland hier ankamen, eine Botschaft mitgeben – nämlich, dass Großbritannien sie noch immer willkommen hieß und fast die Hälfte der Bevölkerung für den Verbleib in der EU gestimmt hatte. Das Werk nimmt aber auch Bezug auf die privatere Romantik der Wiedersehensfreude am Bahnhof, etwa wenn man nach dem Aussteigen aus dem Zug von jemandem empfangen wird. „Ich hoffe inständig, dass ich eines Tages auf dem Bahnhof auf wirklich romantische Art empfangen werde", erklärte Emin.

Die in London geborene Künstlerin studierte Mode am Medway College of Design (heute University for the Creative Arts), am Maidstone College of Art und am Royal College of Art in London, wo sie 1989 ihren Abschluss in Malerei machte. Eine Zeitlang studierte sie außerdem Philosophie in Birkbeck, an der University of London. Mehrere Jahre lang blieb sie unbekannt, bis sie 1997 plötzlich zu Ruhm kam, nachdem sie in einer Livesendung im Fernsehen die Frage „Ist die Malerei tot?" erörtert hatte. Zwei Jahre später stand sie auf der Shortlist des renommierten Turner-Preises und stellte ihr Werk *My Bed* (1998) in der Tate Britain in London aus. Die Installation erhielt große mediale Aufmerksamkeit, weil die Bettwäsche mit Körperflüssigkeiten befleckt war und rund um das ungemachte Bett Müll verteilt lag, unter anderem Kondome, Zigarettenkippen und blutbefleckte Unterwäsche. Emin zeigte ihr Bett hier genauso wie es aussah, nachdem sie mehrere Tage darin gelegen hatte, als sie nach einer Trennung unter einer akuten Depression litt. Alles in allem war es ein Selbstporträt. Viele ihrer Arbeiten sind autobiografisch und sorgen für heftigen Dissens, weil sie die Grenzen zwischen Persönlichem und Öffentlichem, zwischen Kunst und Leben verwischen.

I Want My Time with You ist die größte Textinstallation, die Emin je gemacht hat. Sie bildet die Handschrift der Künstlerin ab und hängt an Ketten von einem speziell konstruierten Bogen in 30,50 Metern Höhe unter dem breiten, gewölbten viktorianischen Dach. Emin musste für diese Arbeit mehrere Gesundheits- und Sicherheitsmaßnahmen berücksichtigen, zum Bespiel musste sie sicherstellen, dass die Zugführer der einfahrenden Züge von dem Licht nicht verschreckt oder verwirrt wurden. Daher waren bestimmte Farben verboten, zum Beispiel Rot, Grün und Gelb; außerdem musste sie LED-Lampen statt wie gewohnt Neonlampen benutzen. „Das Licht sollte immer pink sein", sagt sie. „Nachts wird der gesamte Bahnhof in rosa Licht getaucht sein und das wird die Menschen glücklich machen, das verspreche ich, es wird die Menschen zum Lächeln bringen, weil Rosa ihnen ein gutes Gefühl gibt."

Tracey Emin (geb. 1963)

I Want my Time with You, LED-Lampen und Draht, 2018

Liste der Kunstwerke: Maße und Ausstellungsorte

1. *Venus von Willendorf*, H: 11 cm, Naturhistorisches Museum, Wien, Österreich
2. *Stiersaal*, 19 × 5,50–7,50 m, Lascaux, Frankreich
3. *Jagd im Papyrusdickicht*, 83 × 98 cm, British Museum, London, GB
4. *Terrakottaarmee des Kaisers Qin Shihuangdi*, Gebiet von Guanzhong, Provinz Shaanxi, Nordwestchina
5. Ellora-Höhlen, Aurangabad, Maharashtra, Indien
6. *Die Aldobrandinische Hochzeit*, 92 × 242 cm, Vatikanische Museen, Rom, Italien
7. *Trajanssäule*, H: 35 m, Rom, Italien
8. *Deësis*, Hagia Sophia, Istanbul, Türkei
9. *Wang Xizhi beim Gänsebeobachten*, Qian Xuan, 23,2 × 92,7 cm, Metropolitan Museum of Art, New York, USA
10. *Die Legende des heiligen Franziskus*, Giotto di Bondone, Oberkirche, Basilika San Francesco, Assisi, Italien
11. *Wilton-Diptychon*, 53 × 37 cm, National Gallery, London, GB
12. *Les Très Riches Heures du Duc de Berry*, Brüder von Limburg, 30 × 21 cm, Musée Condé, Chantilly, Frankreich
13. *Die Heilige Dreifaltigkeit*, 667 × 317 cm, Santa Maria Novella, Florenz, Italien
14. *Die Arnolfini-Hochzeit*, Jan van Eyck, 82 × 60 cm, National Gallery, London, GB
15. *Die Kreuzabnahme*, Rogier van der Weyden, Museo del Prado, Madrid, Spanien
16. *Die büßende Maria Magdalena*, Donatello, H: 188 cm, Museo dell 'Opera del Duomo, Florenz, Italien
17. *Madonna mit Kind*, Filippo Lippi, 95 × 62 cm, Uffizien, Florenz, Italien
18. *La Primavera*, Sandro Botticelli, 207 × 319 cm, Uffizien, Florenz, Italien
19. *Der Garten der Lüste*, Hieronymus Bosch, Mitteltafel 220 × 196 cm, Seitentafeln jeweils 220 × 96,5 cm, Museo del Prado, Madrid, Spanien
20. *Das große Rasenstück*, Albrecht Dürer, 40,8 × 31,5 cm, Albertina Museum, Wien, Österreich
21. *Anna Selbdritt*, Leonardo da Vinci, 168 × 130 cm, Musée du Louvre, Paris, Frankreich
22. *Die Erschaffung Adams*, Michelangelo, 280 × 570 cm, Sixtinische Kapelle, Vatikan
23. *Die Schule von Athen*, Raffael, 500 × 770 cm, Apostolischer Palast, Vatikan
24. *Die Kreuzabnahme*, Jacopo da Pontormo, 313 × 192 cm, Kirche Santa Felicità, Florenz, Italien
25. *Madonna des Heiligen Hieronymus*, Correggio, 235 × 141 cm, Galleria Nazionale, Parma, Italien
26. *Kaiser Guangwu überquert einen Fluss*, Qiu Ying, 170,8 × 65,4 cm, National Gallery of Canada, Ottawa, Kanada
27. *Die Gesandten*, Hans Holbein der Jüngere, 207 × 209,5 cm, National Gallery, London, GB
28. *Papst Paul III. und seine Nepoten*, Tizian, 210 × 176 cm, Museo di Capodimonte, Neapel, Italien
29. *Die Kinderspiele*, Pieter Bruegel der Ältere, 118 × 161 cm, Kunsthistorisches Museum, Wien, Österreich
30. *Ankunft eines portugiesischen Handelsschiffes*, Kanō Naizen, 178 × 366,4 cm, Museu Nacional de Arte Antiga, Lissabon, Portugal
31. *Blick auf Toledo*, El Greco, 121,3 × 108,6 cm, Metropolitan Museum of Art, New York, USA
32. *Abendmahl in Emmaus*, Caravaggio, 141 × 196,2 cm, National Gallery, London, GB
33. *Samson und Delilah*, Peter Paul Rubens, 185 × 205 cm, National Gallery, London, GB
34. *Judith enthauptet Holofernes*, Artemisia Gentileschi, 199 × 162,5 cm, Uffizien, Florenz, Italien
35. *Der Falschspieler mit dem Kreuz-Ass*, Georges de La Tour, 97,8 × 156,2 cm, Kimbell Art Museum, Fort Worth, USA
36. *Das Angebot*, Judith Leyster, 31 × 24 cm, Mauritshuis, Den Haag, Niederlande
37. *Reiterporträt von Thomas Franz von Savoyen*, Anthonis van Dyck, 315 × 236 cm, Galleria Sabauda, Turin, Italien
38. *Papst Innozenz X.*, Diego Velázquez, 141 × 119 cm, Galleria Doria Pamphilj, Rom, Italien
39. *Hof eines Hauses in Delft*, Pieter de Hooch, 73,5 × 60 cm, National Gallery, London, GB
40. *Selbstbildnis mit Barett und Stehkragen*, Rembrandt van Rijn , 84,5 × 66 cm, National Gallery of Art, Washington DC, USA
41. *Das Mädchen mit dem Perlohrring*, Johannes Vermeer, 44,5 × 39 cm, Mauritshuis, Den Haag, Niederlande
42. *Markusplatz*, Canaletto , 68,6 × 112,4 cm, Metropolitan Museum of Art, New York, USA
43. *Mr. und Mrs. Andrews*, Thomas Gainsborough, 70 × 120 cm, National Gallery, London, GB
44. *Whistlejacket*, George Stubbs, 296 × 248 cm, National Gallery, London, GB
45. *Die Schaukel*, Jean-Honoré Fragonard, 81 × 64,2 cm, Wallace Collection, London, GB
46. *Selbstbildnis mit Strohhut*, Élisabeth Vigée-Lebrun, 97,8 × 70,5 cm, National Gallery, London, GB
47. *Der Schwur der Horatier*, Jacques-Louis David, 330 × 425 cm, Musée du Louvre, Paris, Frankreich
48. *Selbstbildnis am Scheideweg zwischen Musik und Malerei*, Angelika Kauffmann, 147 × 216 cm, Nostell Priory, West Yorkshire, GB
49. *Die nackte Maja/Die bekleidete Maja*, Francisco de Goya, beide 97 × 190 cm, Museo del Prado, Madrid, Spanien

50. *Die große Odaliske,* Jean-Auguste-Dominique Ingres, 88,9 × 162,6 cm, Musée du Louvre, Paris, Frankreich

51. *Wanderer über dem Nebelmeer,* Caspar David Friedrich, 94,8 × 74,8 cm, Kunsthalle Hamburg, Deutschland

52. *Das Floß der Medusa,* Théodore Géricault, 491 × 717 cm, Musée du Louvre, Paris, Frankreich

53. Totempfahl, 76,2 × 10,2 cm, Metropolitan Museum of Art, New York, USA

54. *Die große Welle vor Kanagawa,* Katsushika Hokusai, 25,7 × 37,8 cm, Metropolitan Museum of Art, New York

55. *Regen, Dampf und Geschwindigkeit,* Joseph Mallord William Turner, 91 × 121,8 cm, National Gallery, London, GB

56. *Washington überquert den Delaware,* Emanuel Leutze, 378,5 × 647,7 cm, Metropolitan Museum of Art, New York, USA

57. *Die Ährenleserinnen,* Jean-François Millet, 83,5 × 110 cm, Musée d'Orsay, Paris, Frankreich

58. *Das Frühstück im Grünen,* Édouard Manet, 208 × 264,5 cm, Musée d'Orsay, Paris, Frankreich

59. *Die Schläferinnen,* Gustave Courbet, 135 × 200 cm, Petit Palais, Paris, Frankreich

60. *La Grenouillère,* Claude Monet, 74,6 × 99,7 cm, Metropolitan Museum of Art, New York, USA

61. *Stillleben mit Äpfeln und Orangen,* Paul Cézanne, 74 × 93 cm, Musée d'Orsay, Paris, Frankreich

62. *La Grande Jatte,* Georges Seurat, 207,6 × 308 cm, Art Institute of Chicago, USA

63. *Van Goghs Stuhl,* Vincent van Gogh, 92 × 73 cm, National Gallery, London, GB

64. *Der Schrei,* Edvard Munch, 91 × 73,5 cm, National Gallery und Munch Museum, Oslo, Norwegen

65. *Woher kommen wir? Wer sind wir? Wohin gehen wir?,* Paul Gauguin, 139 × 375 cm, Museum of Fine Arts, Boston, USA

66. *Der Geburtstag,* Marc Chagall, 80,5 × 99,5 cm, Museum of Modern Art, New York, USA

67. *Fountain,* Marcel Duchamp, 30,5 × 38,1 × 45,7 cm, Philadelphia Museum of Art, USA

68. *Ohne Titel,* Claude Cahun, 23,7 × 15 cm, Museum of Modern Art, New York, USA

69. *Großstadt,* Otto Dix, 181 × 402 cm, Kunstmuseum Stuttgart, Deutschland

70. *American Gothic,* Grant Wood, 78 × 65,3 cm, Art Institute of Chicago, USA

71. *Die Beständigkeit der Erinnerung,* Salvador Dalí, 24,1 × 33 cm, Museum of Modern Art, New York, USA

72. *A Universe,* Alexander Calder, 102,9 × 76,2 cm, Museum of Modern Art, New York, USA

73. *Guernica,* Pablo Picasso, 349 × 776 cm, Museo Reina Sofía, Madrid, Spanien

74. *Die zwei Fridas,* Frida Kahlo, 173 × 173 cm, Museum of Modern Art, Mexico City, Mexiko

75. *Nighthawks,* Edward Hopper, 72 × 152 cm, Art Institute of Chicago, USA

76. *Christina's World,* Andrew Wyeth, 81,9 × 121,3 cm, Museum of Modern Art, New York, USA

77. *Mountains and Sea,* Helen Frankenthaler, 220 × 297,8 cm, National Gallery of Art, Washington DC, USA

78. *Two Figures,* Francis Bacon, 152,5 × 116,5 cm, Privatsammlung

79. *Flag,* Jasper Johns, 107,3 × 153,8 cm, Museum of Modern Art, New York, USA

80. *Cool White,* Lee Krasner, 182,5 × 290 cm, National Gallery of Australia, Canberra

81. *Concetto spaziale „Attese",* Lucio Fontana, 41,3 × 32,8 cm, Privatsammlung

82. *Four Campbell's Soup Cans,* Andy Warhol, 51 × 41 cm, Privatsammlung

83. *Rhythm 0,* Marina Abramović, Studio Morra, Neapel, Italien

84. *My Parents,* David Hockney, 182,9 × 182,9 cm, Tate, London, GB

85. *Untitled Film Still #13,* Cindy Sherman, 25,4 × 20,3 cm, Privatsammlung

86. *Selbstporträt,* Chuck Close, 53,2 × 39,3 cm, National Academy of Design, New York, USA

87. *Concert for Anarchy,* Rebecca Horn, 150 × 106 × 155,5 cm, Tate, London, GB

88. *Light Sentence,* Mona Hatoum, 198 × 185 × 490 cm, Centre Pompidou, Musée National d'Art Moderne, Paris, Frankreich

89. *Prop,* Jenny Saville, 213,5 × 183 cm, Privatsammlung

90. *House,* Rachel Whiteread, 193 Grove Road, London E3, GB

91. *East West Circle,* Richard Long, Durchmesser 497,8 cm, Museum of Fine Arts, Houston, USA

92. *Das himmlische Jerusalem,* Anselm Kiefer, 221 × 326,1 cm, Museum of Fine Arts, Houston, USA

93. *Fireflies on the Water,* Yayoi Kusama, 281,9 × 367 × 367 cm, Whitney Museum of American Art, New York, USA

94. *The weather project,* Olafur Eliasson, 26,7 × 22,3 × 155,4 m, Tate, London, GB

95. *Cloud Gate,* Anish Kapoor, 10 × 13 × 20 m, Millennium Park, Chicago, USA

96. *Fingal,* Gillian Ayres, 76 × 76 cm, Privatsammlung

97. *Blow Up 03,* Ori Gersht, 231 × 180 cm, Privatsammlung

98. *Chenrezig Sandmandala,* House of Commons, London, GB

99. *A Subtlety, or the Marvelous Sugar Baby, an Homage to the unpaid und overworked Artisans who have refined our Sweet tastes from the cane fields to the Kitchens of the New World on the Occasion of the demolition of the Domino Sugar Refining Plant,* Kara Walker, 10,8 × 7,9 × 23 m, Domino Sugar Refinery, A project of Creative Time, Brooklyn, New York, USA

100. *I Want My Time With You,* Tracey Emin, L: 20 m, St. Pancras Station, London, GB

Register

Bildnachweis

11 Matthias Kabel/Wikimedia Commons **12** Ian Dagnall/Alamy **15** Wikimedia Commons **16** Pixabay **19** Alex Robinson/Robert Harding/Alamy **20** Luisa Ricciarini/Bridgeman Images **23** Laurence King Publishing/ Vincenzo Pirozzi, Rom, fotopirozzi@inwind.it **24** Pixabay **27** Ex coll.: C. C. Wang Family, Schenkung von The Dillon Fund, 1973/Metropolitan Museum of Art, New York **28** Laurence King Publishing/Vincenzo Pirozzi, Rom, fotopirozzi@inwind.it **31** Wikimedia Commons **32** Wikimedia Commons **35** Laurence King Publishing/© Quattrone, Florenz **36** Wikimedia Commons **39** Wikimedia Commons **41** Wikimedia Commons **42** Laurence King Publishing/© Quattrone, Florenz **44** Laurence King Publishing/© Quattrone, Florenz **47** Wikimedia Commons **48** Wikimedia Commons/Google Cultural Institute **51** Laurence King Publishing/© Foto Josse, Paris **52** Wikimedia Commons **55** Wikimedia Commons **56** Laurence King Publishing/© Quattrone, Florenz **59** Foto © Marco Ravenna/Bridgeman Images **60** Wikimedia Commons **63** Wikimedia Commons/ Google Cultural Institute **64** Luisa Ricciarini/Bridgeman Images **67** Wikimedia Commons/Google Cultural Institute **68** Granger Historical Picture Archive/Alamy **71** H. O. Havemeyer Collection, aus dem Nachlass von Mrs. H. O. Havemeyer, 1929/Metropolitan Museum of Art, New York **72** Wikimedia Commons **75** Wikimedia Commons **76** Laurence King Publishing/© Quattrone, Florenz **79** Wikimedia Commons/Google Cultural Institute **80** Wikimedia Commons/Het Geheugen **83** Foto © Musei Reali di Torino/Bridgeman Images **84** Wikimedia Commons **87** Wikimedia Commons/The Yorck Project **88** Andrew W. Mellon Collection/National Gallery of Art, Washington DC **91** Wikimedia Commons/Crisco **92** Purchase, Mrs. Charles Wrightsman Schenkung, 1988/ Metropolitan Museum of Art, New York **95** Wikimedia Commons **96** Wikimedia Commons **99** Wikimedia Commons **100** Wikimedia Commons **103** Laurence King Publishing/© Foto Josse, Paris **104** The Picture Art Collection/Alamy **107** Wikimedia Commons **108** Laurence King Publishing/© Foto Josse, Paris **111** Foto © Leonard de Selva/Bridgeman Images **112** Laurence King Publishing/© Foto Josse, Paris **115** Ralph T. Coe Collection, Schenkung von Ralph T. Coe/ Metropolitan Museum of Art, New York **116** H. O. Havemeyer Collection, aus dem Nachlass von Mrs H. O. Havemeyer, 1929/Metropolitan Museum of Art, New York **119** Wikimedia Commons **120** Schenkung von John Stewart Kennedy, 1897/Metropolitan Museum of Art, New York **123** Laurence King Publishing/© Foto Josse, Paris **124** Laurence King Publishing/© Foto Josse, Paris **127** Wikimedia Commons **128** Metropolitan Museum of Art, New York **131** Bridgeman Images **132** Helen Birch Bartlett Memorial Collection/ Art Institute of Chicago, Illinois **135** Wikimedia Commons/The Yorck Project **136** Foto: Nasjonalmuseet/ Høstland, Børre **139** Wikimedia Commons **140** © ADAGP, Paris und DACS, London 2022. Alpha Stock/Alamy **143** © Association Marcel Duchamp/ADAGP, Paris und DACS, London 2022. Schenkung (im Tausch) von Mrs. Herbert Cameron Morris, 1988/Bridgeman Images **144** © The estate of Claude Cahun/© Digitalbild The Museum of Modern Art, New York/Scala, Florenz **147** © DACS 2022. Bridgeman Images **148** Wikimedia Commons/ Google Cultural Institute **151** © Salvador Dalí, Fundació Gala-Salvador Dalí, DACS 2022. Luisa Ricciarini/ Bridgeman Images **152** © 2022 Calder Foundation, New York/DACS London. Digitalbild, Abdruck mit freundlicher Genehmigung des The Museum of Modern Art, New York/Scala, Florenz **155** © Succession Picasso/DACS, London 2022. Museo Nacional Centro de Arte Reina Sofía, Madrid **156** © Banco de México Diego Rivera Frida Kahlo Museums Trust, Mexico, D.F./DACS 2022. Luisa Ricciarini/Bridgeman Images **159** Wikimedia Commons **160** © Andrew Wyeth/ARS, NY und DACS, London 2022. © 2022 Digitalbild, The Museum of Modern Art, New York/Scala, Florenz **163** © Helen Frankenthaler Foundation, Inc./ARS, NY und DACS, London 2022. The Artchives/Alamy **164** © The Estate of Francis Bacon. Alle Rechte vorbehalten. DACS/Artimage 2022. Foto: Prudence Cummings Associates Ltd **167** © Jasper Johns/VAGA at ARS, NY und DACS, London 2022. © 2022 Digitalbild, The Museum of Modern Art, New York/Scala, Florenz **168** © The Pollock-Krasner Foundation for the Visual Arts, Inc./Licensed by DACS, London 2022. Erworben 1978/Bridgeman Images **171** © Lucio Fontana/SIAE/DACS, London 2022. © 2022 Christie's Images, London/Scala, Florenz **172** © 2022 The Andy Warhol Foundation for the Visual Arts, Inc./Licensed by DACS, London. Foto © Christie's Images/Bridgeman Images **175** © Marina Abramović. Abdruck mit freundlicher Genehmigung von Marina Abramović und Sean Kelly Gallery, New York. DACS 2022. Fotoabdruck mit freundlicher Genehmigung von Marina Abramović Archives **176** © David Hockney. Collection Tate, UK. Foto © Tate. **179** Abdruck mit freundlicher Genehmigung des Künstlers und Metro Pictures, New York **180** © Chuck Close, Abdruck mit freundlicher Genehmigung der Pace Gallery. Bridgeman Images **183** © DACS 2022. Foto © Tate **184** © Mona Hatoum. Foto © 2022. RMN-Grand Palais/Dist. Foto Scala, Florenz **187** © Jenny Saville. Alle Rechte vorbehalten, DACS 2022. Foto © Christie's Images/Bridgeman Images **188** © Rachel Whiteread. Foto: Sue Omerod. Abdruck mit freundlicher Genehmigung des Künstlers und Gagosian **191** © Richard Long. Alle Rechte vorbehalten, DACS 2022. Museumserwerb/Bridgeman Images **192** Atelier Anselm Kiefer. © Anselm Kiefer **195** © Yayoi Kusama © 2022 Digitalbild, Whitney Museum of American Art/Licensed by Scala **196** Abdruck mit freundlicher Genehmigung des Künstlers. Foto © Richard Haughton/Bridgeman Images **199** © Anish Kapoor. Alle Rechte vorbehalten, DACS 2022. Foto: Amanda Hall/Robert Harding/Alamy **200** Abdruck mit freundlicher Genehmigung des Gillian Ayres Estate und Cristea Roberts Gallery, London **203** © Ori Gersht. Alle Rechte vorbehalten, DACS/Artimage 2022 **204** Wikimedia Commons **207** Artwork © Kara Walker, Abdruck mit freundlicher Genehmigung von Sikkema Jenkins & Co., New York. Foto: Richard Levine/Alamy **208** © Tracey Emin. Alle Rechte vorbehalten, DACS 2022. Foto: Mark Fletcher